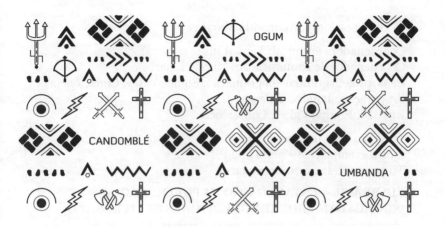

ENCONTRO COM OS
ORIXÁS

© 2023 por Maria Aparecida Martins
Coordenadora editorial: Tânia Lins
Coordenador de comunicação: Marcio Lipari
Capa, projeto gráfico e diagramação: Equipe Vida & Consciência
Preparação: Janaina Calaça
Revisão: Equipe Vida & Consciência

1ª edição — 1ª impressão
2.000 exemplares — maio 2023
Tiragem total: 2.000 exemplares

**CIP-BRASIL — CATALOGAÇÃO NA PUBLICAÇÃO
(SINDICATO NACIONAL DOS EDITORES DE LIVROS, RJ)**

M344e
    Martins, Maria Aparecida
    Encontro com os orixás / Maria Aparecida Martins. - 1. ed. -
São Paulo: Vida & Consciência, 2023.
    288 p. ; 21 cm.

    ISBN 978-65-88599-75-4

    1. Umbanda. 2. Orixás. 3. Arquétipo (Psicologia).
    4. Espiritualidade. 5. Psicologia religiosa. I. Título.

                           CDD: 299.672
23-83265   CDU: 259.4

Todos os direitos reservados. Nenhuma parte desta edição pode ser utilizada ou reproduzida, por qualquer forma ou meio, seja ele mecânico ou eletrônico, fotocópia, gravação etc., tampouco apropriada ou estocada em sistema de banco de dados, sem a expressa autorização da editora (Lei nº 5.988, de 14/12/1973).

Este livro adota as regras do novo acordo ortográfico (2009).

Vida & Consciência Editora e Distribuidora Ltda.
Rua das Oiticicas, 75 — São Paulo — SP — Brasil
CEP 04346-090
editora@vidaeconsciencia.com.br
www.vidaeconsciencia.com.br

ENCONTRO COM OS

ORIXÁS

MARIA APARECIDA MARTINS

Agradeço a todos aqueles que concorreram para a realização, desde o professor que me ensinou a ler...

do painho do terreiro...

dos alunos da clínica...

até o editor que corporificou o livro.

Sou grata a todos pelas experiências que me conduziram até aqui e que me levarão até onde só Deus sabe.

Este livro é dedicado aos nossos alunos e clientes, pessoas que nos confiaram suas experiências, que nos relataram suas situações, que estudaram conosco, que nos confidenciaram suas vidas, pessoas com as quais apreendemos aquilo que não estava nos livros.

Meu mais profundo reconhecimento.

Aceitem um abraço grannnnnnde,

Maria Aparecida

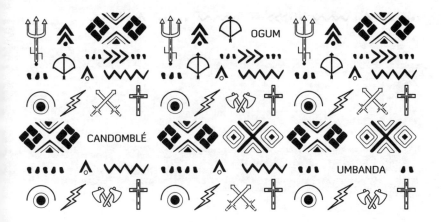

Não é negando os fenômenos que chegaremos à verdade contida neles, mas antes pesquisando, investigando, observando e simbolizando, o que, por si só, já é um meio de auxiliar o desenvolvimento da própria sensibilidade.

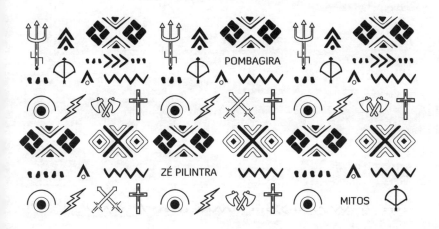

SUMÁRIO

INTRODUÇÃO 13
Uma rede de saberes 13

CAPÍTULO 1 14
A questão religiosa –
Umbanda, uma religião brasileira 14
Corpo físico 15
Corpo etérico..................................... 15
Campo astral 16
Campo mental 17
Alma ou espírito 17
Universo psíquico.............................. 22
No Brasil.. 24

CAPÍTULO 2 30
Falando de arquétipos –
Arcabouço da consciência..................... 30
Nosso consciente 31
O inconsciente.................................. 32
Arquétipos *36*
Um outro olhar 39

Da umbanda: Saravá a todos os orixás....	47
Pierre Verger..............	53
O mito da Criação	55

CAPÍTULO 3 62

Exu – O Senhor dos Caminhos

Laroyê!	62
Os pés	87
As mãos..............	87
A boca	87
Os olhos	87
O pênis dos homens...............	88
A experiência religiosa	100
Aspectos do arquétipo	116
Zé Pilintra	119
Exu Pagão...............	125
Atribuições de Exu na umbanda.............	129
Ritos de Exu	129
O Senhor das Trocas...............	131
A troca: as oferendas...............	132
Pombagira	143
Particularidades...............	147
Em termos psicológicos...............	148
Um caso clínico...............	151
Evidências do transe da Pombagira	161
Atribuições da Pombagira na umbanda............	164
Ritos da Pombagira	164
Os Exus Mirins da umbanda	167
Ritos do Exu Mirim	172
Estudando a sombra	175
A nossa sombra...............	176

Encontrando a sombra *178*
As várias maneiras de lidar com a sombra *179*
A conciliação *182*
Briga entre Exu e Oxalá **183**

CAPÍTULO 4 186

Euá – A Senhora da Intuição **186**
Euá transforma-se na névoa 195
Ritos de Euá **217**
Euá protege Orumilá da Morte 219
Das muitas histórias **223**

CAPÍTULO 5 227

Ogum – O Senhor da Guerra **227**
O candomblé **227**
Ogum ensina o segredo do ferro aos homens 232
Ogum, rei de Irê 259
Ogum mata seus súditos 268
Ritos de Ogum **277**
REFERÊNCIAS **282**

····· ∧ ⋁⋁⋀ ···≫··· ⋀⋁⋁ ····· ∧ ⋁⋁⋀

INTRODUÇÃO

Uma rede de saberes

Da Constituição atual (1988):
Artigo 5º
VI – é inviolável a liberdade de consciência e de crença, sendo assegurado o livre exercício dos cultos religiosos e garantida, na forma da lei, a proteção aos locais de culto e a suas liturgias;
VII – é assegurada, nos termos da lei, a prestação de assistência religiosa nas entidades civis e militares de internação coletiva.
da Mitologia afro,
da Psicologia Analítica,
da experiência clínica.
Pense nas divindades africanas, os orixás, como arquétipos.
Pense nos arquétipos como possibilidades latentes do ser.
Saravá a todos os orixás!
Salve todos os orixás!

CAPÍTULO 1

A questão religiosa —
Umbanda, uma religião brasileira

O poeta diz:
"A minha alma tem um corpo moreno,
nem sempre sereno,
nem sempre explosão,
feliz essa alma que vive comigo,
que vai onde eu sigo
o meu coração."

(Sueli Costa)

O poeta diz fácil e com rima as coisas de sua alma; ele afirma que é a alma que tem um corpo. Em outros termos, afirma que a alma está encarnada.

Eu costumo, em aula, explicar que o homem é um ser multidimensional. Ele é possuidor de:

- corpo físico;
- corpo etérico;
- campo astral;
- campo mental;
- alma ou espírito.

Explico que essas dimensões se interpenetram, se comunicam, assim como o ar que entra pelas narinas e vai até a célula mais afastada do pulmão através do sangue.

Corpo físico

O corpo dispensa mais comentários. É físico. Nós o vemos, tocamos, sentimos, mas, do corpo etérico em diante, tudo vai ficando cada vez mais diáfano, mais sutil.

Corpo etérico

O corpo etérico é uma emanação do corpo físico. Da mesma forma que a temperatura do corpo é uma emanação, o brilho no olhar também é. Pense que hoje já podemos constatar de modo mais perceptível o duplo etérico e que, por meio de uma aparelhagem mais sofisticada, somos capazes de registrá-lo.

— Como assim? A que aparelhos você está se referindo?

É Alcli quem faz a indagação. Alcli é a personificação dos meus alunos e de meus clientes, um quase assistente que vive me interpelando durante meus passeios mentais.

— Estou falando de aparelhos que captam emanações do corpo físico. Você produz certo calor, que é registrado pelo termômetro, e produz sons muito elevados, fora do alcance do ouvido humano. Você não os ouve, mas temos o aparelho de captação de ultrassom. Certamente, você já fez um exame que utilizou essa tecnologia. Temos o aparelho de ressonância magnética, que possui uma radiação que gera um potente campo magnético capaz de "conversar" com nossos órgãos, obtendo informações detalhadas dos tecidos internos do corpo, "contando" para o médico se tais tecidos estão saudáveis ou doentes. Temos também o eletroencefalograma, que capta radiações e possibilita a avaliação da atividade elétrica cerebral.

Esses exames são meios de se pesquisar o corpo etérico, ainda que a medicina não use essa nomenclatura. O fato, contudo, existe independentemente da filosofia ou linguagem adotada.

O hindu chama esse setor do ser de corpo prânico. Outros grupos, por sua vez, darão outras denominações ao duplo etérico:

- corpo vital;
- corpo energético;
- corpo diáfano;
- corpo ódico;
- aerossoma etc.

Ele é composto de matéria mais sutil que o corpo, mas ainda matéria.

Campo astral

O campo astral é o endereço de nossas emoções, de nossos impulsos, sentimentos, desejos, da nossa memória; serve de ponte entre a mente e a matéria física; e age como veículo independente da consciência. Ao levantar, você não escolhe que emoções terá durante o dia... elas simplesmente ocorrem.

Campo mental

O campo mental é o universo de nossos pensamentos, sonhos, planejamentos, de nossas ideias, fantasias, de nossa imaginação etc.

Alma ou espírito

O espírito, a alma, a Fonte da vida, o Sagrado, o Cristo Interno é Deus em mim.

Gosto de acalentar a ideia de que o homem é um deus embrionário ainda que não saiba.

— Aparecida, você disse que no homem há várias dimensões integradas, é isso? — perguntou Alcli.

Figura 1

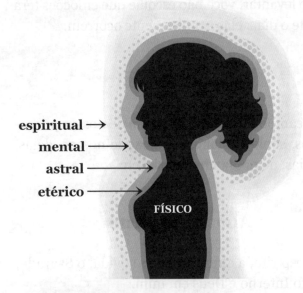

— É. Assim como no corpo, temos vários sistemas integrados (respiratório, digestório, circulatório), cada um com sua função, ajudando no funcionamento do corpo, mesmo que o dono deste não esteja consciente disso.

Tudo funciona junto. Nós nos relacionamos com cada dimensão nossa, de forma mais clara, mais consciente ou não. O bebê não sabe que o coração impulsiona o sangue pelo corpo todo, mas nem por isso o sangue deixa de circular.

Buscando a saúde física, nossa relação com o corpo se faz por meio da alimentação, do sono e da higiene.

— E a saúde emocional?

— Querido, saúde emocional é feita por meio de nossa relação com todas as nossas emoções. Não é negando que temos raiva, inveja ou ciúme que seremos emocionalmente saudáveis.

— É para ficar com ódio no coração?

— Eu não disse isso. Controle sua ansiedade. Precisamos conhecer nossas emoções, educá-las, transformá-las, fazendo com elas uma espécie de alquimia. Ódio é energia de transformação. Tudo tem um lado nobre.

— Não entendi.

— Pense que você detesta uma coisa. Quando essa coisa acontece, o que você sente?

— Fico muito contrariado.

— Essa contrariedade pode ser chamada de ódio ou de raiva, isto é, força de ação. A função nobre da raiva é promover outra forma de ação para mudar o rumo das coisas. A raiva traz consigo um recado: "Faça de outro jeito".

Buscando a saúde da mente, precisamos reconhecer as crenças subterrâneas, os pensamentos valorizados, que podem se transformar em profecias, para poder checar as interpretações ocultas por trás de um conflito emocional.

— Conflito emocional? Como entender isso?

— É uma parte sua querendo ir e a outra querendo ficar. É um lado que deseja uma coisa e outro que deseja outra; é uma guerra interna. Lembrando que tudo interfere em tudo. Se você está com muito sono, com o corpo cansado, faminto ou doente, você não consegue raciocinar com clareza, tanto quanto uma grande preocupação também interfere no desempenho físico.

— Você ainda não explicou o espírito.

— O espírito é a fonte de tudo, a fonte da vida, e a nossa relação com essa dimensão (o espírito) ganha diferentes nomes, conforme o sujeito entende: religião; religiosidade; espiritualidade; arte; sensibilidade.

— Ainda não ficou claro. Explique novamente, por favor!

— Pode-se entender religião como a crença na existência de um poder ou princípio, do qual depende o destino do ser humano e ao qual se deve respeito e obediência.

Alcli questionou:

— Mas outro dia, numa palestra a que fui assistir, o professor disse que religião é um sistema de doutrinas, crenças e práticas, com rituais próprios, de um grupo social.

— O que também está correto. E ainda podemos completar que tal sistema foi estabelecido segundo uma determinada concepção de divindade. Aqui no Brasil, os católicos entendem Deus como a divindade criadora; o umbandista fala de Olorum como o grande pai responsável pela criação de todas as coisas; a mitologia grega cita Zeus; os hindus têm em Brahma o criador da humanidade.

Cada povo tem seu culto, e cada pessoa se relaciona com a dimensão do Sagrado no exato tamanho de sua consciência.

— Isso quer dizer que cada um crê em Deus do seu jeito?

— Exatamente. Se pesquisarmos a palavra religião, encontraremos sua origem vinda do latim *religio, onis*, que pode ser traduzida por: culto prestado aos deuses; prática religiosa; sentimento religioso; superstição; santidade; caráter sagrado; divindade oráculo (de conotação pagã).

Mas pense ainda no vocábulo latino *religere*, que o cristianismo usou como *re-ligare*, que significa religar.

Então, olhe-se e perceba como se sente. Perceba como você interpreta a questão religiosa até onde sua consciência alcança.

Eu percebo como um sentimento, pois é lá dentro que sinto algo em relação à divindade. Agora, preste atenção: se percebo, perceber é campo mental. Se sinto, sentir é campo astral. Essa dinâmica é simultânea:

- Corpo físico – a parte mais densa;
- Campo astral – sentimento;
- Campo mental – pensamento;
- Espírito – alma.

Universo psíquico

Como num computador, o homem usa todos os "aplicativos" que baixou.

Estamos falando de: perceber a divindade; rezar para a divindade; contemplar a divindade; intuir a divindade.

Agora, entenda que orar, perceber, rezar, contemplar, intuir são funções psíquicas, são fenômenos psíquicos. O que quer dizer que, para chegarmos ao divino, necessariamente, atravessaremos o território psíquico. É dessa relação que eu quero falar, na medida em que o fenômeno religioso utiliza aspectos psicológicos do sujeito.

— O que você conhece do seu universo psíquico? — indaguei ao meu interlocutor.

— Muito pouco. — Foi a resposta obtida de Alcli.

— Você e o resto da torcida... Todos nós sabemos pouco do nosso psiquismo, e nossa psicologia pouco se refere à nossa alma, sendo que alguns estudiosos se referem à religião como "o ópio do povo".

A pessoa tem em si a dimensão espiritual, a dimensão do sagrado, e negá-la não facilita a integração de si mesmo. É como se eu quisesse empurrar uma parte minha para fora de mim, o que fatalmente me levará a desarmonizar o todo.

— E a pessoa que não pertence a nenhum grupo religioso?

— Pertencer a um grupo não implica necessariamente em ser religioso. O sujeito pode participar de um grupo religioso e não ter dentro de si um sentimento de ligação com o Divino, como pode não pertencer a nenhum grupo e trazer uma religiosidade, uma espiritualidade, uma noção de integração com a natureza, um sentimento de "somos um" dentro de si.

A religião está ficando mais particularizada para o homem à medida que ele percebe que a igreja não é o prédio lá fora. A igreja sou eu, aqui dentro.

A questão religiosa envolve: o sagrado; o numinoso; a crença; a fé; o sentimento; o ritual; as preces; os cânticos; as oferendas etc.

A questão religiosa envolve nosso psiquismo.

A religião, como *re-ligare* conscientemente à Fonte da Vida, não é uma coisa, uma faculdade que a pessoa tem porque vai a uma igreja ou não. A religião é o contato com a dimensão divina que o sujeito traz em si. É um campo de experiência no qual podemos crescer.

— Campo de experiência? — inquiriu Alcli. — Não entendi.

— Um campo de reflexões, de indagações, em que buscamos o sentido, o significado das coisas.

— Você está falando que é abrir um espaço para pensar sobre o tema?

— Não só pensar, mas também experimentar, abrir-se para novas experiências que aprofundem o sentido das coisas e suas implicações em nossa realidade pessoal, em nossa vida.

— Está ficando difícil.

— Estou dizendo que o sujeito pode ter uma experiência religiosa que o movimente na busca de maiores níveis de compreensão de si e do universo que o cerca.

— E eu que pensei que religião era ir à igreja e rezar...

— É mais; é procurar compreender a pessoa como uma centelha da Grande Luz, como um ser ao mesmo tempo único e plural. É não ter medo de confrontar um sentimento inexplicável diante do mistério, porque, queiramos ou não, servimos ao mistério, e é com fé que seguimos nessa direção.

No Brasil

É no Brasil, país grande, amado, solo pátrio que fixamos nosso olhar. Nosso painel de religiões é grande. O censo do IBGE de 2010 nos conta que temos em dados resumidos:

- 64,63% de católicos;
- 22,16% de evangélicos;
- 2,02% de espíritas;
- 0,31% de umbandistas e candomblecistas;
- 2,84% de outros (as demais religiões);
- 8,04% sem religião.

A imensa maioria (91,96%) declara-se religiosa e apenas 8,04% se declaram sem religião, seja ela qual for.

Se voltarmos o olhar para trás, até onde temos registros, tivemos, em todos os lugares e em todos os tempos, a presença da religião entre os povos. Nossa história narra que fomos colonizados por portugueses, que trouxeram em suas naus os jesuítas com sua religião professada: o catolicismo. O monumento a José de Anchieta está lá, no marco central da cidade de São Paulo.

Essa mesma história ainda nos conta que, aqui, os brancos europeus encontraram uma terra habitada por nativos, por indígenas que tinham seus cultos, suas crenças e ritos próprios.

Os portugueses optaram por utilizar os indígenas como mão de obra de trabalho necessária à colonização, o que não deu muito certo, pois, embora tentassem uma submissão por meio do uso da força, o nativo não se prestou ao trabalho escravo.

Diante da dificuldade de obter o trabalho de exploração da terra, a solução encontrada pelo colonizador foi voltar-se para a escravidão negra, o que também acontecia em outros lugares do mundo com resultados produtivos.

Na primeira metade do século XVI, chegaram da mãe África os primeiros escravos para o trabalho nos engenhos de cana-de-açúcar, nas capitanias hereditárias. Eles vieram de várias regiões do continente africano para várias regiões do Brasil durante três séculos, desde os primórdios da colonização até 1845, quando o Parlamento Inglês aprovou a Lei Bill Aberdeen, que proibia o tráfico de escravos, pois a Inglaterra estava interessada em ampliar seu mercado consumidor. Em 1850, o Brasil aprovou a Lei Eusébio de Queiroz, que acabou com o tráfico negreiro.

Durante o tempo em que os negros vieram para cá, trouxeram na mala sua cultura, seus costumes, suas crenças religiosas e, com elas, os orixás.

Os orixás, deuses africanos, se encontram no Brasil.

— Como assim?
— Olhe o mapa.

Figura 2

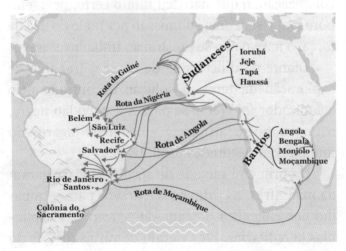

Vieram de diferentes nações, de diferentes regiões. Como a África é um grande continente, e não havia na época uma frota confortável de ônibus ou trem, as nações negras não se encontravam, assim como as tribos que, no Brasil, viviam no Rio Grande do Sul e não se cruzavam com as tribos do Pará. Entendido?

— Sim, senhora.

— Então, vamos adiante. Cada uma dessas tribos ou nações possuía sua cultura, seus usos, seus costumes, seu dialeto e sua tradição religiosa. Cada tribo cultuava suas divindades a seu modo. Diferentes dos gregos, que eram letrados e deixaram um legado grafado, os africanos eram ágrafos.

— Ágrafos?

— Sim, eram ágrafos, isto é, não faziam uso da escrita. Os costumes eram passados de forma oral. Então, eles aportaram em terras brasileiras fazendo aqui o encontro dos orixás.

— Os "orixás se encontraram no Brasil"?

— Podemos dizer que sim. Alcli, imagine que, assim que o navio negreiro aportava aqui, os mercadores queriam vender os escravizados rapidamente para resgatar o dinheiro empregado na compra e obter lucro. Cada comprador, por sua vez, escolhia e comprava os indivíduos que melhor lhe conviesse, não havendo, por nenhuma das partes, a preocupação de manter as famílias.

As famílias dos escravos recém-chegados se diluíam, os grupos eram desfeitos, e cada novo escravo se juntava ao grupo já existente na fazenda do comprador.

Figura 3

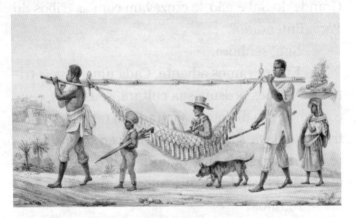

Fonte: *Retorno de um proprietário*, Jean-Baptiste Debret, 1826.

— Ave Maria!
— A escravidão foi uma prática comum desde a Antiguidade. Em tempos antigos, numa guerra, o perdedor passava a ser escravo do ganhador junto com sua família, seus bens, suas terras. Lá atrás, houve uma época na qual o negro, equivocadamente, foi visto como pouco inteligente e de emoção instável e infantil.

Aos poucos, a humanidade avança em seus conceitos e os absurdos vão sendo lentamente, bem lentamennnnte descartados.

Da união dos escravos entre si, acomodam-se suas tradições, que eram orais, e, como meio de sobrevivência, acomodam-se novamente sob o manto do catolicismo reinante, acontecendo, então, uma "colagem" das divindades do panteão afro às divindades do catolicismo.

Alcli mudou a expressão e, fuzilando-me com o olhar, disse:

— Aparecida! Menos! Não existem divindades. No catolicismo, é no singular, é um Deus único. O católico é monoteísta.

— Mais ou menos... Há um Deus único, mas há santo protetor de tudo. Há Jesus, que é Deus-filho, e há o Espírito Santo, que integra a Santíssima Trindade. O Deus único é trino.

— Ah! Mas esse é o mistério da Santíssima Trindade! — replicou Alcli.

— Lá atrás, já disse que servimos ao mistério. Essa ideia de divindade, seja ela qual for, é arquetípica.

— Pare! Você está dizendo que Deus é um arquétipo.

— Se Ele é tudo que existe, é também um arquétipo — e creio que seja o mais forte deles.

— Você quer me enlouquecer.

— Não! Quero apenas que entenda que a Essência permeia tudo e que cada um de nós dá a ela a roupagem que sua cultura ensinou: Deus, Essência, Fonte de vida, Brahma, Olorum, Odin, Allah, Javé, Santíssima Trindade, Zeus, Tupã são máscaras de Deus.

CAPÍTULO 2

Falando de arquétipos —
Arcabouço da consciência

— Aparecida, eu não entendi o que você disse sobre Deus ser um arquétipo. Deus é Deus.

— Há várias maneiras de pensarmos a divindade. A criança pensa em Deus como um velhinho sentado na nuvem, lá no céu. O adolescente pensa em Deus como um cara legal. Um filósofo pensa: "Deus é". O artista não só pensa, como expressa Deus de diferentes formas: a natureza, um clarão, uma luz. O religioso diz: "Deus é o criador de tudo o que existe". Está tudo certo. Vou repetir: cada um pensa a divindade com o grau de consciência que possui. Cada um pensa a divindade com a cabeça que tem.

— E onde entra o arquétipo?

— Na cabeça do psicólogo que gosta da forma de pensar de Jung.

— Jung?

— Sim, Carl Gustav Jung (1875–1961), um homem muito sábio nascido na Suíça, que foi médico psiquiatra. Ele passou a vida estudando a dinâmica do psiquismo humano, isto é, o que acontece nos bastidores de nossa mente, com nossos pensamentos, sentimentos, nossas intuições, com essa dimensão que não vemos, mas sentimos. Ele estudou muito nossa vida interior e apresentou um modelo, um jeito de entendermos nosso psiquismo.

Ele pensou o psiquismo em duas partes: consciente (a parte que percebo) e inconsciente (o restante que não percebo).

Nosso consciente

Nosso consciente é "um órgão" de percepção. É com ele que sabemos que acordamos. Até antes de abrir os olhos, a cada manhã, você sabe que acordou. Perceber é uma faculdade de nosso consciente. É com ela que notamos o que acontece à nossa volta, no nosso ambiente físico ou extrafísico.

— Entendi que perceber é função do consciente — disse Alcli.

— Está ótimo. Vamos adiante. Se de um lado temos o consciente (percepção), do outro lado da gangorra temos o inconsciente. Temos coisas que não percebemos, embora elas estejam acontecendo.

— Igual a dia e noite, *yin* e *yang*?

— Sim, de um lado consciente e do outro inconsciente.

O inconsciente

Pense no inconsciente como a totalidade de nossos eventos psíquicos, tudo o que está acontecendo em nossa mente, mas que não tomamos conhecimento.

— E acontecem coisas em nossa mente que não tomamos conhecimento?

— Acontecem e não são poucas. Veja esta imagem:

Figura 4

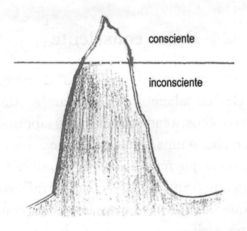

— Se acontece, mas não tomamos conhecimento, como você sabe que acontece?

— Por inferência, dedução e observação de resultados. Por exemplo, se a água está muito quente dentro da panela e o fogo está apagado, você deduz que o fogo esteve aceso até bem pouco tempo e que, se puser o dedo lá dentro, se queimará. Entendeu?

— Entendi.
— Associe a consciência à percepção. Vamos deduzindo e observando os efeitos e aprendendo.

Figura 5

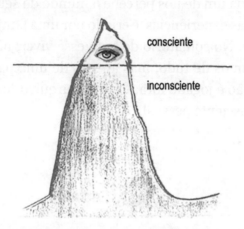

Então temos a psique consciente e a psique inconsciente, que não observamos diretamente. Como você entendeu, vamos continuar.

Na parte inconsciente, podemos entender uma divisão: inconsciente pessoal e inconsciente coletivo.

— O que é inconsciente pessoal?

— É tudo aquilo que já esteve na sua cabeça, no seu consciente, mas você não lembra mais.

— São memórias perdidas?

— Ótimo menino! Isso mesmo! Temos um arquivo interno, um biógrafo interno, como um computador, registrando tudo: são memórias, e algumas ficam perdidas porque simplesmente esquecemos ou porque são muito dolorosas para serem lembradas. Como o nome diz, inconsciente pessoal é o inconsciente que pertence à determinada pessoa.

Eu sou um centro de consciência, e você é outro. Cada um de nós percebe o mundo do seu jeito, vive suas experiências, é criado por uma família diferente. No somatório de todo esse viver, não nos lembramos de tudo, mas apenas de uma parte. O resto não é jogado fora; fica num arquivo "morto": o inconsciente pessoal.

Figura 6

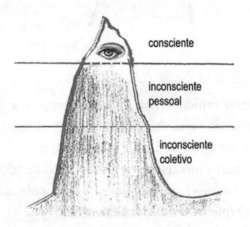

— Você tem seu inconsciente pessoal onde guarda suas impressões, suas "tralhas" esquecidas ou reprimidas, e eu tenho o meu. Mas há coisas que nosso inconsciente tem em comum com todo o resto da humanidade.

— O quê, por exemplo?

— Aquilo em que todos os humanos são iguais. Todas as culturas têm seus contos de fadas, suas explicações sobre a vida, a morte, o sol, a lua, os fenômenos da natureza. O inconsciente coletivo não é desenvolvido individualmente; ele é herdado. É um aglomerado de sentimentos, pensamentos e lembranças compartilhados por toda a humanidade.

Pense em um transporte coletivo. É para todo mundo. O inconsciente coletivo é o mesmo para todas as pessoas. Assim como o ar, o inconsciente coletivo é para todo mundo.

Ao nascer, um bebê traz o potencial humano consigo, como, por exemplo, os impulsos humanos, o germe dos sentimentos, dos conceitos, o princípio da evolução, e todos os outros bebês do mundo compartilham dessa mesma herança.

No inconsciente pessoal estão as memórias esquecidas de cada pessoa; no inconsciente coletivo estão as memórias da humanidade, a fonte das forças instintivas de nosso psiquismo.

Figura 7

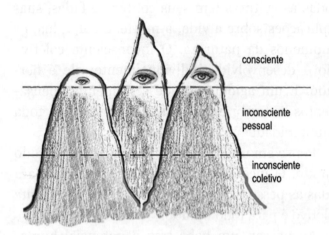

Observe, Alcli! Cada ilha representa uma pessoa. Cada uma tem um "quantum" de consciência. Pense em níveis:
- consciente;
- inconsciente pessoal;
- inconsciente coletivo, uma camada mais profunda, comum a todos, em que moram forças primordiais; é o endereço dos arquétipos. Eles moram lá no fundo.

Arquétipos

— Arquétipos... Aparecida, fale-me disso.
— Podemos entender como raízes comuns a todos. Por exemplo: eu tenho mãe; você tem mãe; o europeu tem mãe; o africano tem mãe.

Mãe. A humanidade formou uma ideia de mãe, que é comum a todos, seja ela boa, ruim, bonita ou feia. A humanidade toda teve mãe, e a ideia ficou inserida no inconsciente coletivo desde os primórdios do ser humano.

Arquétipo é aquela parte bem antiga pela qual a psique se liga à natureza. Podemos dizer que o arquétipo é "filho" do inconsciente coletivo. Ele não nasce dentro da esfera psíquica; ele surge com a vida. É uma questão metafísica.

Pense que arquétipos são "estruturas" do inconsciente coletivo. Pense no instinto. Ele surgiu com a vida, mas não sabemos quando. Ele apenas surgiu e permeia a vida até hoje — isso vale também para o arquétipo.

Figura 8

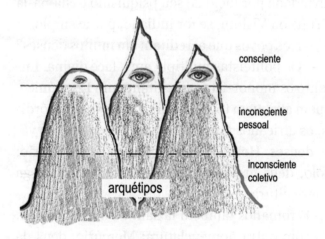

— E onde entra Deus?

— Digamos que a divindade é o arquétipo primeiro. A ideia, a crença na divindade, a presença do divino, a busca, o significado do Sagrado acompanham o homem desde sempre. "Deus é um fato psíquico de experiência imediata."

É apenas através do nosso psiquismo, do nosso consciente, que podemos estabelecer uma relação com o Sagrado. Esse sagrado, essa divindade, Deus, O Absoluto, Allah, Jeová etc. são nomes usados para designar o arquétipo do divino.

Jung ensinava que cada um tem uma imagem da divindade e chamou essa imagem da divindade de Self.

Uma tribo no meio do mato nunca ouviu falar de Jung ou de Self, o que não a impede de acessar a divindade por meio de seu psiquismo e chamá-la de Tupã ou Vishnu, se for indiano, por exemplo.

— E os povos que acreditam em muitos deuses?

— Os politeístas multiplicam a face divina. Enquanto os monoteístas acreditam num Deus único, a quem atribuem todo o poder, os gregos, os nórdicos, os africanos fatiavam o poder divino entre vários deuses: Hermes, deus grego da comunicação; Apolo, deus grego da luz; Deméter, deusa grega da agricultura.

Os romanos também faziam da mesma forma, mas com outra nomenclatura: Mercúrio, deus da comunicação; Ceres, que era uma espécie de Nossa

Senhora dos Cereais; Vênus, deusa dos relacionamentos, do amor.

São diferentes formas de pensar a divindade.

Cada povo, cada pessoa se relaciona com esse aspecto de si mesmo como aprendeu.

Os povos africanos também tangenciavam o arquétipo da divindade segundo suas tradições, seus mitos, ritos e simbolismos.

O católico crê (crer é um fato psíquico) em Deus.

O budista crê (crer é um fato psíquico) em Buda.

O umbandista crê (crer é um fato psíquico) em orixás.

Lembre-se de que diferentes tribos africanas vieram para o Brasil, trazendo na bagagem psíquica seus orixás, cada uma com seu culto, seus costumes, seus rituais, porém todos estavam expressando a divindade por meio de seus símbolos.

Essa divindade (o orixá) pertence ao universo psíquico do escravo vindo da África, tanto quanto Allah pertence ao universo psíquico muçulmano.

Temas como Ogum, Xangô, Iemanjá são orixás cultuados até hoje aqui no país na umbanda ou no candomblé.

Um outro olhar

Do ponto de vista da psicologia, é ocupar-se da existência dessa ideia dos orixás, não se preocupando em saber se tal ideia é falsa ou verdadeira. A ideia existe, portanto, é psicologicamente verdadeira na medida em que ela existe.

A existência psíquica é subjetiva. Ela existe na cabeça daquela pessoa, mas ganha objetividade à medida que é compartilhada por um grupo maior. Num centro, num templo, temos uma comunidade unida por suas práticas religiosas ou suas relações com a religião no sentido de *religare*, de ligar-se à divindade.

Alcli, preste atenção. Isso é uma vivência do arquétipo da religiosidade.

— Então os outros grupos religiosos também estão se relacionando com o arquétipo da religião?

— Estão! Independentemente do grupo que frequentem.

— Aparecida, me explique uma coisa: o arquétipo é para todo mundo?

— Sim, para todas as pessoas.

— Então, por que há pessoas que não têm nenhuma religião?

— Porque nem sempre assumimos todos os anseios de nossa alma. Às vezes, os sufocamos, os deixamos para trás, o que não quer dizer que não os tenhamos. Isso pode acontecer com o aspecto religioso do sujeito.

Observe que algumas pessoas praticam a amabilidade, e outras, não; são amargas. A faculdade de ser amável, contudo, está disponível para todas as pessoas. O arquétipo está disponível para todas as pessoas como um potencial.

É preciso entender que o potencial existe e está disponível para todos, mas também é necessário que o sujeito esteja disponível para o potencial.

— Não entendi! O que é estar disponível para um potencial?

— Todos nós temos sentimentos, mas também é bastante comum ouvir que "homem não chora". Oras! Alguns homens têm suas tristezas e não se permitem chorar, porque aprenderam dessa forma. Eles estão reprimindo o sentimento de tristeza ou, no mínimo, a expressão desse sentimento.

Tive um cliente que me procurou pouco depois do falecimento de sua mãe. Como ele tinha um cargo importante de comando na empresa onde trabalhava e entendia que "homem de negócios não chora", ele não chorou, não expressou seu sentimento e ficou com aquela dor entalada, sufocada no peito.

Passado algum tempo, quatro ou cinco anos depois, o cliente retornou com a questão do choro contido, do "sentimento ilhado, morto e amordaçado", que voltava para incomodar, para ser vivido. Tudo o que temos para viver, para trazer à consciência, será vivido, mesmo que não queiramos.

O processo evolutivo caminha. A natureza dita o tempo de tudo.

O pensamento humano caminhou, o homem da caverna avançou, e seus conceitos sobre a divindade também avançaram.

Aos deuses da Antiguidade eram feitos sacrifícios humanos: "Deus manda Abraão matar seu filho Isaque"[1]. Com o passar do tempo, o sacrifício humano deixa de ser praticado e os animais começam a ser sacrificados em homenagem aos deuses, assim, José e Maria foram ao templo de Jerusalém para a apresentação do filho Jesus. "Eles foram lá também para oferecer em sacrifício dois pombinhos, como a Lei do Senhor manda"[2].

Hoje, os rituais sangrentos estão fora de moda.

A relação com o sagrado passou por metamorfoses, por transformações. O homem deixou de ver um Deus longínquo, num céu distante, para acalentar a ideia de que Ele é presente em toda a natureza.

— É a unipresença?

— Sim. O homem também é Natureza, então, Deus é presente, de alguma forma, também nesse homem.

— Deus está presente no homem? É isso?

— É! Exatamente assim. A alma é a centelha divina. Kardec conceituou alma como espírito

---

1 Gênesis 22:2.

2 Lucas 2:24.

encarnado. O poeta diz "a minha alma tem um corpo moreno[3]".

E essa alma precisa de um espaço na consciência humana para se integrar a essa consciência, porém, se o sujeito "cabeça-dura" nega isso, ele vai projetar a ideia lá fora, vai ver projetado fora, aquilo que lhe é interno.

— Está ficando cada vez mais difícil.

— Vou explicar de outra forma. Primeiro, vamos entender o que é projeção. Por vezes, temos certas características que não percebemos que possuímos, então, vemos esse conteúdo no outro.

— Me dê um exemplo.

— Pai, mãe e filho pequeno foram passear no zoológico e pararam em frente à jaula de um leão. O pequeno olhou para o pai e disse: "Vamos embora daqui que a mamãe está com medo do leão".

A criança não sabia que estava praticando uma projeção, um mecanismo de defesa, por meio do qual seu conteúdo inconsciente é percebido como estando na outra pessoa. A criança via seu medo projetado na mãe.

Em uma projeção é assim: aquilo que eu não observo em mim, vejo (projeto) no outro.

A projeção transforma o mundo externo numa duplicata da face desconhecida do sujeito.

---

3 *Alma*. Compositores: Arnaldo Filho / Pedro Anibal De Oliveira Gomes / Pedro Gomes.

Ele projeta o que tem dentro de si, mas percebe só fora de si, como se aquilo não pertencesse a si mesmo.

Como o sujeito não consegue perceber a divindade em uma dimensão interior em si, ele faz como o menino do zoológico: projeta fora de si.

O arquétipo da divindade está lá no inconsciente do sujeito, que não consegue vê-lo como parte integrante de si, então, o projeta fora.

Figura 9

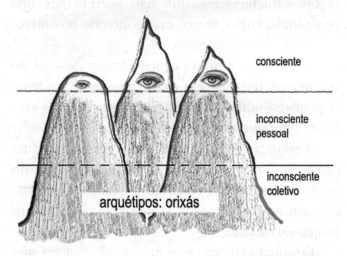

O inconsciente coletivo é o "abrigo" do arquétipo e, como ele não é visto, é projetado, ajustando-se à cultura a que cada um pertence.

Figura 10

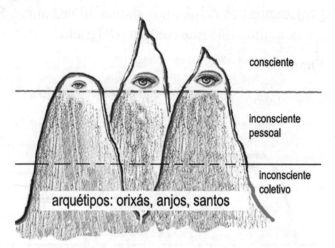

Orixás, anjos e santos são símbolos do arquétipo da divindade. Cada um pensa a divindade com a simbologia que quiser, com a simbologia a que foi habituado.

Uns rezam para Iemanjá, outros para Nossa Senhora, e há aqueles que rezam para todos os santos e ainda acendem uma vela para o Diabo...

— Aparecida, para eu entender bem: Deus, anjo, arcanjo, orixá, Allah são facetas do arquétipo da divindade?

— Vai tirar dez na prova de arquétipos. É isso mesmo. O arquétipo ganha uma imagem, uma denominação, que é atribuída pela cultura na qual o sujeito está inserido.

Temos em nós a dimensão arquetípica que projetamos nos orixás, nos santos ou nos anjos. É a nossa dimensão que contém o Sagrado.

Figura 11

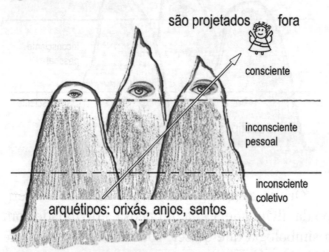

— Ficou clara a ideia?
— Nem sei. Preciso de um tempo para digerir. Tudo isso é muito novo pra mim.
— Você tem o tempo de que precisar. A vida é eterna... e eu creio na reencarnação. Tem gente que vai precisar de dez encarnações para metabolizar essa ideia.

No inconsciente "mora" uma coisa que não percebo em mim, então, a percebo fora de mim. Essa dinâmica é denominada de projeção.

— Quer dizer que, quando não percebo interiormente minhas raízes divinas, as projeto lá fora?

— Sim. E saiba que posso projetar atributos bons ou ruins e que, a partir das projeções, podemos criar uma série de relações.

Da umbanda: Saravá a todos os orixás

A umbanda é uma religião brasileira.

— Como? Ela não veio da África? — indagou Alcli.

— Os orixás vieram. Alcli, seus avós vieram da Itália, e você não é italiano. Você nasceu aqui em São Paulo, portanto, é brasileiro e paulista.

— Certo.

— A umbanda é a mesma coisa. Tem "avós" vindos da África, mas nasceu aqui no Brasil.

Quando chegaram aqui trazendo suas crenças religiosas, os escravos já encontraram o catolicismo dos portugueses, bem como as crenças dos habitantes nativos da terra, os indígenas, o que favoreceu o sincretismo religioso, isto é, a fusão de doutrinas de diferentes origens, em que ocorre a influência de uma religião na prática da outra.

Os indígenas que habitavam o litoral brasileiro tinham suas divindades, e a primeira fusão se dá com o catolicismo dos jesuítas portugueses, que, trazido pelos colonizadores, se constituiu como religião oficial, passando o índio a ser catequizado.

Com a chegada dos escravos, o culto reinante foi acrescido de batuques, danças, rezas e orixás.

Em algumas vezes, os religiosos europeus tentaram reprimir as manifestações dos escravos e lhes dar o modelo cristão. Os escravos, por sua vez, mesmo se dizendo convertidos ao catolicismo, não perderam suas raízes nem a fé em seus orixás.

Com o passar do tempo, a coexistência das inúmeras crenças abriu espaço para novas experiências religiosas dotadas de elementos indígenas, cristãos e africanos.

Esse sincretismo religioso colaborou para a articulação de uma experiência cultural própria do fenômeno religioso no Brasil: a umbanda.

A crença nos orixás chega até nós por meio de mitos que atravessaram o Atlântico.

Olorum é pensado como uma entidade suprema, o que vai equivaler ao Deus cristão. É o Princípio Criador que dá aos orixás uma missão, a responsabilidade de governar o mundo, incumbindo a cada um deles um aspecto da natureza.

Como a origem do arquétipo é obscura, a dos deuses africanos não poderia ser diferente. Há uma linha de pensamento que relata que orixás são seres que viveram na Terra como os heróis gregos e que, depois de sua morte, se divinizaram, o que lembra também a história de Jesus e dos santos que aqui viveram e depois foram canonizados. Outra versão nos diz que os orixás nunca encarnaram, assim como os anjos do catolicismo também não.

Alcli, perceba que há similaridades na forma de entender, de dar significado a um conteúdo psíquico. O arquétipo tem essa faculdade de se mostrar como um camaleão. Cada cultura o representa segundo sua forma de entender o mundo. A mitologia afro faz referência a muitos orixás.

— Muitos? Quantos?

— Centenas. Como os santos católicos, há muitos orixás. Não se tem um número preciso, não há registros nem certidão de nascimento de orixá, pois a tradição é falada. Aqui no Brasil, os mais cultuados são:

1. Exu
2. Ogum
3. Nanã
4. Oxóssi
5. Xangô
6. Omulu (Obaluaê)
7. Iansã
8. Logun Edé
9. Obá
10. Oxum
11. Euá
12. Iemanjá
13. Ibejis
14. Oxumarê
15. Ossaim
16. Oxalá.

E, mesmo assim, essa listagem pode se apresentar com maior ou menor número de orixás, ou mesmo outros componentes. É bastante variável, pois a umbanda não tem um poder central, como o catolicismo tem em Roma e ainda ganha componentes do kardecismo.

A umbanda, entre outras informações, surge com a Tenda Nossa Senhora da Piedade. Observe que a tenda de umbanda se chama Nossa Senhora da Piedade, o que é bem uma amostragem do sincretismo religioso.

A Tenda Nossa Senhora da Piedade foi fundada por Zélio Fernandino de Moraes, em 1908, em São Gonçalo, no Estado do Rio de Janeiro.

Até onde conhecemos sua história, Zélio, durante a adolescência, teve experiências estranhas. Houve ocasiões nas quais ele andava curvado, falando coisas aparentemente sem nexo, o que conhecemos como transe ou estado alternado de consciência.

À medida que o fato passa a se repetir, sua família busca ajuda médica e do pároco, porém sem sucesso. As "crises" continuam, e um dia alguém sugere que Zélio seja levado a um centro espírita, porque aquilo era "coisa de espiritismo". Ele, então, foi conduzido à Federação Espírita de Niterói, onde entrou em transe com a manifestação de duas entidades: caboclo e preto-velho.

Você já pode imaginar que "deu ruim" e que as entidades, por serem consideradas atrasadas, foram convidadas a se retirar. Antes de ir embora, a entidade interpelada informou ser o Caboclo Sete Encruzilhadas e que, no dia seguinte, na casa do médium (Zélio), haveria espaço para a manifestação de qualquer entidade que desejasse se manifestar, "independentemente daquilo que fizera em vida".

No dia seguinte, 16 de novembro de 1908, às 20 horas, como o prometido, ocorreu a incorporação do caboclo. Várias pessoas compareceram, tomaram passe etc., e a notícia espalhou-se.

Vários médiuns desconvidados das mesas kardecistas pelo mesmo motivo — incorporação de pretos-velhos e caboclos — uniram-se ao adolescente Zélio, e os encontros foram acontecendo.

Estava lançada a semente que prosperaria gradativamente.

Vale lembrar que, nessa época, vínhamos no Brasil de um movimento de valorização da manifestação da cultura nacional. Carlos Gomes, em 1870, apresenta a ópera *O Guarani*, e, na virada do século XIX para o século XX, Chiquinha Gonzaga, compositora e maestrina, a primeira do Brasil, ganha espaço no mundo da arte. Ainda no caminho da música surge Heitor Villa-Lobos, que, rompendo com os clássicos, compõe temas como "Xangô", "O Trenzinho do Caipira", "Uirapuru" e, em 1915, apresenta seu primeiro concerto com suas próprias composições.

Em 1922, acontece a Semana de Arte Moderna.

Nesse período de valorização de temas nacionais, surge uma religião brasileira: a umbanda.

Músicas, cantos, invocações, danças, ritmos, roupas, colares, defumação, transe, incorporação, atendimento a pessoas, benzimentos, banhos, descarregos, passes, velas, altares, encomendas, entregas, entre outros itens, fazem parte do universo religioso da umbanda.

Fui entrando nesse universo, e esse universo foi entrando em mim por meio dos mitos, das histórias dos deuses, das conversas com os pretos-velhos. Fui chegando, assim, à outra face do fenômeno religioso. Eu havia estudado a liturgia das missas dominicais e a História Sagrada, e o contato com os ritos da umbanda foram uma novidade estranha e ao mesmo tempo muito estimulante.

A mitologia afro narra as histórias dos deuses.

Olorum também é conhecido como Olodumarê ou Olofim e é em si toda a criação. Se estivéssemos falando da tradição judaica, o nome do Deus seria Jeová.

Olorum cria os orixás, como o Deus cristão cria os anjos. Pensando em termos arquetípicos, estou me referindo ao arquétipo da criação, ao arquétipo do criador, de uma força criativa que também habita cada um de nós.

— Não entendi.

— Cada um de nós guarda em si a possibilidade de criar algo, de fazer algo. Você pode criar em vários níveis: um doce novo; uma oportunidade de...; um clima agradável ou insuportável. Eu acredito que criar, em qualquer nível, é um ato que nos coloca em contato com a dimensão do Sagrado que nos habita.

Olorum criou os orixás a partir de si, de sua força vivificante.

Quando chegamos a um centro de umbanda, vemos um altar, mas nunca encontramos sobre ele a figura de Olorum, assim como não vemos a figura de Deus no altar católico. Vá observando as semelhanças.

O mito do Deus criador existe no catolicismo, no protestantismo, nas religiões evangélicas e também para o umbandista doado pelo candomblé. Na fusão religiosa, os contos foram integrados. Alcli, você conhece a história da criação contada pelos descendentes africanos?

— Não.

— Então, preste atenção. Vou contar uma história que aprendi lendo um livro escrito por Pierre Verger.

Pierre Verger

— Pierre Verger não é nome de francês?

— É! Pierre Verger era francês. Após a morte de seus pais, ele passou a viajar pelo mundo e fotografar os lugares que visitava. Fez disso uma profissão. Num belo dia, em 1946, chegou à cidade de Salvador, na Bahia, onde se encantou com a riqueza dos costumes baianos.

Todo mundo que visita a Bahia vai ao candomblé, e ele também foi. Seu interesse foi tamanho que, em 1948, Verger ganhou uma bolsa de estudos na África e viajou pra lá para conhecer mais das origens afro do candomblé.

Verger envolveu-se tanto com o tema dos orixás que, em 1953, voltou da África babalaô e seu nome passou a ser Pierre Fatumbi Verger.

— Fatumbi?

— É o nome que ele ganhou dos iorubás, que significa "nascido de novo por graça do Ifá". Ifá é um oráculo africano, aqui conhecido como jogo de búzios.

— Aparecida, você está me dizendo que o pai de santo era francês e jogava búzios?

— É assim que é! Pode parecer pouco comum, mas é isso mesmo. Depois de entrar em contato com os ensinamentos africanos, Verger faz da história, dos costumes e da religião dos iorubás o centro de suas obras. Ele registrou suas pesquisas em livros e artigos e, a pedido do Itamarati, organizou o Museu Afro-brasileiro da Universidade Federal da Bahia (MAFRO). E, ainda por iniciativa dele, foi criada a Fundação Pierre Verger, à qual ele destinou todo o seu acervo pessoal, transformando sua própria casa em um centro de estudos.

— O sujeito se identificou com a coisa.

— Alcli, digamos que ele seguiu um apelo interior. Lendo seus livros, nos deparamos com as histórias, com os mitos dos orixás.

— Mito?

— Sim, mito. Do jeito que Jung explicou: mito é uma experiência psíquica. "A mentalidade primitiva não inventa mitos, ela os experimenta[4]".

— Não entendi.

— Pense assim: o mito não é apenas uma história, um conto. O mito traz em si uma força atuante. O "mito escrito" (e aqui vamos escrever alguns) está para o "mito em função" como uma fotografia está para uma pessoa viva.

O mito está lincado à religiosidade.

Narrar uma história mítica é uma prática sagrada, é acender uma luz, é aclarar. Um mito é uma fonte de inspiração.

O mito da Criação

Lembro-me de uma aula onde discutimos a versão afro do mito da Criação:

> Olorum, o deus supremo, a divindade primeira, o rei do céu, vive muito além dos homens, noutras paragens; é um deus longínquo, um deus muito distante,

---

4 Carl Gustav Jung

inacessível, e que também está fora da compreensão dos humanos.

Há outro nome que os pesquisadores encontraram para o Criador, um segundo nome: Olodumaré.

— Por que dois nomes para o mesmo deus?

— Porque cada grupo usava uma terminologia própria para a divindade. Mais ou menos assim: a Nossa Senhora é sempre Nossa Senhora, mas você conhece: Nossa Senhora de Fátima (Portugal); Nossa Senhora de Lourdes (França); Nossa Senhora de Guadalupe (México) ou Nossa Senhora Aparecida (Brasil).

O mito é uma projeção do inconsciente coletivo, que ganha uma configuração cultural. Entendeu?

— Entendi.

— Então, voltemos à história:

Olodumaré, Senhor da Criação, criou os orixás a partir de si mesmo.

Olodumaré ou Olorum criou Xangô, Senhor das pedreiras, o "santo" dos raios e trovões (como o Zeus, grego).

Olorum criou Ogum, o "santo" vencedor de demandas (como Ares, grego).

Ogum era o Senhor do ferro, usado na fabricação de armas, sabia como aquecê-lo e forjá-lo (lembrando o deus romano Vulcano, ou o deus grego Hefestos).

Olorum criou Omulu, Senhor da doença e da cura.

Olorum criou Oxumarê, Senhor do Arco-íris.

Olorum também criou orixás femininos.

Olorum criou Oxum, Senhora da beleza.
Olorum criou Iemanjá, Senhora da fecundidade.
Olorum criou Iansã, Senhora das tempestades.
Olorum criou todos os orixás, todos os deuses do panteão afro.
E para que cada um tivesse seu domínio, seu reino, encarregou Oxalá de organizar esse território.
Oxalá, que também era conhecido como Obatalá, foi sincretizado em Nosso Senhor (Jesus), que é a força da criatividade (arquétipo da criação), que se mostra em dois aspectos:
Oxaguiã, o moço, aquele que é inovador, se lança na criação, e Oxalufã, que é o mais velho e também se dedica à criação, mas de forma mais equilibrada, daquela pessoa que não se perturba com facilidade (trazendo em si a figura arquetípica do velho sábio).
Olorum ao criar todos os deuses africanos entregou a Oxalá o saco da criação e determinou que ele fizesse existir o mundo da matéria.
Oxalá, antes de partir para a criação, foi consultar Orumilá, Senhor dos Destinos, buscando ter orientação do que fazer para cumprir a determinação de Olorum.
Orumilá orientou que Oxalá fizesse uma oferenda para tudo correr bem na criação.
Oxalá seguiu para sua missão, mas não fez nenhuma oferenda, deixou a orientação de lado.

Caminhou bastante até chegar no limite do Orum (céu), lá onde o Orum encontra-se com Ayé (terra). Ao chegar nesse ponto, encontrou Exu, o guardião dos limites, também conhecido como o mensageiro dos deuses.

É neste lugar, guardado pelo Exu, que Oxalá deveria fazer a sua oferenda... mas não fez...

Oxalá por ali passou e seguiu adiante.

Exu era o guardião, sua função ali era fazer cumprir a Lei, que não foi cumprida.

Exu não permite desobediência, desrespeito ou descumprimento; como reprovação ocasionou uma sede imensa em Oxalá.

Com a manifestação da grande sede, Oxalá procura um líquido, não vê água, mas avista uma palmeira e lhe faz um furo no caule que começa verter um líquido, o vinho de palma.

Oxalá sedento tomou bastante desse líquido até passar a sede; mas isso o embriagou porque o vinho de palma era uma bebida que embriagava.

Oxalá cai em profundo sono.

Oduduá, irmão de Oxalá, ao passar pelo local vê seu irmão dormindo e aproveita-se da situação roubando o saco da criação.

Oduduá, de posse do saco, vai a Olorum e conta que encontrou Oxalá bêbado com o saco da criação largado... Então pede a Olorum que o faça responsável pela missão da criação do mundo.

Olorum permite.

Neste tempo, que ninguém sabe ao certo quando aconteceu, Ayé (o mundo físico) se encontrava envolvida pelas águas e a terra estava dentro do saco da criação. Escorrendo do saco, a terra forma um monte sobre as águas. Esse monte foi espalhado por uma galinha que tinha cinco dedos. A galinha de cinco dedos veio com Oduduá e ciscando formou os continentes.

Ao acordar do sono provocado pelo vinho de palma, Oxalá atentou para o que havia acontecido e foi queixar-se para Olorum da atitude de seu irmão Oduduá. Olorum perguntou sobre o acontecido. Oxalá descreveu o que tinha se passado. Olorum proibiu Oxalá e seus descendentes para sempre de tomar vinho de palma.

Como Oduduá já havia criado a Terra, Olorum deu a Oxalá a missão de criar os homens.

— Aparecida, essa história tem aspectos próximos do mito da criação narrada por outros povos.

— Tem sim: o Deus inacessível, distante; o Uno que se reparte em Uni–verso. Uno–diversificado. A criação passa por etapas: primeiro, a água; o surgimento da terra; depois, o homem.

Não esperemos que os escravos, vindo das tribos africanas, expliquem a formação do mundo de outra forma.

As mitologias falam da criação do céu, da terra, da existência de leis — Oxalá deveria fazer uma oferenda, isso era a lei. Falam das questões entre irmãos. É só lembrarmos as histórias bíblicas de Caim e Abel, de Esaú e Jacó...

A história da criação ainda continua, pois, terminada a construção do mundo, os irmãos Oxalá e Oduduá tornaram-se inimigos e lutaram pela posse do mundo. A história, contudo, continua com a ação dos deuses criada por Olorum.

— De Olorum mesmo você falou pouco, quase nada.

— É verdade, Alcli. É como o Deus em que acreditamos hoje: é um mistério. Só podemos falar o que achamos, pensamos, entendemos que Ele seja, com o tamanho da consciência que temos.

Nós falamos da imagem que temos de Deus, o que não quer dizer que necessariamente Ele seja como imaginamos.

Das histórias de Olorum, conta-se que o grande criador é senhor do Sol e fez concentrar no núcleo da Terra todo o seu calor, fazendo por lá até uma de suas moradas.

— Aparecida, tudo isso é para você me explicar que Deus é uma ideia muito antiga (arquétipo) na consciência humana.

— É quase isso. O mito da criação leva-nos a uma reflexão: os gregos, os romanos, os indígenas, os católicos, todos os povos têm sua forma, seus contos, suas histórias, seus mitos sobre a criação.

Cada cultura os representa de uma forma. Se a luz é boa, não importa em que lâmpada ela se mantenha acesa. Somos folhas de uma mesma árvore.

Sabe, Alcli, a questão religiosa ocupa um lugar de destaque em minha vida.

A religião constitui uma das expressões mais antigas, de caráter universal da alma humana. É um sentimento, um apelo, uma atitude particularizada de uma consciência que se transforma pela experiência do sagrado.

A experiência religiosa é para cada um. É individual, exclusiva.

O caráter psíquico da experiência religiosa é um tema esquecido, negligenciado nos meios acadêmicos.

Pense assim: para acontecer a experiência religiosa há o envolvimento do universo psíquico do sujeito, então, é bom conhecer um pouco desse psiquismo.

CAPÍTULO 3

Exu – O Senhor dos Caminhos
Laroyê!

Figura 12

Banco de imagens: freepik.com

Hoje, vivemos em uma avalanche de ciência e tecnologia que leva o indivíduo a afastar-se da introspecção, de refletir sobre os eventos que acontecem em seu íntimo. Os sonhos são descartados; o "pensar a religião" não frequenta a faculdade; e, ironicamente, a psicologia não cuida da alma, embora, etimologicamente, a palavra psicologia venha do grego *psike* (alma) e *logos* (estudo). Enquanto tudo vai bem, o indivíduo segue assim, porém, quando as coisas fogem do seu controle, ele deixa de negar a questão religiosa e sai em busca de um poder maior que o ampare. Ele retoma o desenvolvimento natural do ser e sente uma necessidade religiosa. É quando cada um tenta supri-la a seu modo, como pode, como sabe, como é capaz.

Alguns vão buscar acolhimento nas missas do catolicismo, outros nos cultos evangélicos, e outros vão buscar amparo nos centros de umbanda. Alcli, você já esteve num centro de umbanda?

— Algumas vezes.

— E o que você foi fazer lá?

— Fui justamente pedir ajuda.

— Então, você já tem uma noção de como as coisas funcionam por lá.

— Confesso que fiquei bastante surpreso com a música, o ritmo, a dança, as roupas, principalmente das mulheres, os colares... Mais perecia um espetáculo teatral do que uma reza.

— É costume na Índia dançar para a divindade. Você já ouviu ou participou de danças circulares? Ou da dança de cura?

— Nem uma coisa nem outra — respondeu Alcli. — Apenas vi a dança da umbanda.

— Cada povo com seu costume. Nós aprendemos com os escravos a dançar para invocar os espíritos.

Quando chegamos a um centro de umbanda, fazemos, geralmente, uma saudação para o guardião da casa, o exu. Há uma imagem com uma vela acesa, e as pessoas que trabalham ou frequentam a casa fazem ali uma reverência, um cumprimento ao passarem pela tronqueira, que é como se chama a casa de Exu.

— Eu não fiz a reverência — disse Alcli.

— Certamente, você não sabia, mas há de convir que é de bom-tom, ao chegarmos em algum lugar, cumprimentar ou pedir licença a quem nos recebe.

No centro de umbanda, para que a pessoa seja aceita e protegida, isso faz parte do ritual. Significa a passagem, a travessia da fronteira do profano para o sagrado.

— Passagem do profano para o sagrado? Explique isso, pois não entendi.

— Fácil, Alcli. Profano quer dizer material, mundano, leigo, temporal, não religioso, pagão. Entendeu? E sagrado significa uma coisa que se refere à divindade, que merece respeito religioso. Uma coisa santificada.

— Ah! Entendi. Falamos Sagrado Coração de Jesus. Visitei uma igreja que é chamada de Sagrado

Coração. Sagrado refere-se às coisas relacionadas ao divino.

— É isso. Pense em música profana e música sacra. As músicas de carnaval são profanas, enquanto os cantos das igrejas, dos templos, são sacros. Então, quando você passa pelo portão ou pela porta de um terreiro, de um templo umbandista, isso representa para o religioso que você reconhece ali um espaço sagrado, onde você: rezará, fazendo contato com a divindade; falará com a entidade; louvará aos orixás; viverá uma experiência religiosa.

Você faz a reverência ao guardião, a Exu, e adentra o espaço sagrado para viver sua experiência religiosa.

— Está certo, mas o cumprimento feito lá na entrada para o exu não é para um orixá? Ou é? Não entendo disso.

— Depende de para quem você faz a pergunta. Você já entendeu que, por aculturação ou sincretismo, chegamos ao mundo mítico dos orixás.

Lembre-se de que há duas vertentes: uma que diz que o orixá é uma divindade que nunca encarnou. No candomblé, Exu é o orixá mensageiro dos deuses, o que seria o deus Hermes para os gregos ou o deus Mercúrio para os romanos. O candomblé considera Exu um orixá, enquanto, na umbanda, ele é visto como uma entidade, isto é, como alguém que viveu num corpo físico aqui no planeta.

Precisamos, no entanto, considerar que, por conta de várias influências religiosas e práticas de diferentes ritos, vindas de diferentes regiões da África, temos na umbanda uma ampla diversificação do entendimento da figura de Exu entre os adeptos.

Exu é visto como uma figura bastante controversa do panteão afro (o conjunto dos deuses africanos). Cada grupo de seguidores entende como pode, como consegue ou como quer, impossibilitando uma interpretação geral. Agora, anote essa ideia para reflexão: "Interpretação é código pessoal".

Na função de orixá mensageiro, Exu é indispensável. Sem sua participação, as coisas não acontecem, pois tanto o orixá como as pessoas se comunicam, passando, então, tudo por ele.

A outra vertente diz que os orixás eram homens que se divinizaram, lembrando os santos católicos que viveram aqui encarnados.

"Antigamente os orixás eram homens.[5]"

Da gênese dos orixás, a tradição afro conta:

> [...] que os homens podiam se divinizar, mas isso não acontecia para qualquer um.
> Só se tornariam orixás aqueles que fossem cheios de sabedoria;
> aqueles que tivessem desenvolvido poderes acima do comum,

---

5 Pierre Verger

aqueles que se destacassem por conta
de sua coragem,
aqueles que se sobressaíssem por causa
de sua integridade, de sua disciplina, de
sua determinação.
Estes homens receberam o respeito e a
admiração do povo, passando a ser ve-
nerados em função dessas virtudes que
desenvolveram.
As gerações que vieram depois cultua-
ram sua memória, e seus exemplos passaram a ser seguidos.
Aqueles que tiveram tal vivência tornaram-se orixás pela força de seu viver.
Os homens eram muitos sobre a Terra,
mas poucos eram tão fortes, destemi-
dos, valorosos, audazes, decididos, re-
solutos, dispostos e corajosos.
Os sábios e valorosos se perpetuaram,
os outros foram esquecidos e não se divinizaram, não se tornaram orixás.
O povo de cada localidade determinou
um culto, uma devoção, um louvor para
seu antepassado ilustre.

E as histórias foram passando de pai
para filho, como uma forma de homenagem e oração.

— E há histórias sobre Exu?
— Muitas. Uma delas nos conta que

Exu é o mais finório,
o mais sutil de todos os orixás.
Exu é muito ardiloso,
Exu é muito astuto, se destacando dos
demais orixás por causa disso. Ele gosta

de provocar confusões, anarquias, badernas por onde anda.
Prepara armadilhas para enrodilhar as pessoas. Provocar um mal-entendido é com ele mesmo.
Ele pode fazer coisas muito estranhas, pode matar um pássaro ontem com a pedrada que deu hoje, desobedecendo o tempo.
Ele pode fazer coisas impressionantes; contam que uma vez ele foi ao mercado, comprou óleo e trouxe esse óleo numa peneira, sem derrubar uma só gota.
Ele tem cabeça pontuda, até parece uma faca.
Quando fica zangado faz uma dança inusitada sapateando numa pedra até que ela sangre.
Exu gosta de fazer malvadezas com as pessoas que não cumprem as oferendas prometidas.
É daí que vem o costume de fazer sempre a oferenda dele em primeiro lugar.
Exu aprecia como presente farofa, azeite de dendê, cachaça e o galo preto.
O dia da semana dedicada ao Exu é segunda-feira.

— Vamos interpretar o conto mítico.

— Antes, me explique o que é mítico.

— Aff! É aquilo que se refere a um mito, e já vou explicando que um mito, do ponto de vista da psicologia analítica, é uma força atuante. O conto mítico vai além das palavras, porque, de verdade, ele não é só um conto; é uma narrativa que realiza uma interligação do consciente individual ao inconsciente coletivo; tem a função de alumiar o ser.

Muitas vezes, quando queremos ensinar a uma criança, contamos uma história para que ela entenda uma situação, numa linguagem que ela possa compreender, como Jesus, que falava ao povo por parábolas. Ficou mais claro?

— Não sei — respondeu Alcli. — Mas vamos adiante. Quem sabe...

— Exu é o mais finório,/o mais sutil de todos os orixás.//Exu é muito ardiloso. Considero o orixá uma força sutil da natureza, uma capacidade de realização, uma dimensão do ser.

— Uma dimensão do ser? Isso quer dizer que todo mundo tem?

— É isso mesmo. Todas as pessoas têm uma força de realização.

— Todas? Até o bêbado da esquina?

— Todas são exatamente todas. Todos nós temos essa dimensão; somos portadores da genética divina. A diferença é que alguns são conscientes disso e outros não.

Exu é o mais sutil e o mais astuto de todos os orixás, o que pode ser entendido assim: que lidar com a dimensão espiritual ou divina do ser, com sua força de realização, é uma coisa sutil; não é coisa tangível aos meios materiais. É preciso um pouco mais de sensibilidade por parte do sujeito. Se ele não acredita que pode executar, nem tenta.

Há aluno que não presta vestibular para Medicina porque não crê na sua possibilidade de sucesso. Já atendi muitos assim. Como não crê em si, ele nem tenta. E não tentando, não consegue. É quando ele transforma sua crença em profecia. Todas as realizações têm raízes em níveis mentais.

Ele gosta de provocar confusões, anarquias, badernas por onde anda.//Prepara armadilhas para enrodilhar as pessoas.

A sensibilidade do sujeito é neutra podendo ser usada para qualquer finalidade que ele deseje, boa ou má. A responsabilidade pelo uso dos atributos dos quais somos dotados é de cada um.

Ele pode fazer coisas impressionantes; contam que uma vez, ele foi ao mercado, comprou óleo e trouxe esse óleo numa peneira, sem derrubar uma só gota.

Quer dizer que ele pode ser bastante criativo, trabalhando em soluções inusitadas. Qual foi sua última solução inusitada, Alcli?

— Posso lhe assegurar que não foi nada nessa ordem. Mas qual foi a sua? — indagou Alcli.

— A minha foi falar de Exu como arquétipo. Falar que temos "parentesco" com os orixás e que isso faz parte da natureza humana é uma heresia em termos acadêmicos...

Ele pode fazer coisas muito estranhas, pode matar um pássaro ontem com a pedrada que deu hoje, desobedecendo o tempo.

— Mas essa vai ser difícil de explicar, Aparecida!

— Pense que conhecemos apenas uma dimensão do tempo, o tempo linear. O oriental fala de um tempo circular, e Einstein afirmou que tempo e espaço são relativos e estão profundamente entrelaçados. Imagine o tempo como uma espécie de lugar por onde caminhamos. Imagine andar sobre uma esteira rolante ou ficar parado sobre a mesma esteira. Há novos conceitos a serem explorados. Conhecemos pouco do universo que nos cerca. Tempo e espaço estão tão relacionados quanto energia e matéria.

Quando fica zangado faz uma dança inusitada sapateando numa pedra até que ela sangre.

Uma alusão às emoções (zanga) e aos ferimentos que essa emoção pode causar. Passamos por emoções tão intensas que fazem nosso coração "sangrar".

Ele tem cabeça pontuda, até parece uma faca.

Para que as ideias circulem e a cabeça se mantenha "arejada", é preciso movimentar as ideias; água parada cria limo. "Água em movimento se oxigena", diria vovó.

Exu gosta de fazer malvadezas com as pessoas que não cumprem as oferendas prometidas.

Não é bom se esquecer de nenhum dos aspectos do ser. Tudo está em constante desenvolvimento. Exu representa:

- comunicação;
- caminhos;
- estradas;

- o que leva recados verdadeiros ou falsos;
- curiosidade;
- perspicácia;
- capacidade de penetração;
- agudeza de percepção;
- sagacidade;
- criatividade;
- aquele que une;
- aquele que liga;
- aquele que liga o mundo dos humanos ao mundo dos orixás ou os orixás entre si.

Sem uma liga entre os elementos, não construímos nada, pois eles ficariam esparsos.

Exu é inteligente, inquieto, intrigante, estouvado, leviano, imprudente. Agora, pense que todos nós temos uma, duas ou muitas pitadas disso em nosso modo de agir.

É daí que vem o costume de fazer sempre a oferenda dele em primeiro lugar.

A oferenda representa nosso convite, nosso contato, nossa abertura para a energia solicitada.

Agora, preste atenção neste outro conto:

> Conta-se que, certa vez, dois rapazes que eram amigos desde pequeninos, que nunca brigavam, saíram para trabalhar.
> Eles trabalhavam na roça.
> Cada um tinha sua plantação.

Era uma segunda-feira, eles sempre faziam suas oferendas a Exu; mas neste dia eles se esqueceram.

Começaram a trabalhar cada um na sua roça.

As roças ficavam uma ao lado da outra. Eles iam trabalhando e conversando animados.

Exu tinha vindo buscar a oferenda das segundas-feiras que eles sempre traziam, mas não havia oferenda.

Exu ficou zangado com o desleixo dos moços e resolveu pregar-lhes uma peça como desforra pela desatenção.

Exu arranjou um boné pontudo para usar na sua cabeça pontuda.

O boné do lado direito era branco e do lado esquerdo era vermelho.

Exu foi para o lugar que os dois amigos estavam trabalhando. Quando chegou bem perto, cumprimentou-os de forma gentil:

— Tenham um bom trabalho, meninos! Que o dia seja produtivo.

— Que seu passeio também seja bom — responderam eles.

Exu ouviu e afastou-se deles.

Os dois trabalhadores continuaram conversando e aquele que estava à direita comentou:

— Quem será o visitante de boné branco?

— O visitante estava de boné vermelho — disse o amigo que estava à esquerda.

— Não! O boné era branco, eu vi bem, era branco como a neve.

— O boné era vermelho forte, impossível confundir.

— *O boné era branco. Você está me chamando de cego?*

— *O boné era vermelho. Você está me chamando de mentiroso?*

— Como você interpreta essa parte, Alcli?

— Me parece que houve um problema na comunicação, pois cada um está contando o que viu do chapéu do visitante, da posição na qual estava situado.

— É isso mesmo. Cada ângulo da situação dá ênfase ou salienta uma cor, ou seja, cada pessoa tem sua interpretação dos fatos, sendo que interpretação é um código pessoal. Além disso, o boné tinha propositadamente duas cores, o que nenhum deles notou, e essa era a intenção do Exu.

E a narrativa continua:

> *Cada um deles tinha razão e cada um também estava furioso da desconfiança do parceiro.*
>
> *Os rapazes foram esquentando a discussão, foram trocando ofensas e depois partiram para a agressão com golpes de enxadas que estavam usando no trabalho.*
>
> *Ficaram muito feridos.*
>
> *Exu sentiu-se vingado pelo esquecimento das oferendas.*
>
> *O Exu tem também uma outra face, ele pode ter bondade de ânimo para com as pessoas, se for tratado com consideração, se for tratado com generosidade.*

O conto também mostra que devemos ter habilidades para obtermos um favor do Exu. Devemos fazer uso das mesmas armas que ele usa. Usar de astúcia, de artifícios, e ajustar-lhe uma armadilha, como ele mesmo faz.

Há uma história que conta que o lavrador estava muito aflito com a seca que se abatia sobre a região que ele habitava.
Suas terras estavam áridas, ressequidas e nada de chover.
Os animais estavam sedentos, o rio tinha virado caminho seco, as plantas estavam morrendo.
O lavrador invocou todos os orixás, e nenhum deles respondeu aos seus apelos.
Então o homem resolveu fazer uma oferenda a Exu de carne de um bode preto.
Exu se agradou do presente e devorou a carne de bode.
O lavrador astutamente havia usado como tempero um molho preparado com muita pimenta.
Exu depois de ter devorado a carne sentiu muita sede, mas uma sede tão intensa que a água que havia em todas as vizinhanças não bastava para matar sua sede.
Exu então foi na nuvem da chuva e fez cair água, foi na segunda nuvem, foi na terceira nuvem.
Choveu o dia inteiro. Choveu a noite inteira.
Choveu o outro dia. Choveu na outra noite.
Choveu sete dias sem parar.
Os campos do lavrador verdejaram.

O povo do lugar festejou, pois a chuva era sinal de fartura.

Todos os campos vizinhos também floresceram.

Houve festa na aldeia.

Todos se alegram, cantaram e dançaram.

Os animais voltaram para aquelas terras.

Até as rãs que tinham sumido voltaram a coaxar.

O rio deixou de ser caminho seco e voltou a ser rio, os peixes vieram novamente.

A preocupação do lavrador acabou, e, agradecido, ele ofereceu, outra vez, carne de bode preto ao Exu, só que desta vez o molho de tempero da carne estava no ponto certo, sem aquele exagero na pimenta. Já tinha chovido o necessário; mais chuva ia alagar; seria desastroso. Porque em tudo o excesso é desastroso.

— Está ficando mais claro o que é um conto mítico? O que o conto conta? — perguntei.

— Está.

— Observe que é um conto que traz uma metalinguagem, que busca aclarar alguma coisa que está no inconsciente e trazer para a consciência. Narrar um mito é uma *práxis* sagrada.

— Uma o quê?

— Uma prática sagrada. Para mim, que sou uma velha professora, ensinar mitologia é ensinar a viver melhor, se conhecendo mais, atravessando e conquistando paragens internas de si mesmo; é um *religare*. O mito traz em si um caráter religioso.

— Aparecida, mas no centro de umbanda ninguém falou nada disso do Exu.

— Eu sei. Já estive por lá, mas não parei. Fiz como Exu, que usa um boné pontudo que não deixa nada parar em cima... De vez em quando, pego emprestado o boné dele e saio usando-o por aí.

— Você é irreverente! — disse Alcli.

— Irreverência é coisa de Exu. Perceba! Neste momento, estamos tratando do tema, então, ativamos essa energia arquetípica. Não vou nem lhe contar que já fiz algumas vivências dentro de uma aprendizagem que tratava dos búzios ou Ifá, o oráculo do Exu, em que Exu ouve o que Orumilá (o Senhor do Destino) fala e retransmite para o Ifá (o oráculo), que é lido pelo babalaô (o pai de santo).

— E você já fez uma coisa dessas? Vivências do oráculo de Exu?

— Fiz, oras! Fazemos vivências de tudo. Você esteve numa vivência escolar, em que aprendeu a ler com as letras; e eu estive numa vivência em que se aprendia a ler com os búzios. Tudo é aprendizagem.

— E o que os búzios disseram?

— Que curiosidade levada a sério é ciência... e a mesma curiosidade sem responsabilidade é fofoca... São os dois lados da força arquetípica.

— O arquétipo tem dois lados?

— É como *yin* e *yang*, dia e noite. São opostos complementares.

— Bom e ruim?

— Digamos que um arquétipo tem muitas caras. Exu é um bom exemplo disso. Suas diferentes denominações nos falam desses aspectos.

— Como?

— Você se lembra dos nomes que o Exu recebe: Exu Rei, Exu Calunga, Exu Tranca-Ruas, Exu Pimenta, Exu Caveira, entre muitos outros. Um arquétipo tem muitas roupagens. Na umbanda, Exu é visto como um aliado destemido, audacioso ou inimigo perigoso.

— Espere um pouco. Você falou que a umbanda é uma religião brasileira formada a partir do candomblé.

— Não só do candomblé, mas também juntando elementos do catolicismo, do kardecismo e dos índios nativos.

— Mas nenhum deles fala de arquétipo.

— O fato é que estou trazendo uma pitada de psicologia no tempero. A terminologia, o nome arquétipo, não é citado... é vivido. Entendeu?

— Nas histórias, nas rezas e nas danças?

— Ótimo. Essas são as caras, as expressões que o arquétipo (uma ideia antiga desenvolvida em milhares de gerações) usa para chegar até você, à sua cultura, dentro dos seus costumes. A força é arquetípica; a expressão é cultural.

O arquétipo (o núcleo de força que mora no inconsciente) é um potencial existente no psiquismo, fruto das experiências cumulativas da espécie e que pode ser vivenciado pelo sujeito como emoção, instinto, pensamento ou sentimento.

— Me dê um exemplo.

— A humanidade existe há muito... Em todo esse tempo, os bebês nasceram e mamaram, então, foi se formando um padrão universal da ideia de mamar, do sentimento de mamar, que permanece presente no inconsciente do sujeito, lá "no fundão". Ao nascer, ele herda essa ideia da experiência do passado coletivo da humanidade. Ele herda de seus ancentrais o fruto de milhares de gerações de bebês, que viveram a experiência vital da amamentação.

Sabe como é formada a palavra arquétipo? Do grego *arkhé*, que quer dizer antigo, e *tipós*, que quer dizer modelo, ou seja, um modelo muito antigo. É uma cunhagem primordial, explicava meu professor, que interfere diretamente no modo de percebermos e de nos relacionarmos com o mundo.

— Então, é uma coisa importante?

— Para quem se interessa em entender um pouco do próprio psiquismo, eu diria que é uma força a ser educada à medida que nos conscientizarmos dela.

— E a gente educa uma força interna?

— Claro. Ou você toma conta da força ou ela toma conta de você. Ao montar um cavalo, você o conduz ou deixa que ele o conduza?

— E todos cultuam Exu da mesma forma?

— Nem sempre é da mesma forma, em todos os centros, ou para todos os adeptos desta ou daquela religião. Vovó diria "cada cabeça, uma sentença" para explicar a individualidade de cada um.

— Mas Exu não é Exu sempre?

— Sempre é muito tempo. Vamos lembrar que a psicologia analítica apregoa que o arquétipo representa essencialmente um conteúdo inconsciente, o qual se modifica por meio de sua percepção e conscientização, assumindo matizes que variam de acordo com a consciência individual na qual se manifesta, ou seja, Exu, como representação arquetípica, foi submetido à influência da elaboração consciente do médium ou do religioso, que julga e avalia, simplificando. Cada um entende com a cabeça que tem.

— Então, o Exu que saiu da África foi adquirindo novos significados de acordo com os valores do meio em que foi sendo recebido?

— De orixá a símbolo fálico, cada localidade foi projetando nele suas características particulares.

Esse movimento que a força arquetípica expressa por meio do símbolo traz para a umbanda os conceitos de: Exu de Lei (o guardião, o trabalhador, Exu batizado, isto é, alma humana sensibilizada pelo Bem, que já despertou para a jornada evolutiva) e Exu Pagão (aquela entidade sem rumo ou dominada por mentes trevosas, reconhecido como um marginal, sem luz, que ainda não percebeu que estamos numa jornada evolutiva).

Você pode perceber uma situação arquetípica de polarização. São dois polos, dois lados da força arquetípica: bem conduzida ou não conduzida. Lembrando que, quando você não conduz suas forças internas, a mente do outro o fará por você, igual à casa abandonada que logo arruma um dono, logo arruma um sem-teto para apossar-se dela.

A discussão da polarização aclara a ideia do movimento ou do conflito que ocorre entre o consciente e o inconsciente, para dar espaço à vida dos instintos que assaltam o sujeito e suas contradições ou tentar eliminar do indivíduo e do social os traços que possam lembrar o primitivo que nos habita. Quer queiramos ou não, a humanidade vive os dois lados da moeda. Ninguém é só bondade ou só maldade. Ninguém é assim. Somos uma mesclagem.

— Pelos nomes lembrados (Pimenta, Caveira, Tranca-Ruas), parece que o Exu é meio tinhoso. — Considerou Alcli.

— E quem de nós não é também meio tinhoso? Todos nós temos uma dimensão tinhosa lá dentro, que buscamos educar ou não.

— Todos nós?

— Inclusive o presidente da República, o professor, o papa.

— Aff! Você continua irreverente.

— Ou tinhosa, como você preferir.

— Olha! Já tem muita coisa para eu pensar. É melhor pararmos por hoje.

Dias depois, voltamos ao diálogo:

— Pensou sobre o que conversamos? — indaguei.

— Pensei.

— E o que ficou?

— Que tudo isso é muito novo e que eu preciso de mais tempo.

— Quantas encarnações? Vamos ver outro conto de Exu que estudei a partir do trabalho de Prandi.

— Que é Prandi?

— A pergunta correta é: quem é Prandi? José Reginaldo Prandi é um professor, sociólogo e escritor paulista, que aborda o tema "Mitologia dos orixás". Aprendi nas histórias que ele conta que

> *Exu era um andarilho que vagava pelo mundo.*
> *Exu não parava em lugar nenhum.*
> *Exu não era dono de nada, não tinha casa, não tinha dinheiro,*
> *não tinha rumo, nem objetivo.*
> *Um dia passou pela casa de Oxalá e se interessou pelo que viu, então passou a frequentá-la diariamente.*
> *O trabalho de Oxalá o distraía.*
> *Oxalá fabricava seres humanos a partir do barro.*
> *Exu passou a prestar muita atenção nesse trabalho e, como era inteligente, logo aprendeu.*

Outros também vinham à casa de Oxalá,
uns só de passagem,
outros ficavam lá por dois,
quatro, até oito dias e iam embora, mas
não aprendiam a fabricar nada.
Quando vinham para visitar Oxalá,
traziam presentes, observavam e depois iam embora.
Exu não foi embora.
Exu esteve na casa de Oxalá durante dezesseis anos.
Depois de bem observar, Exu aprendeu a técnica de modelagem usada por Oxalá para fabricar homens e mulheres.
Aprendeu como se moldava os pés, as mãos, a boca, os olhos e o pênis dos homens.
Aprendeu como se moldava os pés, as mãos, a boca, os olhos e a vagina das mulheres.
Durante o tempo que esteve na casa de Oxalá,
Exu não perguntou nada, mas observou tudo.
Durante o tempo que esteve na casa de Oxalá,
Exu prestou muita atenção.
Por dezesseis anos, Exu ajudou Oxalá.
Oxalá tinha muito trabalho para fazer, precisava produzir cada vez mais humanos.
Oxalá não podia ocupar-se de outras atividades.
Então Oxalá falou para o Exu que se pusesse no cruzeiro, na encruza, na encruzilhada, por onde deveriam passar aqueles que viessem à sua casa.

Eles deveriam entregar ao Exu uma oferenda para que pudessem continuar o caminho, quem não trouxesse, não passava.

Exu foi para a encruzilhada receber os presentes daqueles que por lá passassem, enquanto Oxalá se ocupava de seu trabalho.

Todos os ebós de Oxalá eram entregues a Exu.

Exu recolhia todas as oferendas e depois fazia a entrega a Oxalá.

Como Exu fazia direitinho seu trabalho, Oxalá resolveu que deveria premiá-lo.

Então avisou que aqueles que viessem à sua casa deveriam também trazer um presente para o Exu na vinda e outro presente na volta.

Exu começou a ficar rico, porque ganhou uma profissão que lhe era bem rendosa, pois muita gente passava pela encruzilhada, indo para a casa de Oxalá.

Exu não descansava, agora tinha muito trabalho sendo o guardião da casa de Oxalá.

Exu fazia a guarda armado com um ogó, usando esse grande porrete, ele espantava aqueles que não eram bem- -vindos e castigava aqueles que ousassem ludibriar sua honrosa vigilância.

Como o trabalho era intenso, Exu resolveu morar ali na encruzilhada.

Exu ganhou um lugar, uma casa, trabalho, dinheiro e poder.

Alcli, vamos interpretar o texto lido: "Exu era um andarilho que vagava pelo mundo./Exu não parava em lugar nenhum./Exu não era dono de nada". Quantas vezes "vagamos" pela vida?

— Aparecida, o que você quer dizer com isso?

— Vagar, verbo intransitivo, quer dizer: não fazer nada; andar sem destino; viver de modo errante; viver sem objetivo certo; zanzar. Quando passamos por essas experiências, vivemos nossa porção Exu.

— Mas vagar ou andar sem destino não é pecado.

— Eu não disse que era. Apenas estou explicando o que entendo por vagar, por vagabundear, e creio também que não fazer nada é muitas vezes necessário.

"Um dia passou pela casa de Oxalá e se interessou pelo que viu, então passou a frequentá-la diariamente."

Exu toma um rumo e arruma um objetivo.

O trabalho de Oxalá o distraía.
Oxalá fabricava seres humanos a partir do barro.
Exu passou a prestar muita atenção nesse trabalho e, como era inteligente, logo aprendeu.
Outros também vinham à casa de Oxalá, uns só de passagem,
outros ficavam lá por dois,
quatro, até oito dias e iam embora, mas não aprendiam a fabricar nada.

Olhe o destaque para o aspecto do aprender trazido por Exu: se dedicar pouco a um tema não se traduz em aprendizagem... Quem pouco ficava nada aprendia.

> *Quando vinham para visitar Oxalá, traziam presentes, observavam e depois iam embora.*
> *Exu não foi embora.*
> *Exu esteve na casa de Oxalá durante dezesseis anos.*

Vejamos dezesseis em termos numerológicos:

a) 1+6 = 7 = ação

b) (1: início) + (6: união de postos) = 7

7 = ação para a união de opostos, lembrando a "*coniunctio*" da Alquimia.

c) a carta 16 do tarô é a Torre, que fala de desconstruções e reconstruções.

— Aparecida, você não está forçando a barra?

— Estou fazendo uma associação de ideias. Quem tem conhecimento anterior que o associe ao atual. A aprendizagem é cumulativa, sabia?

— Por hoje não pergunto mais nada!

> *Depois de bem observar, Exu aprendeu a técnica de modelagem usada por Oxalá para fabricar homens e mulheres.*
> *Aprendeu como se moldava os pés, as mãos, a boca, os olhos e o pênis dos homens.*

Os pés

Os pés caminham. Exu aprendeu a caminhar. Ele é conhecido como o Senhor dos Caminhos.

As mãos

As mãos fazem, lembram a habilidade de execução. Exu aprendeu a fazer. A que isso o remete, Alcli? Faça suas associações. Para mim, as mãos falam muito de habilidade, de execução, de fazer algo.

A boca

A boca fala. Exu aprendeu a se comunicar.

Exu, o mensageiro dos deuses, fala ao babalaô (sacerdote, painho) por meio do Ifá (jogo de búzios).

Exu, um orixá da comunicação, assemelhando-se aqui a Mercúrio, o deus romano.

Os olhos

Os olhos enxergam. Exu aprendeu a observar.

O pênis dos homens

Exu está fortemente vinculado à sexualidade, à criatividade.

Durante o tempo [dezesseis anos] que esteve na casa de Oxalá, Exu não perguntou nada, mas observou tudo. Durante o tempo que esteve na casa de Oxalá, Exu prestou muita atenção.

Exu levou um tempo para aprender a focar a consciência. Você já aprendeu?

É bom recordar que atenção é a focalização da consciência e a natureza da consciência é criar. E todos nós temos a possibilidade de.

A atenção forma a base do poder da vontade.

O cultivo da atenção facilita o exercício da vontade.

Como você lida com o ato da vontade?

Há duas principais direções da atenção: atenção dirigida ao interior, aos próprios processos mentais, e atenção dirigida ao exterior.

Assim como temos a atenção voluntária, isto é, dirigida a algum objeto por um esforço de vontade, um esforço de determinação, o que vai nos exigir certo treino, temos a atenção involuntária, que é a mais comum e não requer nenhum treinamento especial. É aquela que as crianças usam. O estímulo vem de fora e pronto. Alcli, como você age, como conduz a vontade? Ou a vontade o conduz?

— Nem sei. Nunca prestei atenção nisso.

— É hora de começar, pois não há desenvolvimento sem autoconhecimento.

E o conto mitológico continua:

> *Oxalá não podia ocupar-se de outras atividades.*
>
> *Então Oxalá falou para o Exu que se pusesse no cruzeiro, na encruza, na encruzilhada, por onde deveriam passar aqueles que viessem à sua casa.*
>
> *Eles deveriam entregar ao Exu uma oferenda para que pudessem continuar o caminho, quem não trouxesse, não passava.*

— Levar uma oferenda a Oxalá? Aparecida, que tipo de oferenda você faz a Oxalá?

— Pense: Oxalá é uma divindade. O que posso lhe ofertar ? A divindade precisa de alguma coisa que não possa obter e que eu precise dar a ela?

— Vou desistir de fazer perguntas. Você não responde e ainda me faz outras que não sei responder.

— Vejamos! Só vamos ao numinoso através do psíquico.

— Luminoso?

— Não! Numinoso! De *nume. Numin* + oso, que quer dizer: misterioso, sagrado. Só vamos ao divino através do psíquico. A oferenda para chegar a Oxalá (à dimensão do divino), para chegar à divindade, é a atenção, o pensamento, a vontade.

"Como Exu fazia direitinho seu trabalho [...]."

— Todos nós auxiliamos na criação, cada um trabalha no seu nível. No universo tudo trabalha. A ave ou o vento transporta sementes; à terra cabe envolvê-la; a chuva incumbe-se de regá-la.

"Todos os ebós de Oxalá eram entregues a Exu./Exu recolhia todas as oferendas e depois fazia a entrega a Oxalá."

— Só vai a Oxalá (divindade) quem pagar uma oferenda, que é psíquica.

— Que é isso: oferenda psíquica?

— Nos "antigamente", uma oferenda era acender uma vela, fazer uma farofa, levar uma flor, coisas de nível material, exatamente como fazemos para as crianças. Nos "atualmente", fazemos contato com Oxalá, com a divindade interior (o Self), por meio de oferendas psíquicas: o pensamento; o sentimento; a atenção. O ebó atual não é feito do sacrifício de animais. O pensar humano já evoluiu desse ponto. Ou não? O ebó atual é pensar, sentir e agir na direção do Self.

— O que é Self?

— Self é a representação do Divino, de Deus em mim.

— É alma?

— É! Pode ser entendido assim.

Retomemos o conto:

"Então avisou que aqueles que viessem à sua casa deveriam também trazer um presente para o Exu na vinda e outro presente na volta."

O Exu que aprendeu, que tomou consciência e desenvolveu seu potencial, começa a obter reconhecimento e recompensa pelo seu trabalho. Nós também desenvolvemos nosso potencial e colhemos as consequências do processo.

"Exu não descansava, agora tinha muito trabalho sendo o guardião da casa de Oxalá."

Exu tornou-se um guardião. Na umbanda, é chamado Exu de Lei.

— Alcli, meu querido, o que esse conto lhe sugere?

— Que Exu é uma força, um arquétipo, e que o arquétipo pode ser educado. O conto mostra que Exu prestou bastante atenção e aprendeu.

— É isso mesmo! Aí está a função do conto mitológico: mostrar um caminho. Ele é um farol. Diz o conto: "Depois de bem observar Exu aprendeu [...]".

Podemos educar nossas forças interiores. Desconte que eu sou professora e não estou afirmando que é fácil... Estou dizendo que é possível. E saiba que ninguém vai transcender, ou seja, ninguém vai mudar de faixa vibratória sem esforço, aprendizagem, treino e sem transformação. Alcli, diga-me o que ficou mais forte para você desse nosso encontro?

— Que o Exu que eu acreditava ser uma entidade, uma pessoa lá fora, é um arquétipo. Eu nem entendi direito o que é arquétipo... É uma noção nova. Preciso de tempo para digerir.

— Tudo depende de como interpretamos.

— Novamente, você está falando em interpretação.

— Prometo que, alhures, vou lhe falar detalhadamente sobre o tema interpretação.

"Eu, por minha vez, entendi que precisava controlar minhas ansiedades pedagógicas. Se eu quisesse continuar falando sobre esse tema com Alcli, precisaria respeitar o tempo dele — o tempo de assimilação, de compreensão, o tempo de Kairós."

— Vamos voltar um pouco ao conceito de que o arquétipo é uma ideia antiga.

A psicologia, como a conhecemos hoje, não tem nem dois séculos; é um conhecimento novo, e a descoberta do inconsciente segue nessa mesma direção. Quando, em 1900, Freud publicou pela primeira vez sobre o inconsciente, ele foi chamado de "herege" pelos estudiosos da época. Por inconsciente entendia-se uma instância psíquica, um lugar no psiquismo em que ficava guardado o material recalcado, o material não aceito pela consciência: as fantasias; as histórias imaginárias; os desejos não realizados; o material censurado.

— Posso entender o inconsciente como um depósito de forças que não conseguimos ver ou controlar?

— Sim. Mas ainda que censurado e recusado, o material retido no inconsciente tende à realização.

Passado algum tempo, a ideia de inconsciente é ampliada por Jung, que afirma que o inconsciente, além do material reprimido, possui ainda outro componente: o potencial que ainda não chegou à consciência.

— Então, é como se eu tivesse uma parte clara, que é a consciência, o que vejo, sei que está lá, e outra parte de mim mesmo, obscura, que não vejo porque sufoquei — disse Alcli.

— Ou porque ainda está em "gestação" e não chegou à luz da consciência.

Figura 13

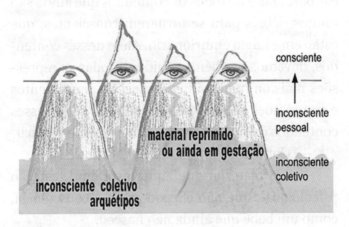

Ressaltando que esse material obscuro tende a se realizar, ou seja, tende a vir para o nível de realidade da consciência.

Agora vamos refletir juntos:

inconsciente $\begin{cases} \text{material fora da consciência} \\ \text{material reprimido} \\ \text{material inconcebido (novo)} \end{cases}$

mais a noção de inconsciente pessoal
mais a noção de inconsciente coletivo

— Aparecida, vamos rever por partes. Primeiro, o inconsciente pessoal, que diz respeito só ao sujeito, só à pessoa. É aquela parte do inconsciente onde estão guardadas as experiências só daquele indivíduo?

— Isso mesmo! Podemos considerar que o inconsciente é o departamento de todas as lembranças perdidas e de todos os conteúdos que ainda são muitos débeis para se tornarem conscientes, que estão em estágio embrionário. Além desses conteúdos, devemos também considerar todas as repressões mais ou menos intencionais de pensamentos e impressões incômodas. À soma de todos esses conteúdos damos o nome de inconsciente pessoal.

— "Conteúdos muito débeis"? O que é isso?

— É o material que ainda está em "gestação psicológica", que não chegou ainda à consciência, como um bebê que ainda não nasceu.

— E o inconsciente coletivo?

— O inconsciente coletivo é uma instância, um lugar mais profundo da psique, comum a toda a humanidade. Ele é herdado. É o conjunto de pensamentos, sentimentos, de "lembranças" compartilhados por toda a humanidade. É um grande reservatório que representa não apenas aquilo que eu vivi, mas o que a humanidade toda viveu. Seus componentes "são de ordem impessoal". É a formidável herança espiritual do desenvolvimento da humanidade que nasce de novo em cada ser humano. "O inconsciente coletivo compreende toda a vida psíquica dos antepassados desde os seus primórdios." (Jung)

O conceito de inconsciente coletivo é um dos mais controversos da teoria junguiana.

— Exemplifique, por favor.

— Herdamos nossos instintos de antepassados, e essa herança está no inconsciente coletivo, pois o instinto é essencialmente um fenômeno universal, ou seja, que pertence a todos. Quando você nasce, ninguém o ensina a mamar. Você mama por instinto.

É no inconsciente coletivo que moram os arquétipos; eles têm um endereço comum, uma proximidade com os instintos.

O inconsciente coletivo é responsável pela produção espontânea de mitos, ideias religiosas, alguns sonhos, arquétipos, instintos etc.

— E onde entra Exu nisso?

— É um arquétipo que ganha espaço por meio do mito, que é "produzido" pelo inconsciente.

— Isso quer dizer que todo mundo está de alguma forma relacionado a ele?

— É exatamente assim que penso.

— Eu estou? — indagou meu aluno.

— Você, eu e todo o resto da torcida... todos estamos relacionados a ele. Todos estamos em rede, relacionados com tudo. Você é toda a humanidade. Como seres humanos, nós todos estamos em contato com todos. Estamos em rede.

— Eu não acho — disse Alcli. — Não estou sonhando com Exu, não estou invocando-o nem o incorporando.

— Não estou falando de contato consciente...

— Explique melhor, por favor.

— Você faz contato com Exu quando "incorpora" atributos sombrios: quando quer manipular, ter uma vantagem extra, "passar a perna" no outro, quando você fica muito "esperto", muito malandro.

— Mas você mesma disse que Exu, como arquétipo, é visto de diferentes formas.

— Sim, para quem o vê como um diabo, Exu é ruim. Mas, para quem sincronizou (colou) a figura de Exu à de Santo Antônio, ele é bom. No nordeste do país, a figura de Exu mescla-se à figura do santo.

— Aparecida, Santo Antônio é santo europeu, católico, e Exu é entidade, é espírito que umbandista incorpora.

— E o inconsciente coletivo é universal, o arquétipo é universal. Pense: Exu atende ao pedido do sujeito. O santo atende ao pedido do sujeito. O arquétipo seria o provedor do sujeito. Você não vê nem o santo nem Exu atender, porém, solicita ajuda, o atendimento deles. Aprofunde o pensar: que tipo de pedido você faz ao santo? Que tipo de pedido você faz a Exu? São pedidos da mesma natureza? O arquétipo tem várias nuances, várias faces.

— Estou começando a entender que cada pessoa crê de um jeito.

— Bingo! A CRENÇA É LIVRE. Lá atrás, o escravo não podia bater seu tambor livremente para Exu, então aproveitava a festa do santo católico para saudar seu orixá. Era uma adaptação do candomblé para a religião local... E sem um poder central, que ditasse regras. Cada um foi adaptando o culto à entidade, dentro das possibilidades e em consonância aos costumes culturais.

O ser é uma mescla de elementos em que o social tem seu peso.

Na Bahia, Exu é sincronizado com Santo Antônio e comemorado em 13 de junho. Em São Paulo, contudo, não é assim. Aqui, tenho observado na umbanda que Exu não é um orixá; é uma entidade, ou seja, alguém que já viveu, morreu e agora incorpora num médium durante uma sessão.

Cada povo tem seu costume, e, como o Brasil é um país muito grande, cada região tem seu hábito. O inconsciente, no entanto, é coletivo, e o arquétipo, a força que se desloca para nossa consciência, está para todas as pessoas, que a educam, transformando essa força de acordo com seu nível de consciência, o que não era diferente na África. Meu professor dizia: "A realidade religiosa da África é de cultos particulares, por tribos, onde a reverência aos orixás era regionalista", quer dizer: cada "tribo" fazia do seu jeito.

Daí pensarmos que a religião está relacionada a um arquétipo, uma força atuante, um conteúdo que trazemos conosco, sem forma, assim como a água que toma a forma do vaso onde é colocada, mas em qualquer vaso sua natureza sempre será a mesma. A água em qualquer vaso é sempre água.

— A religião é força arquetípica! Só você para me dizer isso! Nem sei se acredito.

— Vou repetir: **a crença é livre**. Eu acredito.

— Em quê, Aparecida?

— Tanto no conceito de arquétipo quanto na ideia de que a crença é livre! Quer ir adiante?

— Quero... — respondeu Alcli.

Eu sorri internamente pensando: "Isso porque ele não acredita... já pensou se acreditasse?". Eu nada faço além de tentar entender o que acontece no meu interior, ou seja, na dinâmica interna do ser.

Ouvi meu professor dizer mais de uma vez que a experiência no território psíquico nos faz entender que certos conteúdos têm origem numa psique mais ampla, para além dos limites da consciência. E tais conteúdos geralmente englobam uma compreensão, uma análise e uma sabedoria que a consciência do sujeito seria capaz de produzir.

— E daí?

— Daí aparece o mito. Nós não criamos o mito; ele é o "certo conteúdo" que vem de uma região mais ampla que a consciência.

— Ah! Entendi. Quer dizer... mais ou menos.

— Atente-se, menino! Já vimos que os contos trazem um saber que o homem primitivo não acessou com facilidade.

— Isso quer dizer que os contos míticos encerram uma sabedoria?

— Parabéns! É isso.

— Mesmo os contos infantis?

— Também. Lembra-se de "Os Três Porquinhos"? O primeiro construiu uma casa de palha; o segundo construiu uma casa de madeira; o terceiro construiu uma casa de tijolos... Cada um revelava um nível de maturidade, o lobo representava o perigo, e por aí vai...

Então, temos o inconsciente coletivo expressando-se por meio de símbolos na consciência do sujeito — isto é a "cara" da umbanda, em que tudo é simbólico.

— O símbolo é a "roupinha" do arquétipo?

— Digamos que o símbolo é a vestimenta arquetípica. Aqui, neste contexto, o orixá é entendido como uma dimensão do ser. O orixá é um arquétipo. O arquétipo usa um símbolo para sua expressão. Preste atenção: Ninguém nunca viu um arquétipo andando por aí. Vemos um símbolo arquetípico.

— O arquétipo se apresenta como um símbolo, com uma imagem?

— É isso. E essa imagem traz consigo informações. Olhando para a figura do orixá sob a luz da psicologia, acreditamos que ele tenha uma função simbólica na vida do sujeito. Em outros termos, a psicologia analítica pode se constituir como uma porta de acesso ao universo dos orixás; ela fornece conceitos que ajudam a entender melhor a relação entre pessoa e divindade.

No decorrer da existência do sujeito, os arquétipos podem ser ativados em diferentes níveis (ou não). Quando ativados, tornam-se mais conhecidos da consciência, mas, quando não ativados, permanecem inconscientes.

Agora, assunte bem! A busca religiosa pode ativá-los.

A experiência religiosa

— Como assim? — inquiriu Alcli.

— A experiência religiosa, ou experiência espiritual, ou experiência mítica, não importa a nomenclatura, é o contato com o sagrado; é um encontro com o divino. Exatamente na medida que o sujeito entende o divino, depende do psiquismo dele, porque há uma interpretação. E muitas vezes o povo chama o encontro com o sagrado de "graça", de "milagre". Quando tocado pela "graça divina", pode ocorrer uma transformação no sujeito.

No Evangelho segundo a Maria Aparecida é assim: a criança pensa em Deus, um velhinho de barba (antropomorfismo) sentado na nuvem; o adolescente pensa em Deus como um cara legal; o adepto pensa em Criação Primordial.

A "experiência religiosa" oficial da criança é o batismo, que, para a maioria delas, não tem significado. A criança é batizada na primeira infância, com um ou dois anos e, nessa idade, ela não é dada a reflexões. Seu universo é sensório-motor, tanto que se fala em nome da criança.

O batismo católico tem essa característica de falar em nome da criança. Na Primeira Comunhão, ela é conduzida por seus pais e pela igreja e frequenta o catecismo. Lembrando que, em qualquer religião, a criança em fase de aprendizagem geralmente aceita aquilo que o adulto lhe disser, pois ainda não tem senso crítico desenvolvido.

Em cada fase do desenvolvimento, o ser tem um interesse diferente. A religião é uma herança social e cultural que ele eventualmente poderá assimilar.

O livro dos provérbios diz: "Ensina a criança no caminho em que deve andar, e ainda quando for mais velho não se desviará dele"[6].

A criança é geralmente ritualista. O adolescente seguirá seus pais, seus professores ou seu pastor, ou não seguirá, porque aqui sua consciência começa a ouvir um apelo interior. Talvez ele estabeleça uma relação com sua realidade espiritual, podendo, em casos extremos, entrar num processo de emergência espiritual ou transe mediúnico.

No adulto, a experiência religiosa vai desde nenhuma — porque o indivíduo pode negar um apelo interno — até uma experiência fortíssima, quando ele é tragado por ela.

Muitas tradições caracterizam a experiência religiosa como um encontro direto: com Deus (Moisés encontra-se com Deus); com deuses (orixás); com anjos (anunciação de Jesus a Maria); ou contato com outras realidades transcendentais (saída astral). Acrescente-se a isso: transes; inspirações; orações; jejuns; cânticos; música; danças; rituais; rodas de cura.

O êxtase religioso pode ser visto como uma experiência religiosa, mas conversar, meditar, contemplar ou refletir sobre o sagrado também pode disparar uma experiência íntima, pessoal e exclusiva.

---

6 Provérbios 22:6.

— Entendo a experiência religiosa como pessoal, pois cada um tem a sua e a seu modo. É a natureza interna de cada um, a alma, o Self que determina.

— Mas eu aprendi que experiência religiosa é ir à igreja, ao culto ou ao centro.

— No entanto, foi na própria igreja que também ensinaram que Deus é onipresente, isto é, que está presente em todos os lugares, em toda parte. E se Ele está em todos os lugares, está também em mim...

— Preciso metabolizar isso.

— Com os óculos da psicologia analítica, podemos entender a experiência religiosa (o transe) como uma expressão da psique, isto é, como eco vivo dos arquétipos que são trazidos à nossa consciência pelos símbolos.

Qualquer semelhança com a umbanda não é mera coincidência.

Independentemente de a experiência religiosa acontecer numa igreja católica, num templo budista ou num centro espírita, essa experiência tem uma função, que, por meio dos processos simbólicos, produzirá novos significados para a existência individual ou coletiva.

— Exemplifique, por favor.

— Se o babalaô tem uma vidência que muda sua forma de pensar, ele, provavelmente, levará consigo boa parte de seus adeptos.

Lembro-me daquele cliente que, em transe (experiência religiosa), trazia um discurso de paciência e bom entendimento familiar, justamente aquilo que faltava nele. O cidadão não tinha nada disso. Seria muito bom que cada médium gravasse e estudasse o próprio transe, pois encontraria seu reverso. Essa é uma técnica utilizada na clínica. Quando a pessoa procura abrigo na religião, está satisfazendo uma necessidade interior, uma necessidade arquetípica, sendo que a realização de tal processo dependerá da colaboração consciente do sujeito em se abrir para os conteúdos do inconsciente. Você não obriga o sujeito a ter uma experiência religiosa; ele a busca. E essa busca é o que o conduz à transcendência, a uma modificação.

Outro exemplo: mãe de filho doente sem diagnóstico vai para o divino buscando abrigo para seus anseios. Se ela obtém sua graça, passa a relacionar-se com o divino num outro grau de fé, de proximidade.

A experiência produz um campo de relação efetiva entre a consciência e o fenômeno, e é essa relação que pode trazer um novo significado para a vida do sujeito.

— Aparecida, você está dizendo que a experiência religiosa traz, a partir do envolvimento com o sagrado, novos significados à consciência, alterando ícones mentais que tocam o âmbito essencial do sentido da vida?

— Nossa! Está ótimo! É isso mesmo. A experiência religiosa altera nossa forma de ver o mundo e também nossa forma de agir no mundo, influenciando até o modo de a sociedade se organizar. Os aiatolás que o digam. A experiência religiosa desperta a fé, desperta a confiança em algo que, na maioria das vezes, o sujeito desconhece, levando-o a buscar dentro de si mesmo forças realizadoras. É bíblico. Lembra-se da história de Saulo, o perseguidor de Jesus, às portas de Damasco?

1 E Saulo, respirando ainda ameaças e mortes contra os discípulos do Senhor, dirigiu-se ao sumo sacerdote,

2 E pediu-lhe cartas para Damasco, para as sinagogas, a fim de que, se encontrasse alguns daquela seita, quer homens quer mulheres, os conduzisse presos a Jerusalém.

3 E, indo no caminho, aconteceu que, chegando perto de Damasco, subitamente o cercou um resplendor de luz do céu.

4 E, caindo em terra, ouviu uma voz que lhe dizia: Saulo, Saulo, porque me persegues?

5 E ele disse: Quem és, Senhor? E disse o Senhor: Eu sou Jesus a quem tu persegues. Duro é para ti recalcitrar contra os aguilhões.

6 E ele, tremendo e atônito, disse: Senhor, que queres que faça? E disse-lhe o Senhor: Levanta-te, e entra na cidade, e lá te será dito o que te convém fazer.[7]

---

7 Atos, 9:1-6.

O ser humano tem potenciais dentro de si que muitas vezes são despertos pelo contato com o sagrado, e tal contato não significa necessariamente a opção por uma crença religiosa, mas tal crença pode ser uma das maneiras de o homem encontrar sentido para a vida.

Alcli, procure se informar. Há pesquisas sobre as experiências de quase morte, nas quais o sujeito tem uma parada cardíaca, se vê fora do corpo em situações inusitadas em relação às suas crenças e que, ao retornar à vida, pode modificar sua visão de mundo.

Os relatos de experiências de quase morte ocorrem desde a Antiguidade e tornaram-se rotineiros na literatura médica nas últimas décadas, sendo temas até de congressos, mas permanecem sem explicação científica.

— Eu pensava que ir ao centro espírita kardecista ou de umbanda era religião e que a gente ia tomar passe para receber ajuda.

— Também, mas vai além disso. A religiosidade do sujeito está nele e não nas paredes do templo que frequenta, qualquer que seja o templo. A participação religiosa, o "ir tomar passe para receber ajuda", é uma relação que se desenvolve em vários níveis: há a pessoa que vai tomar o passe (aspecto pessoal); há a pessoa que vai dar o passe (aspecto pessoal); há o local, sua manutenção e suas normas (aspecto social); há as crenças que os unem (aspectos filosóficos e religiosos). A relação, além de tocar a religiosidade, é terapêutica e de utilidade pública.

— Como assim? — perguntou meu aluno.

— Na maior parte das vezes, o sujeito chega lá com uma questão a ser resolvida. Você mesmo disse que foi em busca de ajuda. Lá, ele: encontra um acolhimento; estabelece a relação de auxílio; é ouvido ao relatar seus problemas (o que é catártico); é ouvido pelo atendente, depois pela entidade (só aí já há gratuitamente uma grande ajuda). Mas ainda não acabou. Ele é estimulado a mudar seu padrão vibratório, isto é, sair da crença no problema, avançar para a crença na solução e ainda deve acender uma vela.

Acender uma vela é simbólico; representa um reforço positivo na fé. Agora pense se é ou não um serviço terapêutico aberto à população.

O sujeito vai ao centro de umbanda carregando suas questões existenciais e é atendido pelo Exu. Isso é uma experiência religiosa.

— Isso é uma experiência religiosa?

— Sim, uma experiência que move o universo interior da pessoa, pois Exu, que na umbanda é visto como uma entidade, propõe-se a "abrir os caminhos". Do ponto de vista psíquico, entra a proposta da mudança de atitude interna do cidadão. Há uma mobilização do sujeito, que deixa de olhar o problema e passa a olhar a solução. E como o sujeito, geralmente, tem baixa autoestima, ele acredita mais na entidade do que em si mesmo.

Durante a orientação, o Exu diz ao sujeito que ele deve acender uma vela preta dentro de um vaso de barro e dizer seu desejo três vezes, o que serve para estimular a mudança de pensamento do sujeito para a solução, pois "dizer seu desejo três vezes" é igual a estimular: a vontade do sujeito a mudar o rumo do foco; a focalização da consciência na direção da solução (recordando que a natureza da consciência é criar); e sua crença na realização por meio do uso do ritual.

— Me fale um pouco de ritual.

— Num outro momento. Mas, só para direcionar o pensamento agora, ritual é uma prática, uma regra, uma norma, uma cerimônia. Por exemplo, a cerimônia do batismo. O casamento tem uma cerimônia que segue uma regra. Isso é um ritual.

Os rituais são conjuntos de costumes que servem para ativar os arquétipos a desempenharem suas funções de coordenadores do funcionamento psíquico.

— Não entendi nada.

— Pense que um ritual serve para fazer um batimento de frequência, uma ressonância... para ligar a mente do sujeito a... Ficou melhor?

— Então, você está me dizendo que as velas que o Exu mandou acender é um ritual que serve para fazer frequência... Mas frequência com o quê?

— Com aquilo que se deseja e com aquilo que o Exu está representando na situação. Uma dimensão sua que você desconhece, o Exu não manifesto em você.

— Aparecida, você me respeite!

— Com o meu mais absoluto respeito, você, como todo o resto da população, tem um Exu consciente ou inconscientemente. Ou o inconsciente coletivo é só para os outros?

— Você quer me confundir. Você me confunde.

— Confundir vem de confusão. Com + fusão = com a fusão. Fusão: substantivo feminino. Ato ou efeito de fundir(-se).

Fusão, em termos físicos, representa a transição da fase sólida para a fase líquida de uma substância ou mistura. Em termos linguísticos, representa a combinação de dois ou mais elementos em contato no interior de uma palavra ou entre palavras. Em sentido figurado, representa a união resultante da combinação de seres, da combinação de coisas ou da combinação de ideias. Aliança, pacto.

De certa forma, você acertou, ainda que sem querer. De fato, eu quero confundir, que você faça a fusão ou a combinação de conhecimentos.

— É hora de fazer uma pausa para reflexão — proferiu Alcli.

— O encontro com os orixás é uma fusão de dimensões na consciência do sujeito.

O encontro interno com qualquer um dos orixás não é visto como uma coisa fácil, mas nenhum outro orixá causa tanta polêmica quanto Exu, pois ele é visto como: um elemento de ligação (Mercúrio); orixá (divindade); entidade (espírito manifestante); entidade do bem (Calunga); entidade do mal (Diabo); espírito em evolução; Exu pagão (espírito de baixo índice evolutivo); Exu coroado (aquele que trabalha para o bem).

Há muitas denominações para Exu: Exu Campina; Exu Capa Preta; Exu Caveira; Exu da Calunga; Exu da Madrugada; Exu da Mata; Exu da Meia-Noite; Exu da Praia; Exu do Cruzeiro; Exu do Lodo; Exu dos Rios; Exu Gira-Mundo; Exu Malandrinho; Exu Mangueira; Exu Marabô; Exu Mulambinho; Exu Mulambo; Exu Pemba; Exu Pinga Fogo; Exu Pino da Meia-Noite; Exu Quebra--Galho; Exu Quebra-Osso; Exu Rei; Exu Rola Rola; Exu Sete Catacumbas; Exu Sete Chaves; Exu Sete Covas; Exu Sete Giras; Exu Sete Luas; Exu Sete Ossos; Exu Sete Portas; Exu Sombra; Exu Tira-Teima; Exu Toco Preto; Exu Toquinho; Exu Toquinho de Ouro; Exu Tranca-Gira; Exu Tranca--Rua; Exu Tranca-Tudo; Exu Trinca-Ferro; Exu Tronqueira; Exu Veludo e outros.

Cada Exu tem características próprias, pontos cantados e pontos riscados, que são símbolos ou desenhos feitos a giz com os elementos referentes à entidade, e cada um tem a tarefa que lhe é própria.

Por exemplo: Exu Veludo oferece proteção contra os inimigos; Exu Pemba é facilitador dos amores clandestinos; Exu Sete Portas facilita a abertura das fechaduras e dos cofres; Exu Tranca-Tudo é o regente das festas e orgias; Exu Capa Preta comanda as arruaças e as discórdias e assim por diante.

Todos os exus são donos das encruzilhadas, onde são depositadas as oferendas que lhe são dadas. Apreciam cigarros, bebidas alcóolicas, música e dança.

A propósito, eu tinha um cliente que frequentava um terreiro de umbanda e recebia um exu, mas meu cliente não bebia nem fumava. Ele, então, se acertou com o Exu: "Nós vamos trabalhar sempre que necessário, porém, eu quero que você saiba que não bebo nem fumo, então, não vou fumar nem beber durante a gira". E assim foi feito.

Esse é um exemplo de processo de integração, quando a pessoa traz a questão à luz da consciência e resolve da melhor forma possível.

Geralmente, a atitude do exu, a entidade, ao "incorporar" no médium, pode causar certo receio. Suas ações podem não ter limites. Ele pode abusar do uso das bebidas, dizer palavrões e outras coisas ofensivas.

Entendo que o transe pode ser uma via de mão dupla, quando médium e entidade atuam numa relação de integração e não de submissão.

— Alcli, retome a ideia de inconsciente coletivo sabendo que podemos estudá-lo através da mitologia e olhando para as denominações dadas a Exu. Pense que o arquétipo que ele representa é visto com uma conotação numinosa ou sombria.

— Fácil! — respondeu Alcli. — Tranquilo que a conotação é sombria. Caveira, Meia-Noite, Lodo, Covas, Catacumbas remetem às sombras.

— Ótimo, continue. E recorde-se agora dos pedidos que são feitos a Exu e que não são os mesmos feitos a Oxalá.

— Os pedidos para Exu são mais sombrios? Talvez? — questinou Alcli.

— Em termos arquetípicos, sombra é um arquétipo.

— Sombra é um arquétipo? Aparecida, me explique isso para que eu possa compreender.

— A sombra representa nossos aspectos ocultos, guardados lá no inconsciente. Aquilo que nem desconfiamos de que temos de bom ou de ruim.

— O que nem desconfiamos que possuímos?

— Lembre-se de que já falamos sobre desejos reprimidos. Eles estão abrigados na sombra. Nossos impulsos não educados, não civilizados, também estão na sombra, mas o fato de estarem distante do foco da consciência não quer dizer que estejam inativos. Mesmo acobertados pela sombra, eles estão atuantes, causando enganos, atos falhos, projeções ou doenças.

Imagine que no seu trabalho há uma pessoa que você não suporta. Mesmo que ela nunca tenha lhe destratado, você quer distância dela, mas não admite isso porque você aprendeu que é um bom cristão e deve gostar de todos. Mas... você se esquece de colocar o nome dela na lista de aniversariantes e, quando coloca, escreve errado. Ou, quando escreve certo o nome, perde o convite. Não foi de propósito, no entanto, aquilo está lá no fundo, pulsante.

— Eu sempre esqueço de relacionar uma pessoa na listagem do esporte.

— É sempre a mesma pessoa?

— É!

— Então comece sua pesquisa. Parece-me um tanto significativo que seja a mesma pessoa sempre. A sugestão é que Exu traga o material sombrio, o material "do lodo" para a consciência.

Se olharmos com atenção mais aguçada, Exu, como elemento sombrio, é um aspecto da psique coletiva, que embasa, apoia a estrutura da personalidade.

— Não entendi.

— Atente-se para o modelo a seguir.

Figura 14

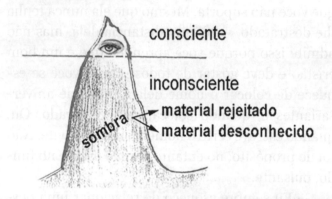

A consciência vem do inconsciente, que é sombrio. É a região que tem material rejeitado ou desconhecido, aquilo que ainda não descobrimos. O poema não escrito, a música não composta, a cura não alcançada, a tecnologia ainda não dominada estão na sombra.

— Venha em gotas homeopáticas, senão não acompanho — disse Alcli.

— Pense em Exu, no aspecto de servidor, comunicador dos deuses, como o Hermes grego ou o Mercúrio romano.

Recorde-se de que Exu, no universo popular brasileiro, é percebido como uma divindade (candomblé) ou uma entidade (umbanda).

Há um conto que fala de Exu

como patrono de ladrões, dos mendigos, provocador, arruaceiro, gozador e prodigioso por excelência, assim é Exu, que não usa de coerência e cuja braveza se acalma com certos dons e talentos, mas saiba que Exu não conhece o perdão nem a piedade.

O arquétipo apresenta-se com numerosas roupagens, com numerosos símbolos, e Exu, como estamos a perceber, ora pode ser malicioso, ora pode ser moleque, ora pode ser simpático, ora pode ser justiceiro. Quem de nós nunca teve um momento de molecagens? Quem de nós nunca teve um momento de arruaças? Quem de nós nunca teve um momento de arrogância? Quem de nós nunca teve um momento de incoerência? Quem de nós nunca teve um momento de malícia? Quem de nós nunca teve um momento de ser simpático? Quem de nós nunca teve um momento de Exu? Quem de nós nunca atuou com essa força dentro de nós? Força que, por vezes, vem chegando sub-reptícia, bem escondida e se instala em nosso psiquismo.

—Você está dizendo que temos um exu interno?

— Tanto quanto temos uma força angelical interna. Desconhecemos a extensão de nosso inconsciente, ainda que saibamos que estamos conectados à grande rede cósmica. Tive uma professora muito sábia que dizia que "servimos ao mistério". Acho que ela estava certíssima.

Toda a mitologia é uma espécie de projeção do inconsciente coletivo.

Figura 15

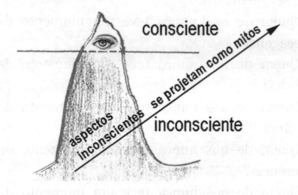

Aspectos do arquétipo

Exu nem sempre foi o mesmo.

Lembrando que o arquétipo é um conteúdo inconsciente, que se modifica (e atente-se para a modificação) por meio de sua percepção e conscientização. O arquétipo parece um camaleão, pois assume matizes que podem variar de acordo com a consciência do sujeito na qual se manifesta.

Portanto, podemos modificar, ou seja, educar, forças emanadas do inconsciente por meio do trabalho da nossa consciência.

O arquétipo vem de lá.

Reflita: Exu nem sempre foi o mesmo, pois, como representação arquetípica, pode ser submetido à influência da elaboração consciente, que julga e avalia desde que capacitada e treinada para isso. Toda capacitação exige empenho, força, treino, exercício, ou não haverá desempenho ou eficácia na tarefa educativa.

O exu que saiu da Mãe África foi agregando novos significados de acordo com os valores dos povos pelos quais foi sendo recebido. Ao orixá no candomblé, em que é visto como um deus-guia, soma-se a função de mensageiro, de trapaceiro, de charlatão e é também relacionado ao fálico. Com essas múltiplas personas, com essas múltiplas máscaras, chegou à umbanda, que não tem um poder central, pois nela há variações de terreiro para terreiro.

Alguns veem Exu como o Anjo Decaído, que acabou por ser o responsável pelas maldades no mundo; outros o veem como guardião ou como um mensageiro dos orixás ancestrais — e assim o arquétipo vai ganhando novas caras.

Em boa parte das manifestações da giras de Exu ocorrem falas semelhantes, mas como a umbanda é um universo bastante diversificado, temos o Exu de Lei, que até marca o dia em que dará aula no terreiro.

— Ah! Exu que dá aula! Só você mesmo para vir com uma conversa dessas.

— Não fale daquilo que você desconhece, Alcli. Saiba que tem Exu dando aula até na internet. E saiba que, numa das aulas, ele falou sobre projeção de forma bastante esclarecedora e, posteriormente, fez uma descrição sobre a cartografia da mente. Trouxe um modelo psicológico, tal como fazem nossos estudiosos mais ilustres no campo da psicologia. Até então eu só conhecia os modelos acadêmicos de Freud, Jung — o mais ousado que eu conhecia era o de Kenething Ring —, que propõem regiões pessoais e transpessoais da consciência. Agora, soma-se a esses modelos o trazido pelo Exu.

— Um Exu professor. Afff!

— Cada um tem o professor de que necessita.

Quando meu cliente incorpora Exu na sessão, tento vasculhar-lhe o território da ética. A incorporação não é de graça... Muitas vezes, o *"plug-in"* está colocado sob o véu do vitimismo ou da crueldade. O sujeito nem sempre vê como cruéis os próprios atos. Sempre sugiro ao cliente a questão: "O que posso aprender com meu transe?". Para alguns clientes temos um "caderno de transe".

— Caderno de transe? Nunca vi isso. Hoje é dia de novidades.

— Pois é! Também nunca trabalhou mediunidade com uma psicopedagoga. Na faculdade, tínhamos um "caderno de campo"; na especialização, tínhamos um "caderno de sonhos". O que me impede de ter na clínica um caderno de transes?

Zé Pilintra

— Alcli, você já ouviu falar do Zé Pilintra?

— Quase nada.

— Zé Pilintra é um exu que ganhou cidadania brasileira.

É bastante comum entre os vários exus, vistos como entidades, a figura do Zé Pilintra — o arquétipo do malandro, boêmio e apaixonado por jogos e disputas, que protege os locais de jogos de azar, que não gosta de trabalhar, que adora a noite e os prazeres da vida.

Uma história de Zé Pilintra que ouvi de um contador:

"Zé Pilintra nasceu na região nordeste do país, no sertão de Pernambuco, e sua família, em virtude de dificuldades, resolveu mudar-se para Recife por conta de uma seca intensa que assolou o local".

Aqui você nota a paisagem do país como influência social, e Exu ganha identidade brasileira.

"O menino José e toda a sua família se mudaram para a cidade grande, mas foram abatidos por uma desgraça. Todos morreram e apenas o menino sobreviveu." Infelizmente, o menino José dos Anjos perdeu toda a sua família, vítima de uma doença desconhecida.

José é o nome masculino mais comum no Brasil, só perdendo para o feminino Maria (segundo levantamento do IBGE 2010).

Historicamente, o casal José e Maria são pais de Jesus.

São José, pai de Jesus, é uma associação feita ao nome José, lembra uma proximidade da divindade, porém Zé é a corruptela de José e é acrescido do cognome Pilintra, bem próximo de pilantra, que quer dizer finório, velhaco, ladino, malandro.

Observe os dois lados arquetípicos: Zé (de José): o bem; Pilintra: o mal.

Sem ter quem cuidasse dele
sem ter para onde ir, ele viveu nas ruas, morando aqui e ali, às vezes dormia no porto,
se alimentava como podia,
outras vezes dormia por onde andava,
não frequentou nenhuma escola,
ia aprendendo com os fatos,
como frequentava as rodas da malandragem, aprendeu isso.
Zé era inteligente, perspicaz, atento a tudo que lhe conviesse.
Ganhava uns trocados aqui, outros acolá

como moleque de recados.
Zé cresceu experimentando mais as noites que os dias.
Aprendeu a apreciar a jogatina e as mulheres.
Zé foi crescendo, e a rua lhe deu um treino no manejo de facas,
ele foi desenvolvendo grande habilidade com elas, poucos tinham coragem de enfrentá-lo.
Zé era temido por todos, até mesmo pelo pessoal da polícia.
Ao sentir-se mais adulto, Zé resolveu morar no Rio de Janeiro.
Numa manhã chega à Cidade Maravilhosa.
Foi morar no subúrbio, nos arredores da cidade, e logo passou a frequentar os locais boêmios.
Era o tempo de formação das favelas.
O Zé era um sujeito de pelo nas ventas e de sangue quente.
Zé conhecia o poder das ervas, que tinha aprendido com o povo nordestino.
Zé era temido nas mesas de jogos e apostas.
Zé era galanteador.
Lá um dia, que não se sabe bem como, o Zé Pilintra apareceu morto.
Foi um assassinato.
Dizem que foi pelas costas. Pois, até onde se sabe, não havia ninguém no litoral carioca que fosse capaz de encarar o Pilintra frente a frente.

Esse Zé Pilintra é a cara do imigrante nordestino... não é um orixá importado das paragens africanas. É um exu abrasileirado, o que não faz dele um ser menos reverenciado num trabalho de umbanda.

Alcli, você leu *Dona Flor e seus dois maridos,* de Jorge Amado? Vadinho lembra muito o Zé Pilintra.

As histórias contadas sobre Exu são inúmeras e elas têm um denominador comum com as histórias de Vadinho. Relatam que ele era um valentão e, apesar de ter uma porção de generosidade em si, também bebia muito.

Uma vestimenta bastante comum dos exus é a calça preta, a camisa vermelha ou branca, com uma capa bem rodada jogada sobre os ombros. Usam cordão dourado e carregam na mão um tridente de ferro ou madeira, mas Zé Pilintra é mais moderno no vestir. Geralmente, é retratado fumando, vestido de forma impecável, usando um terno de linho branco, camisa branca e gravata de seda vermelha, um lenço também vermelho no bolso do paletó, sapatos de duas cores e um chapéu branco do tipo panamá, com uma fita vermelha amarrada na copa. Sua marca registrada é a malandragem.

Figura 16

Fonte: Desenhado por Maria Aparecida Martins (autora).

Alcli, observe que o arquétipo (Exu) vai atravessando as localidades e ganhando novos atributos dados pelo povo. Gradualmente, torna-se o depositário dos conteúdos sombrios da sociedade, que pensa que, ignorando tais conteúdos, eles serão inexistentes, mas aparecem projetados na figura de Exu.

Esse fenômeno leva Exu a representar a projeção de aspectos sombrios da personalidade:

malandragem, violência, libertinagem, o que, muitas vezes, é bastante visível no fenômeno mediúnico da "incorporação" do Exu. Quando se expressa por meio do médium, Zé Pilintra não faz a menor questão de disfarçar sua amoralidade, sua malandragem, sua paixão pelas mulheres, seu desafio às normas sociais. Ele chega expressando-se de modo grosseiro, com palavrões e gírias, fazendo o tipo desclassificado, vingativo; é um anti-herói, mas não é visto apenas dessa forma pelas pessoas que convivem com ele. Esse é o lado carbonização do arquétipo.

— Lado carbonização?

— Carbonização representa o lado ruim contido na sombra, mas temos o lado cintilação, ou seja, o lado bom, igualmente guardado na sombra como um brilhante ainda não lapidado. Lembre-se de que temos forças complementares dentro do conceito de arquétipo.

— Estou tentando.

— Os exus também podem ser personificados por pessoas cultas, que não terão aquele baixo nível cultural citado. São cultas, porém arrogantes, gananciosas, que não apresentam o menor pudor em passar por cima de qualquer um para conseguir seus intentos, tipo o político brasileiro. Você já leu *Fausto* de Goethe? Nessa obra, escrita em outra cultura, em outro tempo (Idade Média), também aparece a atuação de Exu, como espírito do mal, por meio do personagem de Mefistófeles. A coisa é arquetípica... existe desde sempre. Isso são as muitas faces do arquétipo. Cada cultura apresenta a forma que lhe é peculiar. Quanto menor a luz de consciência, mais violento o Exu se torna.

Exu Pagão

Numa sociedade como a que vivemos, que é calcada no sistema patriarcal, em que todas as mazelas dele provindas precisam de um bode expiatório para lançar sua sombra abandonada nos confins do inconsciente e camuflada por uma persona, isto é, uma sociedade com a aparência de país generoso, Exu veio na medida certa para ocupar esse lugar. É o fenômeno do bode expiatório, local no qual se projeta tudo aquilo que é negado pela consciência unilateral.

— Consciência unilateral? Como assim? Consciência é consciência — retrucou Alcli.

— Alcli, a consciência é por natureza unilateral, nasce do inconsciente, que nos é desconhecido, mas é presente em cada um de nós e envia seus recados. A cada noite, quando o sono chega, a consciência apaga... A cada manhã, quando você acorda, ela retorna... A neurologia afirma que sonhamos todas as noites, mas não lembramos. Somos ao mesmo tempo conscientes e inconscientes, daí a consciência ser unilateral. Ela é uma parte do que somos.

— Tem hora que você mais me confunde do que me auxilia.

— Pare de confundir-se. É bem simples. Você é consciente de tudo?

— Não.

— Então pronto! Fique com isso que, por ora, está muito bom.

De acordo com Jung, o sujeito tem a finalidade psíquica de autorrealizar-se, de orientar-se para sua completude, para a integração de seus conteúdos psíquicos, mesmo os mais escondidos no fundão do inconsciente. Há um sentido na vida interior, um sentido que não foi ditado pelo ego, encerrado em sua unilateralidade.

Esse sentido interior é um processo que ocorre durante a vida toda e que Jung chamou de processo de individuação.

— Processo de individuação? O que é isso?

— Entendo a individuação como o desenvolvimento do ser, como um processo que significa tornar-se único. Uma dinâmica de alcançar uma singularidade profunda, uma plenitude, tornando-nos nosso próprio si-mesmo. É um processo de crescimento interior que dura a vida toda.

Tal processo consiste em conhecer a nós mesmos, em profundidade, permitindo que conteúdos sombrios se manifestem em nossa consciência para que uma integração de opostos complementares aconteça.

— Integração de opostos complementares?

— É como se eu juntasse meu lado claro e meu lado escuro; o trabalhador e o preguiçoso. Os opostos arquetípicos que habitam o inconsciente, formando com eles uma totalidade.

— Por favor, me dê um exemplo. Estou meio perdido.

— Um sujeito é tão generoso, mas tão generoso, mas tão, que acabam por arrancar-lhe as calças pelo pescoço. Ele, então, vai para o oposto e fica tão sovina, mas tão sovina, mas tão, que não dá nem um bom-dia. "Oras! Nem tanto ao mar, nem tanto à terra", diria vovó. Seria bom que ele conhecesse a extensão de sua generosidade, bem como a extensão de sua sovinice, e usasse o percentual adequado de acordo com a necessidade de cada situação.

O desafio é conhecer cada uma dessas extensões. Admitir em nossa consciência que somos generosos é fácil... mas admitir que temos uma porção sovina (na mesma proporção), ainda que na inconsciência, não é tão fácil. Sem conhecermos os opostos, não há o que integrar. Entendeu?

— Preciso de um tempo para pensar e experimentar.

— Somos eternos, ou seja, já estamos na eternidade... Você tem o tempo de que necessitar.

O desafio é a integração do anjo e do exu que nos habitam.

Observe a imagem: círculos brancos e negros. Se eliminarmos os círculos negros, perderemos também os brancos (ver figura 17).

Figura 17　　　　　　Figura 18

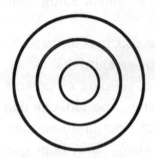 

Observe a imagem da obra *Anjos e Demônios* do renomado artista gráfico Maurits Cornelis Escher (ver figura 18)

Dentro da psicologia, podemos, ainda que de forma muito amena, tecermos nossa relação com o exu interno, isto é, com nossos conteúdos sombrios representados por ele.

— A conversa está ficando difícil.

— Pois é. Se fosse muito fácil, você não precisaria de professor... nem eu. E, para seu controle, ainda temos a versão feminina de Exu, que é a Pombagira.

Atribuições de Exu na umbanda

Vigia as passagens, abre e fecha os caminhos, ajuda a resolver problemas da vida, ajuda a encontrar caminhos para progredir, além de proteger contra perigos e inimigos.

Ritos de Exu

Animais consagrados: galinha preta.

Banho de descarrego: canela.

Bebida: aguardente.

Chakra: básico.

Chegada: mãos encurvadas.

Comida: farinha de mandioca, azeite de dendê, bife.

Cor: preto e vermelho.

Data comemorativa: 13 de junho.

Defumação: amoreira, folhas ou bagaço de cana, hortelã-pimenta, mirra, comigo-ninguém-pode.

Dia da semana: segunda-feira.

Domínios: encruzilhadas e cemitérios.

Elemento: fogo.

Ervas: pimenta, capim tiririca, urtiga.

Flor sagrada: cravos vermelhos.

Guia: fio de contas preto e vermelho.

Metal: mercúrio.

Objetos de culto: alguidar, potes de barro, garrafa, velas.

Oferendas: velas vermelhas ou pretas, pipocas, charutos.

Particularidade (planeta): Mercúrio.

Pedra: ônix ou rubi ou pedras pretas e vermelhas.

Ponto cantado:

> Tá chegando a meia-noite,
> Tá chegando a madrugada. (bis)
>
> Salve o povo de quimbanda,
> Sem Exu não se faz nada. (bis)

Há muitos pontos cantados usados como invocação.

Ponto riscado:

Figura 19

Saudação: Laroiê!
Símbolo: tridente.
Sincretismo: Diabo, Santo Antônio.
— Você falou em ponto cantado... são as músicas?

— Sim, são as cantigas acompanhadas do toque dos atabaques, que marcam o ritmo, e os médiuns cantam e dançam. O ritmo, o canto e a dança são usados para invocar uma entidade.

— E o ponto riscado?

— São sinais de identificação desenhados no chão. Dentro do espaço sagrado do terreiro, após a incorporação, a entidade comunicante geralmente desenha um sinal de sua falange, do seu grupo. Um caboclo desenha um arco e uma flecha; uma ondina desenha as ondas do mar.

Quem já assistiu a uma "gira", a uma sessão ou a um trabalho num terreiro de umbanda deve ter notado um expressivo número de objetos usados nos rituais: a pemba, que é uma espécie de giz usado para riscar o ponto no chão; guias (colares); velas; fitas; imagens; chapéus de couro e cachimbos são alguns acessórios.

No dia da gira de Exu são usados objetos a ele associados.

O Senhor das Trocas

Para tudo que Exu dá, ele quer algo em troca.

Teve uma noite que João foi dormir preocupado, pois, mesmo sendo um ótimo artesão, fazia tempo que não arrumava nada para fazer.
O trabalho tinha minguado.

João dormiu e sonhou com um moleque negro, magrinho, que usava um gorro vermelho.

O negrinho do gorro vermelho pedia ao artesão uma oferenda, um presente, que, caso não fosse dado, João teria seu nariz cortado.

Quando acordou, João não deu importância ao sonho e foi em busca do que fazer. Na tardinha do mesmo dia do sonho, João recebeu uma grande encomenda de trabalho.

João começou a trabalhar e outras encomendas foram aparecendo e o artesão não tinha mais tempo pra nada. Ele se esqueceu do sonho e do pedido de presente.

Numa manhã, João estava absorto no seu trabalho, com seu agekuru (um cinzel, um canivete afiado) moldando a madeira, quando lhe apareceu o negrinho de chapéu vermelho, avisando que ele tivesse bastante cuidado com o nariz.

João, para fazer troça, para fazer galhofa com o menino, fingiu que ia cortar o rosto na altura do nariz; mas, não se sabe o porquê, o canivete lhe escapou das mãos e acabou por ferir, de verdade, o nariz de João.

O menino abaixou-se, pegou o canivete e foi embora rindo, levando o seu presente.

A troca: as oferendas

— Aparecida, como você interpreta a troca, as oferendas?

— Nosso consciente e nosso inconsciente estão em permuta constante, e o tempo que dedicarmos a essa atividade será recompensado, pois o material vindo do inconsciente, semelhante ao aluvião da subida da maré, torna o consciente fértil, ampliando suas possibilidades.

No mundo dos deuses ou orixás, entendido como o mundo do inconsciente, em que cada deus é um arquétipo, a manutenção do equilíbrio pede troca. É um toma lá, dá cá, havendo um respeitoso comércio entre essas instâncias psíquicas.

O acesso a Exu, quer dizer o acesso ao arquétipo, requer uma oferenda por parte do ego, oferenda essa que é o reconhecimento do ego.

— Olha, eu não sei o que você chama de ego.

— O ego é a parte organizadora da consciência, é o gerente da consciência, um tomador de conta, um administrador, pois há uma imensidão de conteúdos a ser administrada, além daqueles que estão fora dos limites (da consciência) querendo se aproximar.

Por vezes, os caminhos do inconsciente são turvos, pois ele não pede licença para lançar seu material no consciente, podendo causar erupções desastrosas, também chamadas de emergências espirituais.

Atente-se para o fato de que se tal conteúdo for devidamente aceito e adaptado, o ganho posterior à crise é o lucro obtido na operação, pois ampliará as possibilidades e os ganhos da consciência.

A travessia de conteúdos é trabalho de Exu, o Senhor dos Caminhos, que traz um conteúdo sombrio para ser clarificado na consciência.

— Clarificado na consciência?

— Saiba que a consciência é o lugar onde se dá a percepção e o único onde as "coisas" psíquicas se transformam.

Em termos psicológicos, podemos dizer que o trabalho de clarificação que tem lugar na consciência envolvendo a aceitação, a compreensão da questão, a transformação e a integração atuará no sentido do desenvolvimento da psique e da construção dos aspectos pessoais de cada indivíduo.

— Está difícil entender.

— Estique o raciocínio, vamos lá. Você tem uma questão qualquer... vai mal nas provas escolares. Primeiro, você entende o que está acontecendo. Faltou às aulas? Não estudou? Não fez as atividades de avaliação? Faz-se necessário compreender a questão, caso contrário, não se pode atuar. Até aqui tudo entendido?

— Sim.

— Então, vamos adiante. Depois de clarear a visão do fato, vamos buscar transformar a situação. Qual é sua sugestão, Alcli?

— Estudar e refazer a avaliação.

— Ótimo. Veja que você propõe uma modificação na conduta e, se fizer a manutenção desta, caminhará no rumo do próprio desenvolvimento.

Há uma história que conta que

Exu andava a esmo, meio sem rumo, quando a noite chegou trazendo o escuro, o frio e a chuva.
Exu olhou ao redor e viu uma pequena casa nas proximidades.
Exu foi até lá, bateu na porta para pedir abrigo.
A porta foi aberta pelo dono.
Exu perguntou:
— Como é seu nome?
— Macaco é meu nome.
Exu foi convidado a entrar.
Exu entrou e foi perguntando o nome de cada um dos demais moradores da casa.
E de cada um Exu ouviu sempre a mesma resposta: Macaco.
Exu achou aquilo muito chato, muito sem criatividade. Era muito monótono todo mundo chamar-se Macaco.
Exu saiu e procurou outra casa.
Agora nesta casa todos se chamavam Elefante.
Exu se desagradou e foi embora.
Exu procurou outra casa. Bateu e foi atendido por uma ave preta.
Exu perguntou o nome do morador.
— Galo.
— E quem mais mora aqui?
— A galinha é a minha companheira, os frangos e as frangas são meus filhos mais velhos e os pintainhos são os meus filhos mais novinhos.
Exu se agradou dos nomes, achou-os muito criativos.
Exu resolveu dormir na casa do galo preto e fez dele seu animal de estimação.

"Não pode haver trocas, comunicação e criatividade onde não haja diferenciação. A psique deve diferenciar seus elementos para estruturar a consciência", dizia o professor Jorge, em classe, nos seminários a que eu assisti.

Herói ou vilão, dependendo do ângulo de visão. Por vezes banido, outras invocado. A ação fundamental de Exu como arquétipo é agir como um intrépido e sagaz guerreiro vencendo demandas, pois, não tendo as restrições morais do cristianismo, sente-se à vontade para trapacear ou usar de violência para abafar seu oponente.

Em terapia, é habitual observar que conteúdos reprimidos na sombra podem ser trazidos à consciência para que tais questões sejam reelaboradas e integradas, facilitando o cotidiano do cliente.

Então, Exu equipara-se ao Hermes da Grécia na função de psicopompo, isto é, intermediário entre o mundo das sombras e o mundo da luz, assumindo, por vezes, o papel condutor entre esses dois universos, regulando o fluxo de energia psíquica do sistema. Ele auxilia-nos na reversão de valores.

— Como assim reversão de valores?

— No universo social, quando encontramos um malandro, nos afastamos dele. No terreiro, quando encontramos "o malandro", o Zé, o Compadre, o Pilintra, o Exu... nos aproximamos e ainda pedimos ajuda.

Em nosso processo de individuação, ele tem lugar garantido, ainda que seja por meio de uma série de táticas fortuitas, de armadilhas, para que o autoconhecimento floresça.

— Me esqueci... o que é mesmo processo de individuação?

— Entenda como processo de individuação o nosso crescimento interior para percebermos que somos seres únicos, plenos, singulares e que ninguém precisa ser cópia de ninguém.

Exu constitui-se num ponto de ligação, numa comunicação possível com vistas à integração entre o rejeitado e o aceito, entre o reprovável e o meritório, entre a virtude e o condenável.

Exu é a transparência entre o consciente e o inconsciente.

Exu é a transparência entre o bem e o mal.

Exu é a transparência entre o certo e o errado.

Exu é a transparência entre a mente e o coração.

Exu é a transparência entre o já experimentado e o vir a ser.

Exu é a divindade humana diante da qual tiramos a persona, a máscara, e diante da qual não sentimos vergonha de nos mostrar como somos, demasiadamente humanos, profundamente humanos.

Em tempos de WhatsApp, recebi de uma amiga uma mensagem que trazia de primeira a imagem de Seu Zé seguida do seguinte diálogo:

— *Boa noite, Seu Zé Pilintra!*

— *Saravá, meu compadre.*

— *Seu Zé, o mundo está passando por uma fase um tanto complicada, na qual a gente vê a depressão como a maior doença da humanidade atualmente. O que o Senhor pode falar a respeito?*

— *Em que tempo estamos?*

— *Em 2020 [na época].*

— *Pois é! O mundo na minha época era necessário pra mim. O mundo que você experimenta hoje é necessário pra você, para sua evolução. Você está no lugar certo, na hora certa para crescer, para amadurecer, para aprender e, por estar num plano de resgate, para também aprender a aparar as arestas, as traves que ainda "tá nos zóio", através das experiências que você não compra na feira (— Me dá dois quilos de experiência... não vem falar pra mim que você aprendeu a nadar porque você leu um livro de natação... Se não caiu na água, você não aprendeu a nadar). Então você está sempre no lugar certo, na hora certa.*

A vida não erra. Nós desconhecemos os princípios.

Eu, Zé, não acho que tem nada de errado com o mundo. Tem coisa "pra miorar"? Tem sim, mas, enquanto o amor não for a filosofia, enquanto o amor não for o método de conduta no mundo, ainda vai ter muita coisa para resgatar e se ajustar.

— *Mas tá ruim, Seu Zé!*

— Mas podia estar pior. "Tá é bão!", mas podemos melhorar; você falou aí uma outra coisa, você falou em depressão. Depressão não é uma determinante, depressão é uma consequência. Quando o Cristo disse "orai e vigiai", ele estava falando "reza, mas presta atenção". O ser humano se deixa levar... tudo o que você alimentar na sua cabeça, meu filho, vai virar sua realidade. É por falta de amor próprio, é por falta de cuidado, por falta de conhecimento que você alimenta um pensamento ruim... nutre-se daquilo... passado um tempinho, você vai no doutor e vem com o diagnóstico de depressão e cheio de remédio.

O Zé não é bobo não, moço. Eu sei que tem aí os hormônios da vida, principalmente nas minhas "fias", e que afetam também, mas o cuidado com a mente, a higienização dela é indispensável. Você não limpa sua cozinha? O que acontecerá se você não limpar sua cozinha? Não fede? Não junta mosca? E a cabeça? A mente? Tem que higienizar também.

Pensar nas coisas boas,
- ler as coisas boas,
- parar de reclamar,
- parar de ficar só se queixando.

Você vai, só até onde seu "zóio" alcança.

Você fica só reclamando de problema... é só problema que você cria na sua vida.

Você cria a sua realidade.

A depressão tem cura.

É o mal do século? É!

Mas está aí como oportunidade.

É uma oportunidade da pessoa se conhecer melhor.
É uma oportunidade da pessoa se superar
e sair desse ciclo, desse padrão de comportamento que está levando à tristeza, à melancolia,
à descrença, à quizila (aborrecimento).
O homem não é produto do meio.
Nós temos, sim, a condição de levantar hoje e dizer:
"Eu vou mudar de vida".
"Eu não sou a depressão".
Você chega aqui e diz: "Seu Zé, muito prazer. Meu nome é fulano... eu sou a gripe?".
Não! Você diz que está gripado, moço.
— Seu Zé, o corpo dói. Eu estou gripado, eu estou tossindo.
— Você está gripado, porém você não é a gripe. Só de falar isso já começou a melhorar.
Eu estou deprimido, mas eu não sou a depressão.
Não nasci com isso.
O amor, minha gente, o amor-próprio.
O amor te tira de qualquer lugar.
Quando perguntaram a Jesus qual seria a maior lei,
ele falou: "Amai a Deus sobre todas as coisas e ao próximo como a si mesmo".
Como você vai amar o próximo, se você não ama a você mesmo?
Se na vida cada um dá o que tem, quem não tem amor por si, como dará amor ao outro?
Como vou amar ao próximo se eu não me amo?

O amor é a solução de todos os problemas sem exceção.
Como você vai amar o próximo se você não ama a você mesmo?
Se na vida cada um dá o que tem, quem não tem amor por si, como dará amor ao outro?
Como vou amar ao próximo se eu não me amo?
O amor é a solução de todos os problemas sem exceção.
Onde você está física, emocional e espiritualmente
é a soma de tudo o que você viveu, das suas escolhas, inclusive das coisas que aconteceram
e não necessariamente foram escolhas suas,
mas o que é o futuro, senão a decisão que você vai tomar hoje?
Se você falar pra mim que está sofrendo por algo que ocorreu quatro anos atrás, então não aconteceu quatro anos atrás, está acontecendo agora, é ainda realidade presente, você está vivenciando isto,
afeta como você reage,
afeta como você responde,
afeta como você se relaciona, não só com o próximo, mas com você mesmo.
Você é o resultado disso e, graças a tudo que passou, você não é a mesma pessoa de ontem, nem na lei da física, nem na lei das energias.
É raciocinar nesse tema, meu filho.
Você não é o que lhe aconteceu.
Você é o que você decidir ser, não é se choveu ontem e você molhou... Molhou?

Seca... muda de roupa, mas vá embora
pra frente...
é pra frente que estamos indo,
viver de passado... passado não existe.
Não existe passado e não existe futuro.
O que existe é um eterno presente.
Se você me disser que está vivendo hoje
o que você remoeu ontem...
pra onde foi o seu presente?
O maior tesouro que Deus te deu é o tempo,
o que você faz dele é por sua conta.
Valoriza. O que vou fazer hoje pra mu-
dar o rumo do meu futuro?
Ou você acha que vai plantar arroz e co-
lher abóbora? Ou você acha que não vai
plantar nada e vai colher alguma coisa?
Haja vela!
A semeadura é opcional, mas a colheita
é obrigatória.
Quem não está satisfeito com o que
está comendo... o caminho é mudar a
plantação.
Está cansado de comer mandioca, vamos
plantar milho, mas isso é um presente,
é um regalo de Deus a escolha!
Eu escolho mudar de vida, eu escolho
ter outra experiência.
Eu não sou o meu passado,
mas graças a ele eu estou onde eu estou.
Seja ruim e ou seja bom, faz de você
o que você é hoje.
Valoriza, agradeça as oportunidades.
Não tem coisa ruim não, meu filho, é
tudo oportunidade.
Agora solta a peia.
Solta o que te engarrancha,
rapaz, nosso maior inimigo mora den-
tro da gente.

Tem inclusive seu próprio nome e sobrenome.
Não vacila não.
Ou você faz ou você não faz.
Vai ficar reclamando de quê?
Isso é palavra de Zé Pilintra.
Isso não é conversa jogada fora, não.
Isso é palavra de Zé Pilintra.
Axé!

— Gente! É o Seu Zé falando na linguagem dele, em desidentificação, em desapego, do jeito dele, nos convidando à reflexão:

"Quem não está satisfeito com o que está comendo... o caminho é mudar a plantação."

Pombagira

Figura 20

— A tradição afro nos conta que o nome de Exu é Bongbogirá, o que é muito próximo de Pombagira.

Pela similaridade, acredita-se que a umbanda derivou daí essa denominação da entidade que tem as qualidades femininas do Exu, seu parceiro.

Como você está notando, a umbanda e outras religiões mediúnicas, ao serem praticadas (em termos de experiência religiosa), trazem para o seio social mecanismos modernos de individuação.

— Como?

— Só fazemos o contato com Exu fora (projetado), porque temos um Exu interno. Quando você é convidado a participar de uma roda de Exu ou ganha um livro sobre o tema, ou você é arrogante, soberbo, passa por cima de qualquer um para obter o que deseja ou é ganancioso. Fique atento. Você está recebendo um e-mail do seu Exu interno, ainda que não se dê conta disso.

Observe que a umbanda não é uma religião que segue uma forma única de expressão, mas é uma religião que apresenta uma forma fluídica e multifacetada de expressão em seus ritos, o que é compatível com um sistema simbólico.

— Não ficou claro pra mim. Traduza.

— A umbanda tem um jeito de ser que permite ao sujeito uma maior mobilidade em seu processo de individuação, no seu tempo, no seu nível de maturidade, em função dessa fluidez.

Podemos, a partir da psicologia analítica, compreender a umbanda como um agente de ativação de um conjunto de imagens arquetípicas que já estavam arquivadas no inconsciente coletivo e que agora buscam abrigo no espaço consciente do sujeito. Em bons termos técnicos, é o Self falando ao ego; é o centro regulador da psique falando ao centro regulador da consciência.

É sempre interessante lembrar que a personalidade do médium está fortemente relacionada à personalidade da entidade, seja ela qual for: Exu, preto-velho, caboclo etc. Ninguém recebe um Exu "de fora" se não houver um Exu "interno".

— ???

— É sintonia, é ressonância, é Física; não é regra religiosa apenas.

Num universo composto de masculino e feminino, vamos encontrar Exu e Pombagira, um casal da Esquerda.

Pombagira é sempre invocada nos terreiros quando há problemas relacionados à vida amorosa e a outras situações de aflição. A Pombagira não é um orixá, assim como o Zé Pilintra também não é; ela é o espírito de uma mulher, que, em vida, provavelmente foi uma garota de programa, uma prostituta, uma rameira, uma mulher-dama ou qualquer outra denominação que traga o significado de mulher promíscua, empenhada em conquistar os homens com suas seduções sexuais.

Em antigas culturas, ela foi chamada de prostituta sagrada, o que também é uma outra versão do mesmo arquétipo.

Quando incorporadas e interrogadas durante o culto da umbanda, contam por vezes suas histórias. São sempre dramas, histórias de amores, fugas, traições e mortes, lembrando a ópera *Carmen* de Bizet, que traz o mito da mulher sedutora, fatal, mundana e passional. Em rápidas pinceladas, *Carmen* sugere uma Pombagira Cigana.

A entidade apresenta-se como: Pombagira Arrepiada; Pombagira da Calunga; Pombagira das Rosas; Pombagira do Cais; Pombagira do Cemitério; Pombagira do Cruzeiro; Pombagira Maria Mulambo; Pombagira Menina; Pombagira Rainha; Pombagira Rainha da Encruzilhada; Pombagira Rainha do Inferno; Pombagira Rosa Caveira; Pombagira Rosa Vermelha; Pombagira Sandália de Prata; Pombagira Sete Cravos; Pombagira Sete Saias; Pombagira Sete Véus.

Como Exu, a Pombagira tem muitos nomes, lembrando que Maria Padilha, bastante comum, é uma pombagira representada como o espírito de uma mulher muito bonita, branca, sedutora, qualificada como prostituta de luxo ou uma cortesã influente.

— E a Pombagira Cigana? — indagou Alcli.

— A Pombagira Cigana é uma entidade dotada de conhecimentos dessa tradição, talvez adquiridos em outras vidas, que tem experiência na magia e nos oráculos ciganos, além de ter o poder de vidência, que pode ou não ser transferido ao médium.

— Ou não?

— Nem todos os atributos da entidade estão disponíveis para o médium.

Quando contam suas histórias, narram a existência física com pinceladas de liberdade quanto a padrões sociais. Livres de moral castradora, livres do domínio masculino, livres para atuar segundo sua própria vontade, sedutoras, capazes de dominar os homens por suas proezas sexuais, amantes do luxo, do dinheiro, dos prazeres. Essas são algumas de suas características.

A pombagira geralmente é procurada para abrir caminhos que estão fechados: manobras que envolvam problemas judiciais; questões financeiras; heranças; solucionar questões relacionadas a fracassos ou desejos da vida amorosa, de sexualidade, de relacionamentos difíceis ou situações de aflição.

Para a pombagira, qualquer desejo amoroso pode ser atendido, não havendo limites para a fantasia humana.

Particularidades

A pombagira apresenta-se por meio de um comportamento escandaloso: ela dá gargalhadas; seus movimentos são sensuais; ela gosta de receber oferendas de rosas vermelhas abertas, de bebidas.

As médiuns costumam, por vezes, vestir-se de vermelho em dia trabalho de pombagira.

Sua morada é nas encruzilhadas em forma de "T", local onde recebe suas oferendas.

A mitologia grega fala de Hécate como senhora das encruzilhadas e atribui a Afrodite a guarda dos relacionamentos amorosos. A pombagira brasileira está nessas imediações.

Até onde pudemos obter suas respostas, a pombagira relatou-nos, através do transe mediúnico, que naquela noite estava usando (no astral) estampas coloridas, colares, anéis e outros adornos, e que gosta de perfumes. Durante o transe, ela ainda levanta a saia e dá risadas escandalosas.

A pombagira transpira luxúria.

Pensando no processo de interação da pombagira por meio da mediunidade, tentamos juntar a sedução e a beleza ao sexo, ao desejo, à liberdade de expressão, à inteligência e iniciativa, inclusive, à maternidade, integrando sentidos dissociados pelas dicotomias humanas.

Em termos psicológicos

Incorporar a pombagira é recado para quem sufocou sua força de sedução, seus desejos, sua sexualidade, sua liberdade de expressão de sentimentos ou faz uso dessa energia de modo inadequado.

Se você não se permite olhar para sua sombra, fica difícil administrá-la. Viver só a boa dona de casa, que era o que a educação de nossas mães e avós pedia, eliminava o processo de integração da mulher realizadora que vive em cada uma de nós.

A literatura com um olhar da psicologia apresenta-nos a pombagira sob outro prisma, que não o da mulher fatal, mas como grande protetora da mulher, sendo reconhecida como representante do feminino associado à liberdade, à força e à coragem.

É o arquétipo que mora no interior da pessoa buscando espaço por meio do transe da pombagira. Buscando um espaço para se alojar na consciência por meio da mediunidade... mesmo que a pessoa não saiba disso.

A natureza trabalha buscando seus objetivos.

É a alma subvertendo a ordem social: trazendo uma pombagira sedutora, é a sedução do feminino; trazendo uma pombagira feiticeira, é o encantamento do feminino; trazendo uma pombagira erótica, é o erotismo da mulher; trazendo uma pombagira sábia, é a sabedoria interior.

Alcli, pense que tais aspectos foram sufocados em nome da educação patriarcal e desembarcam agora na consciência feminina, pedindo espaço para a vida consciente. Esse espaço é encontrado por algumas mulheres no transe da Pombagira.

— Como?

— O transe é um estado modificado de consciência, que permite o transbordamento de alguns conteúdos sombrios do médium que de outra forma ainda não conseguiram chegar à luz.

— Transe é um estado modificado de consciência. Essa ideia não é das mais comuns — disse Alcli.

— É sim! Você é que não sabe. A consciência não é um bloco de granito parado. Há ocasiões em que está mais para uma bolha de sabão; é móvel, é plástica, tem movimentos. Olhe para sua consciência agora. Quantos pensamentos já lhe ocorreram durante nossa conversa? Você fez associações, teve lembranças, fez julgamentos, aprovou e reprovou conceitos...

O transe da pombagira traz raízes diversas ao consciente, que se combinam em imagens de femininos revolucionários, subversivos, que tentam derrubar a ordem estabelecida pelo poder patriarcal em prol do desenvolvimento do ser.

O trabalho na clínica pode ser chamado de um "trabalho de campo". Ali é meu campo de pesquisa, meu campo de observação, de aprendizagem ao vivo, que se complementa com a visão psicológica, além das visitas feitas a centros e terreiros onde ocorrem a manifestação da pombagira.

Um caso clínico

Acompanhamos, ao longo do tempo, alguns casos bastante interessantes, sempre levando o olhar através dos óculos psicopedagógicos. Num deles pudemos observar como a cliente reelaborou seu feminino interno na posição de mãe, de filha, de esposa, de amante a partir dos transes, em que "sua pombagira" se manifestou. Para os padrões rotineiros acadêmicos, isso é uma heresia.

Uma vez, durante a supervisão em uma pós--graduação, quando participávamos de um grupo grande, de uns trinta terapeutas aproximadamente, alguém se lembrou que eu comparecia, permanecia o horário todo, dava minhas sugestões nos casos apresentados, mas nunca trazia um caso para ser discutido. Então, fui indagada por um dos colegas participantes:

— Aparecida, por que você nunca traz casos para discussão? Gostaríamos de ouvi-la.

Não tive dúvidas:

— Vocês têm alguma colaboração para o caso de uma médium que incorpora pombagira durante a sessão e também no terreiro? E que vem se queixando das relações familiares?

Fez-se um grande silêncio, e eu relatei que o transe era permitido durante a sessão.

Ninguém disse nada: nem o orientador nem os participantes.

Fui narrando que, quando em transe mediúnico, a entidade, a pombagira, fazia suas considerações sobre a médium (Lara): "Essa menina é muito mole. Os filhos mandam nela... a mãe... o marido... todo mundo manda".

A terapia quase sempre acontecia a três, uma vez que Lara, por vezes, era uma dupla. A pombagira também mandava nela.

Tenho por hábito receber todos os meus clientes com leveza, respeito e cortesia, mesmo que sejam de outra dimensão.

Quando, durante a sessão de Lara, notei a presença de mais alguém no consultório pela primeira vez, disse: "Seja bem-vindo! Aqui todos são respeitosamente recebidos, e, se eu puder lhe ser útil, estou disposta (lembrando que não tenho clarividência. Sou uma "cega" no que tange à vidência no universo mediúnico).

A resposta foi uma risada de deboche.

Tenho o treino dado pela profissão, então, me mantive na posição em que estava interiormente: de boa vontade. Continuei: "Eu sou Aparecida. Você está numa clínica. Eu atendo sua menina neste horário. Imagino que você veio colaborar conosco. Quer me dizer seu nome?".

"— Pode me chamar de Lucia."

Lara era bem tímida; Lucia bem ousada.

Lara falava baixinho; Lucia era expansiva. Por vezes, Lara vinha choramingar; Lucia era firme. Uma era a sombra, o complemento da outra. O processo terapêutico que se delineava era integrá-las.

Lembrando que mediunidade é via de mão dupla e potencializa uma questão que é nossa, mesmo que não saibamos.

À moda dela, Lucia facilitou o processo de Lara. Sempre pergunto ao meu cliente se ele se recorda do que ocorreu durante o transe, enquanto ele estava em estado alternado de consciência ou percepção.

Feita a pergunta a Lara, ela respondeu que se lembrava parcialmente. Então, me propus a gravar o transe para que pudéssemos estudá-lo posteriormente, palavra por palavra — o que foi feito. Com o aval do cliente, uso a gravação como um recurso técnico.

Se Lucia, que se manifestava através de Lara, era ousada, firme e expansiva, isso era indício claro que dentro da cliente havia esses atributos a serem acionados. Pouco a pouco, Lara foi atravessando as etapas do processo de reeducação de si mesma.

— E isso demorou? — perguntou um dos terapeutas do grupo.

— Tanto quanto qualquer outro processo psicoterapêutico que não envolva mediunidade, pois a questão está na reorganização da personalidade do médium e não na manifestação da entidade.

No meu entender, Lucia, a pombagira, "atuava" no psiquismo da Lara com a finalidade de minha cliente rever a própria situação sob novo prisma. Minha função era mostrar que havia, sim, uma situação, mas que ela, Lara, não era a situação (desidentificação). A situação estava fora dela. Por exemplo, a permissividade com os filhos, as invasões da mãe, a briga pelo poder, o que nem sempre era claro para Lara, que se via como uma pessoa muito dedicada a todos e que, em contrapartida, queria atenção de todos.

A pombagira era a representante do desenvolvimento de ser; era um convite que demonstrava a intenção de, com sua presença, tentar despertar novos conteúdos na consciência da médium.

Cumpre lembrar que pombagira, caboclo, preto-velho ou qualquer que seja a entidade revela parcelas, por vezes obscuras, do médium durante o transe mediúnico. Lara, porém, entendia que a pombagira vinha com a finalidade de ajudar as outras pessoas que a procurassem no terreiro.

Cada um vê até onde sua consciência permite. Lara não via seu potencial de altivez, de confiança, de sabedoria, que ficavam abafados pelo conceito de "ser uma boa pessoa". E posso assegurar, sem sombra de dúvida, que médium sem autoestima é um desastre para seu crescimento pessoal.

Durante os trabalhos no terreiro ou nas sessões terapêuticas, as entidades apresentam-se como interlocutores com os quais é possível conversar. A partir da conversa, refletir sobre o que as duas vozes — da médium e da entidade — disseram.

— Por quê?

— Porque em algum lugar da mente inconsciente do cliente existe, de alguma forma, aquele conteúdo que a entidade comunica, caso contrário, não haveria frequência para a captação de. Cabe ao terapeuta, além de conhecimento, possuir um certo nível de sensibilidade para avaliar o que existe, em que intensidade existe e se é possível ajudar seu cliente de alguma forma. Não há receita, régua, nem exame laboratorial para isso. Uso da minha sensibilidade e da experiência desenvolvida ao longo dos anos para isso.

Quanto à busca de ampliação do conhecimento, fica para nós o convite da possibilidade de pensar o transe mediúnico como um porta-voz de um relato, que não é necessariamente de ordem patológica, de vozes vindas de uma psique doente, mas de uma psique em desenvolvimento — e a pombagira pode ser entendida como colaboradora do processo.

Desde que o mundo é mundo, o fenômeno mediúnico existe. Um dos cinco psicólogos mais ilustres da virada do século XIX para o século XX, William James, da Universidade Harvard, realizou pesquisas mediúnicas por duas décadas. Eu, da minha parte, não tão ilustre, estou às voltas com a mediunidade há mais de cinco décadas.

Essa escuta de consultório, numa linguagem técnica, pode ser compreendida como uma escuta do feminino contido, que serve de suporte à dimensão daquilo que não foi revelado durante a narrativa, do ato ou de expressão artística. Então, essa escuta é feita através da presença da pombagira.

O pessoal da supervisão não abriu a boca, e eu continuei:

Nesse trabalho, ao oferecer escuta à cliente e à pombagira, concluí que havia entre elas — mesmo que não tenha sido dito — uma relação de ajuda mútua: da cliente para a Lucia, um certo controle quanto aos seus modos "inadequados"; e, da Pombagira para Lara, perceber uma outra face do feminino e um certo despertar sobre a defesa de limites, coragem, invasões e enfrentamentos.

Parecia-me um intercâmbio, uma troca, um movimento pendular... e movimento pendular me remetia à enantiodromia...

No decorrer dos encontros e à medida que se sucediam as entrevistas e as observações a três, Lara, a cliente médium, Lucia, a pombagira, e eu fomos avançando, cada uma olhando para dentro de si e buscando o que poderíamos aprender com a situação. E aprendemos bastante, ao menos eu e Lara, que foi se mostrando uma mulher mais decidida, mais segura, que pode aprender a falar na hora certa, com as palavras certas, sem agredir ou ofender. Ela já trazia isso potencialmente; faltava-lhe apenas força para a expressão.

Parece-me que os encontros trouxeram material para que eu modificasse meu ângulo de visão, que antes abordava a associação entre a pombagira e mulheres prostitutas, para um entendimento mais profundo das elaborações vindas a partir da experiência dos transes de Lara.

Até onde pude entender, a vinda da pombagira tinha a finalidade de facilitar o despertar daquilo que ela possuía em exuberância e faltava em Lara, o que foi acentuando em mim a ideia de que mediunidade é um processo de mão dupla e que o médium tem o transe certo na hora certa: na hora de despertar outros aspectos, outros potenciais de si.

Nos encontros que se sucederam na turma de supervisão, ninguém mais pediu que eu narrasse nada.

Continuei minhas pesquisas tanto literário-acadêmicas quanto nos terreiros. De vez em quando, ainda vou a um deles para me inteirar dos fenômenos mediúnicos.

Uma vez, coletando material para estudo, encontrei uma tese de doutorado denominada *Labareda, teu nome é mulher: análise etnopsicológica do feminino à luz de pombagiras*, em que a autora investigava como a pombagira "participa" da vida dos adeptos do culto religioso. Só o título já é significativo.

Em minhas próprias pesquisas, pude observar que o contato com a pombagira, quer fosse da médium ou do frequentador do terreiro, era bastante produtivo, pois, quando iam enfrentar seus desafios, passavam pelo centro para pedir ajuda e saíam de lá estimulados, porque acreditavam que a pombagira iria ajudá-los.

Se ela iria ou não, eu nunca soube, mas que eles saíam confiantes, isso eu pude constatar. E a confiança é a base da realização. O sujeito já saía irradiando uma energia que o alimentava na busca de algo. Quando não podiam ir ao terreiro falar com a pombagira, eles já se sentiam mais confiantes invocando-a. Então, ela passava a ser um símbolo de esperança e realização para aquele que crê.

Se ela não fizer mais nada, só até aí já fez muito. Fez o sujeito sem autoestima mobilizar seu potencial interno, mesmo que ele não saiba do processo.

Já vi o mesmo processo ser usado nas igrejas evangélicas. O sujeito não crê em si, mas é levado a acreditar que Jesus vai com ele e mais... que vai à frente dele para que consiga seu objetivo. Gente! Com um amigo desses (Jesus), o cidadão mobiliza seu potencial de enfrentamento.

Mesmo que não saiba do processo que vive, o bebê não sabe que respira, mas nem por isso deixa de fazê-lo.

Durante as sessões, montávamos nossas observações em cima das resposta dadas pela cliente. Além da anamnese habitual, que é um pequeno histórico de todos os fatos narrados pelo paciente sobre seu caso, eu também perguntava qual era o conceito da cliente sobre o tema pombagira. Qual era a pombagira que ela incorporava e quais as características dela.

Era a oportunidade que eu trazia para que a cliente fizesse suas considerações, impressões, associações ou projeções sobre o tema: como aconteceu o primeiro contato? E como ocorrem os atuais? O que a pombagira tem em comum com outras entidades? Com que frequência se apresenta? Qual é sua percepção sobre o motivo dessa pombagira vir para você e não para outra pessoa? Em que você percebe que se identifica com ela? Qual é a ressonância desse encontro em sua vida? Ela lhe presta ajuda de alguma forma? Ela lhe faz pensar em alguns temas? Quais? Em que circunstância você percebe a presença dela? Percebe essa presença fora do transe? Você pede ajuda à sua pombagira? Quando? O que é importante saber sobre a pombagira? Você pesquisa sobre o tema?

Sempre me pareceu estranho o fato de o médium entrar em transe (estado alternado de consciência) e não se inteirar daquilo que está ocorrendo consigo mesmo. Há um evento acontecendo no meu psiquismo e eu não me interesso por ele? No mínimo é estranho esse alheamento de si.

Durante o transe, quando ele ocorre no consultório, eu também entrevisto a entidade.

Perguntava-lhe uma identificação, o nome, afinal, nomeamos aquilo que nos cerca, e se a entidade pertencia a alguma linha.

Lembrando que linha ou falange diz respeito a um grupo de entidades, uma organização, que serve a um orixá, assim como uma guarnição, um grupo de soldados, que atua sob o comando do oficial.

Quero, se possível, saber um pouco da história da pombagira; por que ela escolheu aquela médium para aquele trabalho; qual a finalidade daquele trabalho para ela e para a médium e que tipo de relação tem a pombagira com a médium.

Pergunto o que me parece ser importante saber sobre a pombagira, o que pode ser avaliado como um aspecto da personalidade a ser integrado.

Às vezes, depois que todos se ausentam da clínica — clientes, entidades, outros profissionais e demais funcionários —, quando todos vão embora, eu sento e escrevo o meu "diário de campo" clínico.

— Você já foi a muitos terreiros, Aparecida?

— Sim.

— Você também xereta tudo.

— Como você pode conhecer algo sem estabelecer contato?

As visitas aos terreiros foram me reafirmando que, no transe da pombagira, a médium pode resgatar aquilo que foi reprimido em relação a aspectos sexuais, do poder do feminino, despertando de alguma forma a busca por restaurar sua consciência, a força criativa e amorosa da natureza feminina. Tudo o que reprimirmos, que socamos no inconsciente, mais dia, menos dia, teremos de rever. O inconsciente faz um movimento semelhante à maré, que sobe e baixa deixando um aluvião, um depósito de sedimentos na praia da consciência. A pombagira, assim como o exu, representa esse movimento entre o inconsciente e o consciente. Esse movimento é a dinâmica energética que expressa o processo psíquico em andamento. Lembre-se de que o exu é visto como o senhor dos caminhos ou aquele que faz comunicações. A pombagira seria o aspecto feminino no processo.

Evidências do transe da Pombagira

A entidade manifesta-se:
"— Não gosto de convenções."
Nem sempre nós seguimos convenções vinte e quatro horas por dia. Nem sempre seguimos um conjunto de acordos, padrões estipulados, normas ou critérios o tempo todo. Quando entramos demais no pacote das convenções, perdemos a espontaneidade, a graça, o brilho natural da realização, a criatividade. É preciso dosar, temperar, equilibrar nossos elementos internos. Precisamos, sim, de

espaço para as regras estabelecidas, mas não só; precisamos de espaço também para a criatividade.

Quando perdemos o equilíbrio entre as forças internas e externas, somos visitados pela doença, que é uma forma de o inconsciente nos avisar que estamos exagerando em um dos pratos da balança. É hora de rever nossa postura, e lamentavelmente temos doenças silenciosas.

O transe da pombagira, ou de qualquer outra entidade, traz primeiro ao médium, porque o transe é primeiro um alerta para o médium: "Olhe essa questão em você", o que geralmente é repassado para o frequentador de terreiro, como se o médium estivesse isento do conteúdo do transe, não observando que o transe vem através dele.

— Eu sempre achei que o médium recebesse o recado para transmitir — disse Alcli.

— É hora de repensar, pois o psiquismo que primeiro é inundado pela informação de... é o dele, do médium. E é preciso deixar bem claro que energia transporta informação.

— "Amo a liberdade e afasto espíritos obsessores". Ouvimos essa frase de uma pombagira.

Todos nós amamos a liberdade, e melhor ainda se for usada com responsabilidade.

Das aulas de psicanálise ficou na lembrança o pensar de Freud acerca do tema: "A maioria das pessoas não quer realmente a liberdade, pois liberdade envolve responsabilidade, e a maioria das pessoas tem medo de responsabilidade".

Um dos meus professores fez disso tema de seminário, porém, mesmo sem seminários regados a ilustres pensadores, compreendemos, quando atingimos a maturidade, que assumir responsabilidade com coragem e disposição pelos nossos atos praticados é o melhor que podemos fazer. Isso é uma conquista do ser.

Vendo outro aspecto da situação, comenta-se na umbanda que a pombagira cigana possui vidência e busca despertá-la em seus médiuns.

— O médium passa a ter vidência? — perguntou Alcli.

— Não é exatamente isso que tenho observado, mas podemos entender que há várias formas de ver. Ficar com a própria sensibilidade mais apurada pelo desenvolvimento propiciado pela mediunidade pode ser uma delas.

Agora pense que, quando assumimos a responsabilidade por nossos atos, os obsessores ficam dispensados, paramos de justificar nossas tragédias dizendo que "é a vontade divina" e passamos a assumir as consequências de nossas escolhas.

Obsessão é uma questão de sintonia, de afinidade, de estar na mesma faixa vibratória, de pensar, de sentir ou de agir de forma semelhante à do obsessor — percebo o processo obsessivo como ressonância.

Atribuições da Pombagira na umbanda

Busca auxiliar as solicitações daqueles que a procuram, especialmente das mulheres. A ela se pode pedir de tudo, mas sua fama é relacionada às questões afetivas originadas no amor e na sexualidade. Com ela, guerra é guerra, e salve-se quem puder.

Ritos da Pombagira

Animais consagrados: galinha branca.

Banho de descarrego: canela, cravo da índia.

Bebida: champanhe.

Chakra: básico

Chegada: rindo muito alto.

Comida: farinha de mandioca, azeite de dendê, bife.

Cor: preto e vermelho.

Data comemorativa (dia do mês): 7, 14, 21.

Defumação: pétalas secas de rosas vermelhas, canela em pó, anis estrelado.

Dia da semana: segunda-feira.

Domínios: encruzilhadas em T.

Elemento: fogo.

Ervas: benjoim, brinco-de-princesa.

Flor sagrada: rosa vermelha.

Guia: fio de contas pretas e vermelhas.

Metal: ouro.

Objetos de culto: porta-joias vermelho, velas.

Oferendas: rosas vermelhas, cigarros, joias, perfumes.

Particularidade (planeta): Lua.

Pedra: pedras negras e vermelhas.

Ponto cantado:

> De vermelho e negro
> O vestindo à noite
> O mistério traz
> De colar de contas,
> Brincos dourados
> A promessa faz
> Se é preciso ir
> Você pode ir
> Peça o que quiser...
> Mas cuidado, amigo
> Ela é bonita
> Ela é mulher.
>
> E no canto da rua,
> Zombando, zombando, zombando está...
> Ela é moça bonita
> Girando, girando, girando lá
>
> Ô girando lá oiê
> Ô girando lá oiá."

Há muitos pontos cantados usados como invocação.

Ponto riscado:

Figura 21

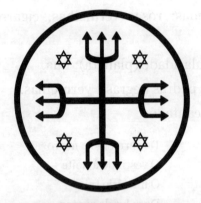

Saudação: Laroiê, Salve a Pombagira.
Símbolo: a rosa vermelha.
Sincretismo: Afrodite, Maria Madalena.

— Não sei o que é ponto cantado nem ponto riscado.

— Quem já esteve num trabalho em um terreiro de umbanda certamente ouviu umas cantigas, que são parte integrante do ritual. Os atabaques marcam o ritmo, e os médiuns participam cantando e dançando na intenção de invocar as entidades. Essas cantorias são os pontos cantados.

Geralmente, quando a entidade incorpora, ela faz um desenho no chão, com a pemba, um giz apropriado. É uma identificação da falange ou do grupo ao qual pertence. Um caboclo desenha um arco e flecha; um boiadeiro, um laço. O desenho, o ponto riscado, é sempre algo relacionado à sua identidade.

— E a pombagira desenha uns tridentes cruzados? Por quê?

— Não sei. Mas, se o Exu usa um tridente, ela, como companheira dele, deve ter tomado emprestado.

Os Exus Mirins da umbanda

Figura 22

Banco de imagens: freepik.com

Não é comum dentro da cultura afro dos orixás um culto a uma divindade criança ou "Orixá Mirim", porém, a umbanda é um retrato do Brasil e em seu panteão aparecem as entidades de exus mirins não apenas no imaginário ou no altar, mas também na incorporação.

— Quem é o Exu Mirim? É filho do Exu?

— Exu Mirim não é filho do Exu e da Pombagira; é um arquétipo adotado pela umbanda. É bom ressaltar que a umbanda acolhe sob seu manto todos aqueles que se manifestam através de seus médiuns. Acredita-se que o Exu Mirim é aquele que, em vida, foi um moleque de rua e que agora lhe é dado participar do intercâmbio mediúnico.

Os exus mirins são considerados espíritos infantis que fazem parte da "linha" dos exus.

— Linha de exus?

— Uma linha é um agrupamento, uma classificação de espíritos.

A umbanda, na herança recebida do catolicismo e do kardecismo, tem o bem e o mal como dois campos atuantes, separados em departamentos estanques classificados como "linha da direita", que trata com entidades "desenvolvidas"; e "linha da esquerda", também chamada de quimbanda, que lida com entidades "menos desenvolvidas". Aqui entra a linha dos exus. Sempre que aparecem nos trabalhos, os exus mirins são vistos como crianças más, perversas, delinquentes, o que leva a considerá-los exus crianças.

Lembrando que a umbanda traz a dicotomia do bem e mal como herança do catolicismo. A partir desse ponto de vista, a linha de exu pode representar o "mal".

— Isso quer dizer que um transe com a presença de exu é um transe para o mal?

— Não! O transe chama a atenção para outro nível de realidade, nem que você chame esse nível de fantasia. Bem ou mal são valores subjetivos, relativos, mas uma coisa a se observar do transe. Na umbanda, ele não é estritamente individual.

— Como assim?

— Em dia de trabalho da falange do preto-velho, todos os médiuns participantes só "incorporam" os pretos-velhos; no dia de gira de Exu, os médiuns só "incorporam" exus e assim sucessivamente.

O transe não é apenas uma representação mítica; é também uma vivência mítica, mas que contém atualizações fragmentárias nas histórias.

A ideia de falange, de coletivo, é bem próxima da ideia do arquétipo.

Olhe só a atualização, a educação, a transformação do arquétipo.

Olhe o transe como via de mão dupla.

Agora busque em que, onde e como esse tipo de transe da "linha de exu mirim" poderá beneficiar o médium?

— Justamente o que eu iria perguntar.

— Pense, reflita, movimente seus neurônios um pouco.

— Aff!

— Crê-se que esses espíritos infantis, os exus mirins, viveram nas ruas, afastaram-se de suas famílias ainda muito pequenos e ficaram expostos às

cruéis formas de discriminação social, além de todos os riscos de violência das grandes cidades.
Quando incorporados, relatam por vezes suas amarguras vividas. Seus relatos são repletos de mágoas contra a sociedade.

> *Eu sou Exu*
> *Eu sou Exu Mirim,*
> *Eu sou Exu criança,*
> *Eu sou Exu de criança.*
> *Quando eu vivi aí, eu roubei e até matei.*
> *Também foi o que eu aprendi no lugar onde eu morava.*
> *Um dia, fui embora, morar na rua, então, o roubo passou a ser mais frequente.*
> *Roubava uma coisinha aqui, outra lá, não roubava muita coisa, não; só pra comer,*
> *porque quando eu pedia ninguém dava.*
> *Teve um dia que cruzei com a polícia.*
> *Com a polícia a parada era dura.*
> *A polícia batia...*
> *Eu sofri muito, muito...*
> *e morri na rua... de facadas...*

Outra manifestação:

> *Eu não tive nada, nem brinquedos,*
> *nem atenção, nem família*
> *quando meu pai matou a minha mãe*
> *quando eu era bem pequeno.*
> *E ele me batia sempre.*
> *Cansei de apanhar, fui pras ruas e por lá fiquei.*

Nas minhas andanças pesquisando, tive a oportunidade de entrevistar diversos médiuns em estado alternado de consciência, em transificação, com suas "entidades espirituais incorporadas", o que me deu um material rico para perceber questões muito interessantes para os objetivos do meu trabalho clínico.

— Quais?

— O sujeito já é "Exu" em vida... Você já passou na cracolândia? Eu já. O psiquismo do sujeito não muda com a morte física; ele continua com o mesmo psiquismo que tinha aqui, nesta dimensão. Olhe a fala do Exu Mirim justificando o roubo... Ele se vê como vítima... Você já saiu roubando por aí?

— Eu não! Quero é que você me fale dos ritos do Exu mirim.

— Mas ainda quero lhe dizer que os exus mirins também são vistos como crianças travessas, brincalhonas, espertas, havendo quem jure que eles não são espíritos humanos, que são "encantados".

— "Encantados"?

— Isso quer dizer que eles nunca encarnaram, que são seres de outra dimensão, numa similaridade com o anjo que nunca encarnou e vive num universo diferente do nosso. O arquétipo tem uma origem nebulosa.

Ritos do Exu Mirim

Ponto cantado:

Vi um menino sentado na encruza
perguntei o que é que foi
perguntei o que que faz
Eu vim aqui desmanchar feitiço
mas pra calunga eu já vou voltar.

Oh! Meu Senhor das Almas
Não faça pouco de mim
Eu sou pequenininho
Eu sou Exu Mirim.

Ele é Exu, é Exu Mirim
Não me nega nada
Sempre me diz sim.

Ponto riscado:

Figura 23

Saudação: Laroiê, Exu mirim.

— Sabe, Aparecida, você está falando, e eu me lembrei do saci.

— Isso se chama, em bons termos técnicos, associação de ideias. Sobre aquilo que falamos, Alcli, quais são as características do Exu que você percebeu?

— O que me chamou bastante atenção foi a ambivalência, a falta de postura moral rígida, inabalável. O Exu Mirim justificava o roubo, demonstrando um certo apego à maleabilidade.

— Maleabilidade é bom ou é ruim?

— Maleabilidade é bom, mas ele fazia um uso ruim dela.

— Ótimo! Você está percebendo que temos um atributo psíquico: a maleabilidade e que ela, em si, não é boa nem ruim. Tudo dependerá do uso que o sujeito faça dela.

— Você se lembra de algum personagem mitológico que também tenha esse atributo: a maleabilidade?

— Lembro sim. O Hermes grego ou o Mercúrio romano também possui essas características.

— Então! Isso é mítico.

— É o quê?

— A ambiguidade. Preste atenção: a ambiguidade é força arquetípica. O símbolo arquetípico afro é Exu. O símbolo arquetípico grego é Hermes. O símbolo arquetípico romano é Mercúrio. Assim, o arquétipo está disponível para todos e se manifesta por meio de um símbolo, que cada cultura expressa de uma forma.

— Ah! Mas eu não sei bem as histórias de Hermes ou de Mercúrio para comparar.

— Mas sabe que conhece, sente e identifica a ambiguidade, mesmo sem conhecer bem as histórias. E sabe o quê mais...? Vá estudar. As histórias são interessantíssimas. Vamos pensar nas atribuições do Exu: "Vigia as passagens, abre e fecha caminhos".

Pense em caminhos externos (as ruas, as estradas), mas pense também em caminhos internos da inconsciência para a consciência. Porque ele "vigia as passagens, abre e fecha os caminhos", ajuda a resolver problemas da vida fora de casa. Pense também na casa interior que está dentro do seu peito e de sua cabeça.

Exu ajuda a encontrar caminhos para progredir, além de proteger contra perigos e inimigos. Pense que nós sempre buscamos proteção no imponderável, que pode ser o anjo da guarda, o santo ou o exu. Cada um é livre para escolher a forma de crença que se molda mais ao seu pensar. Os hindus, por exemplo, creem numa força divina única, mas que assume incontáveis formas. Há uma infinidade incontável de divindades, assim como temos um anjo para cada cidadão. E o que você entendeu sobre arquétipo, Alcli?

— Entendi que é um núcleo de forças internas que o sujeito traz consigo; é uma possibilidade latente.

— Parabéns! É isso mesmo: um potencial energético.

— Posso entender como um sistema de prontidão?

— Pode. E como não há nada parado no universo, lembre-se de que ele se movimenta; é atuante.

— E quanto à personalidade do médium?

— A personalidade do médium está relacionada à personalidade da entidade que dele se aproxima.

Estudando a sombra

— Aparecida, eu entendi que a sombra é formada pelos aspectos ocultos ou inconscientes, sejam eles bons ou maus, que o ego reprimiu ou jamais reconheceu.

— Ótimo! Se cair na prova, você responderá assim e tirará dez. Vamos adiante. O que você entende por aspectos ocultos?

— Entendo que, em sua maior parte, são os desejos reprimidos ou os impulsos não aceitos pela sociedade, entendidos como moralmente inferiores, ou as fantasias que nos assaltam. Entendi que são todas aquelas coisas das quais não nos orgulhamos... e ainda podemos projetá-las nos outros. Certo?

— Certinho. Ótimo! Agora, é preciso não esquecer que a sombra não é feita só de coisas ruins. Ela também possui atributos positivos que foram há muito esquecidos ou que nunca se tornaram conscientes. Muito apropriadamente vovó diria: "O diabo não é tão feio como pintam!". E, cá pra nós, nem o Exu.

A nossa sombra

Aqueles que nos rodeiam por vezes costumam perceber nossa sombra, enquanto nós mesmos não a percebemos. Além de percebê-las, ainda nos mostram... É quando ficamos possuídos pela raiva, pela vergonha ou pelo medo.

Quando nos mostram nossos conteúdos sombrios, nossa primeira reação é negar o que não faz parte de nossa consciência. Ficamos irados com quem nos denuncia e, sob a emoção da raiva, revidamos com críticas, intolerâncias, brigamos e guardamos uma vingancinha, que na primeira oportunidade será levada a efeito, ou nos calamos emburrados.

Geralmente, o sujeito tende a não reconhecer o conteúdo reprovável, afastando de sua consciência aquilo que lhe pareça demoníaco, como: impulsos assassinos (de vez em quando queremos que o outro morra... só um pouquinho); sentimentos de poder (vez por outra, somos possuídos pelo arquétipo do poder); ideias cruéis; ou ações condenáveis pela moral vigente. Ele esconde de si mesmo aquilo que a cultura considera feio ou desadaptado, as fraquezas e os desejos que podem trazer frustração, desamparo, impotência ou sofrimento, e vai ocultando, jogando para debaixo do tapete a dor de conviver com esses sentimentos. Nossa cultura nos ensina que devemos nos recusar a sentir a dor do sofrimento. É como se o sofrimento não fizesse parte do contexto humano. Sentir dores internas faz parte do nosso viver.

— Aparecida, mas há de convir que é difícil lidar com a sombra.

— Nunca disse que é fácil, mas é necessário. A maior dificuldade em lidar com o arquétipo da sombra é desconhecê-lo. Ela é um arquétipo, e todo mundo tem, portanto, todo mundo lida, cada um do seu jeito. Um bom impedimento é a nossa imagem, muito bem resguardada, de que somos bonzinhos, então, fechamos os olhos para nossos conteúdos sombrios... Já que eles vivem na sombra, que fiquem por lá.

Meu professor repetiu muito em classe que, para lidar com a sombra, é preciso primeiro aceitá-la, sem isso nada poderá ser feito. Afinal, não preciso tratar do resfriado se não tenho resfriado.

Tudo aquilo que é reprimido se torna parte da sua sombra e mais dia, menos dia, virá à tona.

Encontrando a sombra

A primeira coisa é ter consciência disso, porque a sombra tem um pé na dimensão consciente e o resto na dimensão inconsciente.

— Não entendi.

— Relembre aqueles hábitos que você tem e dos quais nem se dá conta. Quando vê, já fez... Quando você chega em casa do trabalho, depois de um dia cansativo, do trânsito difícil, com fome, suado, com vontade de tomar aquele banho e descobre que não tem água... qual é a sua reação? De verdade. Não vale mentir.

— Eu falo um palavrão.

— Esse palavrão é uma expressão da sombra, porque você não pensou: "Agora, vou falar um palavrão, porque estou com raiva pelo fato de estar faltando água na torneira". Não é assim. É um ato espontâneo, impensado, ditado pela sombra.

Pense também na mentira. Todo mundo mente. A mentira é proposta pela sombra, mas tem um pé no consciente, pois o sujeito sabe que está mentindo.

— Entendo que a mentira é falta de coragem de encarar a verdade — ponderou Alcli.

— Mentira é aquilo que o sujeito conta para preservar a imagem que vende para o outro.

— Como assim? Dê-me um exemplo, por favor.

— Você não suporta sua sogra, mas, quando ela chega, você faz festa... pois a imagem idealizada que quer passar é outra, não a do sentimento verdadeiro. Porém, o fato de você saber, ter consciência de que possui uma imagem idealizada e uma imagem real, possibilita que você seja mais íntegro, mais inteiro, e traga seu material sombrio à tona para ser integrado.

As várias maneiras de lidar com a sombra

Tome nota no seu caderninho que sentimentos exagerados como: "Não acredito que ele tenha feito isto"; "Não consigo entender como ela usa essa roupa" são recados da sombra para a consciência. Aquele comentário impulsivo seguido de "Desculpe! Eu não quis dizer isso!".

— Os atos impulsivos não deliberados também?

— Sim. Ou quando nos sentimos humilhados: "Fiquei com vergonha quando...". Ou nossa raiva exagerada em relação ao outro: "Ah! Ele perdeu totalmente o controle do peso. Parece um porco!".

Quando esses "sintomas" aparecerem, fique atento. É a sombra falando à consciência.

São muitos os recursos que o ego lança mão para não se confrontar com a sombra. Tais recursos são denominados mecanismos de defesa. São eles: conversão, fixação, negação, projeção, racionalização, entre outros.

— Negação eu sei o que é — disse Alcli. — É simplesmente negar a existência de. Você também já explicou projeção, mas não sei o que é conversão.

— É quando você converte uma coisa em outra. Pense, por exemplo, em somatização, que ocorre quando há a transformação de uma questão emocional em sintoma físico. O sujeito fica "muito nervoso" por conta de descargas afetivas, isto é, ciúmes, raiva, inveja, arrogância, e as converte em sintomas físicos, como palpitações, vômitos, mãos geladas, dor de cabeça etc. O conflito psíquico expressa-se ou converte-se em sintomas corporais.

— Em cegueira também?

— Há o exemplo clássico da pessoa que presenciou um fato, mas não aceitou ter visto. Viu, contudo, negou. Freud relatou o caso de uma cliente, que agiu assim, resultando numa cegueira.

— Explique os outros, por favor.

— Fixação é um comportamento do tipo: "Só aceito se for do meu jeito"; "Ah! Não é assim que quero".

Na racionalização, o sujeito usa uma justificação possível, mas inverídica. Por exemplo, ele compra uma Ferrari e justifica que comprou esse tipo de carro para facilitar o transporte dos pais já idosos. Sabemos, contudo, que um carro de qualquer marca facilitaria o transporte dos pais idosos.

Alcli, não se iluda com os mecanismos de defesa do ego. A solução está no confronto. É na integração de conteúdos sombrios que crescemos, educando nosso Exu interno. Também ajuda bastante se perguntarmos: Que vantagem você tem em reprimir o lado sombrio ou fingir que aquilo não está presente? Qual é o ganho? O que você ganha com a negação da situação?

Por exemplo, o sujeito se veste de bonzinho e "dá tudo" para o outro. Depois, quer arrancar o troco do outro... É o jogo da bondade aparente *versus* egoísmo. Ele faz os outros acreditarem que é uma pessoa muito generosa, mas essa generosidade é para arrancar o que puder do outro.

Por outro lado, pergunte-se também o que você está deixando de viver por conta da ação da sombra.

— Não entendi!

— Pense no sujeito que se acha super-racional. Algumas pessoas menosprezam o mundo dos sentimentos, mas estão perdendo uma dimensão importante de si mesmas: a consciência emocional, a ternura e a afetuosidade, que as fazem se abrir para os outros. Será que no fundo o sujeito não tem medo de se machucar? O que está por trás disso? O medo de sofrer de novo?

Será que não posso sofrer?

Será que não sou capaz de passar por situações desconfortáveis?

Será que tenho de ficar num mundinho sufocado, reprimindo meus impulsos amorosos?

Será que não cresci emocionalmente; só cresci no corpo?

A conciliação

— Alcli, como você pode conciliar-se com sua sombra, fazendo as pazes com o lado mais obscuro?

— Acho que encarando a situação.

— É isso mesmo. Vasculhando o aspecto sombrio e trazendo-o à tona para uma conversa, na qual possa haver um entendimento. A primeiríssima coisa é aceitar que temos um lado sombrio. Eu tenho, tu tens, ele tem, e a torcida toda tem também. Uma sugestão é mudar de lugar. Se você é uma pessoa muito boazinha, como agiria se fosse bem egoísta? Adentre, brinque com essas duas dimensões, porque só assim conseguirá integrá-la à sua consciência (através das múltiplas encarnações... risos).

Tecnicamente, em termos de psicologia junguiana, a sombra não diz respeito apenas às coisas ruins, mas àquilo que não está na consciência do sujeito.

Na sombra pode existir grandes potencialidades, grandes tesouros. Ela é muito maior que a capacidade do ego consciente. Ali também mora o poema que ainda não foi escrito ou a obra que ainda não foi esculpida.

Ela não tem um caráter de valor "bom ou ruim", não é positiva nem negativa. Ali mora aquilo que a consciência desconhece.

Entrar em contato com a sombra é fazer uma "descida" ao nosso mundo interior. Negá-la é uma forma de retardar o próprio desenvolvimento. Se você não vai ao encontro da sombra, corre o risco de chocar-se com ela. Agora, Alcli, atente-se a este conto sobre Exu.

Briga entre Exu e Oxalá

O filho mais velho é que fica com o poder. Exu e Oxalá questionavam sobre a idade de cada um.

Exu declarou-se ser o mais velho.

A mesma declaração, com indignação, também fez Oxalá, afirmando que já estava neste mundo por ocasião do aparecimento do Exu.

O conflito estava estabelecido de forma tão intensa que a ideia era uma luta entre eles para resolver essa questão.

A luta seria assistida por uma assembleia formada por outros orixás.

A tradição mandava consultar o Ifá (oráculo) antes da luta.

Oxalá e Exu foram em busca de orientação.

Ouviram que deveriam fazer oferendas.

Oxalá cumpriu a orientação e fez suas oferendas. Exu não fez nada.

A luta tinha data certa e o dia chegou.

Oxalá estava confiante em seu poder.

Exu estava confiante na magia e nos amuletos que carregava.

A assembleia dos imalés (divindades) estava reunida na praça e gritava uma saudação para Oxalá.

— Epá!

Oxalá avançou e acertou um golpe em Exu.

Exu desequilibrou-se e caiu.

Exu levantou-se num impulso.

Oxalá desferiu outro golpe, agora, na cabeça de Exu.

Exu transformou-se em um anão.

A assembleia repetiu:

— Epá!

Exu levantou-se, deu uma sacudida no corpo e retomou o tamanho habitual.

Oxalá segurou a cabeça do Exu e com força passou a sacudi-la.

Com o balanço, a cabeça do Exu ficou muito grande, maior que o corpo.

Os orixás falaram:

— Agora é a vez do Exu demonstrar seu domínio sobre Oxalá.

Exu caminhou de um lado para outro.

Balançou sua cabeça e tirou de lá uma cabaça pequena.

Ele abriu a cabaça e voltou-a na direção de seu opositor.

A cabaça soltou uma nuvem branca que descoloriu Oxalá.

Oxalá se esfregou espantando a nuvem e com isso tentando recuperar sua cor.

Oxalá desenrolou o turbante que tinha em sua cabeça e ordenou a Exu:

— Venha cá! E traga sua cabaça.

Assim foi feito. Exu aproximou-se trazendo a cabaça e entregou-a a Oxalá.

Oxalá tomou a cabaça e jogou-a no seu saco da criação.

Os imalés disseram:
— Êpa!
E continuaram:
— Viva Oxalá, o senhor do axé, do poder
e da iniciativa.
Oxalá é maior que Exu.
Oxalá governa todos os orixás.
Tu és o maior de todos os orixás.
Oxalá ficou dono da cabaça, da magia e
do poder de Exu.
Com a cabaça que Oxalá conquistou,
transforma os seres humanos em albi-
nos e assim faz os brancos até hoje.

— Alcli, faça sua própria interpretação.

— Vou tentar. Dê-me um tempo.

O Exu pode ser um referencial para reconhecermos nosso lado sombrio, nossas diabruras, vinganças.

Assim como os deuses gregos ou afros têm luzes e sombras, nós, humanos, também as possuímos.

Observe que, por vezes, gurus, mestres, sacerdotes, filósofos, professores, médicos são conhecidos por suas explosões de raiva, seu autoritarismo ou sua arrogância. Gênios, sábios ou religiosos não são imunes à sombra.

Todos nós temos uma parte da qual não nos orgulhamos: a sombra, que, no entanto, nunca mente. Ela o adoece, projeta-se em seu corpo, mas não mente, colaborando do jeito dela para que nos tornemos mais lúcidos.

CAPÍTULO 4

Euá – A Senhora da Intuição

Figura 24

Os mitos da umbanda estão ainda dispersos, apresentando-se diluídos em alguns escritos.

Assim, nem todo umbandista conhece a figura de Euá, divindade feminina considerada a Senhora da Intuição.

— É porque ela é pouco conhecida que você vai falar dela? — perguntou Alcli.

— Não, é porque ela é considerada a "Senhora da Intuição"; e a intuição é uma importante função da consciência.

— Aff! Você ao menos vai contar o mito dela?

— Sim, lembrando que o mito está no inconsciente coletivo e se presta a todas as interpretações. A cidade de São Paulo tem como patrono o santo do mesmo nome. No Rio de Janeiro, o padroeiro é São Sebastião. Temos uma série de cultos regionais ou nacionais em qualquer lugar do mundo. Na África não seria diferente. Xangô era cultuado em Oió, uma região da atual Nigéria; Yemanjá era cultuada na região de Egbá, também na Nigéria.

O culto a Euá veio de uma localidade chamada Ogum, na Nigéria, que é um país da África. Comparando áreas, é menor que o Estado do Pará.

— Deixe eu arrumar a geografia na minha cabeça: a África é um continente; a Nigéria é um país; Ogum é uma região e foi lá que o culto a Euá teve sua origem.

— Certinho. Recordando que, quando o africano era transportado para o Brasil, trazia junto suas crenças, comidas, seus hábitos, costumes, ritmos e sua religiosidade, e o culto ao orixá tomava um caráter individual, pois o escravo era vendido individualmente, ficando, portanto, sujeito a ser separado do seu grupo familiar de origem e de culto.

Tivemos escravos de várias regiões da África, que trouxeram diferentes orixás para o Brasil.

Alguns desses orixás se tornaram mais conhecidos, como Oxalá, Iemanjá, Xangô, Ogum, Exu, outros nem tanto.

Neste nosso encontro, vamos falar de Euá.

— Euá, Ewá ou Yewá é um orixá feminino do rio Yewa, que fica na atual cidade de Yewa, no estado de Ogum. Euá é a Senhora da Intuição.

Há várias histórias sobre ela. Um mito tem várias versões, ainda mais quando ele é passado oralmente. Imagine que a história atravessou o Atlântico e foi passando por uns e repassando por outros até chegar aqui.

Na mitologia afro, assim como na grega ou na romana, o elemento feminino faz parte do conjunto de divindades.

— Temos deuses e deusas?

— Sim. Conta-nos o mito que:

> *Muito tempo atrás, havia uma jovem mãe que amava muito seus dois filhos.*
> *Ela ia todos os dias à mata para buscar lenha.*
> *Ela trazia a lenha encontrada e vendia no mercado.*
> *Com isso sustentava seus meninos.*
> *A jovem mãe chamava-se Euá.*
> *Seu trabalho era de lenhadora.*

Ela não se separava dos meninos.
Num desses dias de recolher lenha,
os três estavam embrenhados na mata,
quando Euá notou que se perdera na
floresta.

Euá, por mais que tentasse reconhecer
o caminho de volta, não o encontrava.
E, nessa busca sem sucesso,
foram ficando cada vez mais perdidos,
foram ficando cada vez mais sem rumo.
Depois de algum tempo,
os meninos começaram a reclamar
que já estavam cansados de andar, que
estavam também sentindo fome e sede.
Quando as crianças chegaram à exaus-
tão, começaram a chorar,
porque a fome e a sede apertavam.
Euá entrou em desespero, pois procu-
rava, procurava e não achava nem um
pequeno rio ou uma alguma fonte para
sanar a sede dos filhos pequenos.
Euá fez um pedido às divindades.
Ela se deitou junto a seus filhos amados
que já estavam à beira da morte
e transformou-se numa nascente d'água.
A água veio limpa, fresca, cristalina do
ventre da terra, fluindo sem parar.
As crianças beberam muito até matar a
sede.
Os meninos de Euá conseguiram
sobreviver,
por conta da fonte cristalina.
Eles saciaram a sede com a água de
Euá.
A fonte de Euá nunca secou, a fonte for-
mou um lago e o lago formou um rio.
O rio Euá.

— Alcli, o conto nos diz que Euá era mãe, que é uma figura arquetípica das mais importantes. Quando falamos em mãe, do que você se lembra?

— Mãe me traz a imagem de acolhimento, de sentimento de proteção, de nutrição.

— Ótimo! Todos nós, independentemente de sermos ou não mães biológicas de alguém, temos uma mãe arquetípica interior.

— Como?

— Todos nós temos uma porção acolhedora em nossa alma.

— Oras, Aparecida! Eu conheço gente que não tem um pingo de acolhimento, e você vem me dizer que "todos nós temos uma porção acolhedora"?

— Verdade! Todos temos potencialmente. Alguns expressam; outros, contudo, rejeitam tal porção. Alguns acolhem só os filhos ou nem isso; outros acolhem animais; outros se dedicam maternalmente aos doentes. Tenho uma cliente que ama cuidar das crianças do berçário do hospital onde trabalha. Cada um viverá essa força de maternagem de alguma forma, nem que seja para ser a "mãe" de um cão, que a pessoa chama de "meu bebê".

Então, nosso conto fala da mãe dedicada aos filhos e ressalta a dedicação materna, mas vamos adiante e olhar para nosso interior: eu pratico algum tipo de dedicação? Eu pratico algum tipo de acolhimento? Não precisa me contar... é só para refletir.

— Por que dois filhos?

— Poderia ser apenas um ou três, porém, como a narrativa fala de dois filhos, podemos pensar que o dois representam pluralidade no acolhimento, na possibilidade de nos dedicarmos a mais de uma causa na vida.

"Ela ia todos os dias à mata [...]."

Atente-se para a importância da rotina no cotidiano. Todo dia, você dorme, acorda, toma café e vai para a escola. Esse é seu trabalho, essa é sua rotina. Euá recolhia lenha. Esse era o trabalho dela. O que nos faz pensar que ela era uma mulher forte, capaz de exercer uma função tida como masculina, mas não pense em força apenas física. Observe: força física, força emocional e força mental.

A força tem mais de uma dimensão.

— E o trabalho?

— O trabalho também. Temos o trabalho de ordem física e o trabalho de ordem emocional ou de ordem mental. E o conto ainda se refere a trocas.

— Que trocas? — perguntou Alcli.

— Ela vendia no mercado. A venda é um tipo de troca. Você troca um valor (da lenha) por outro valor (do dinheiro), que será posteriormente trocado por outra coisa.

— Você está me explicando cada pedacinho da história.

— Digamos que estou interpretando o mito de Euá.

— E aquela parte em que ela se perde no bosque?

— Sabe, Alcli, por vezes nos perdemos na vida por "caminhos", situações já conhecidas.

— E quanto à parte das crianças que começaram a reclamar de fome, de sede e de cansaço?

— O mito fala de nossos aspectos infantis que necessitam de crescimento; nossos instintos pedem satisfação. Numa tribo da África, séculos atrás, não poderíamos esperar que o conhecimento sobre o ser tivesse outra linguagem. Lembra-se de que, na época dele, Jesus ensinava por meio de histórias chamadas parábolas? Cada povo, em cada época, com o nível intelectual que possuía, tinha uma narrativa que fosse adequada.

Euá fala com o deus de seu povo, Olodumaré (ou Olorum, que é o outro nome do deus supremo, o Criador, na mitologia iorubá), pedindo uma solução, e é transformada numa fonte cristalina de água.

O tema da água é uma recorrência em termos mitológicos.

— Uma recorrência?

— Aparece muitas vezes

— Mas ela morreu.

— Não! Euá transformou-se. E a água nutriu seus filhos, significando que uma parte dela se doou para que outra parte sobrevivesse. Quantas vezes você não investiu seu tempo, sua dedicação, seu dinheiro para obter uma aprendizagem? Uma parte sua morreu para que outra sobrevivesse.

O mito diz que: "Eles saciaram a sede com a água de Euá./ A fonte de Euá nunca secou, a fonte formou um lago e o lago formou um rio./ O rio Euá".

— E como você entende isso, Aparecida?

— Eu interpreto que, depois da transformação (ela transformou-se em água), o desenvolvimento continuou. O próprio mito narra. O mito usa de simbologia para falar de características humanas. Usa de simbologia para apontar um rumo, como se fosse um farol: a fonte transformou-se num lago, o lago extravasou e deu origem a um rio.

Do ponto de vista simbólico, as águas referem-se às nossas emoções, àqueles estados internos de raiva, tristeza, alegria, medo, ciúme, vergonha etc.

Hoje, aprendemos em nossos cursos que a emoção tem repercussão e influenciação na saúde psiconeurofisiológica.

— Aparecida, traduza esse palavrão, por favor.

— Isso quer dizer que nossas emoções podem afetar nossa saúde psíquica, nosso sistema nervoso ou nosso corpo.

— Podem afetar?

— De forma benéfica ou não. Todos nós sentimos emoções em qualquer época de nossa vida, com qualquer idade e em qualquer cultura. Como as águas do rio, as emoções podem ser calmas, serenas ou agitadíssimas.

Elas não existem de graça; elas tem uma função. Servem para nos avisar, para nos guiar, na conservação do nosso organismo ou em nossas relações sociais.

— É! Mas sentir raiva, ódio é pecado.

— A crença é livre. De minha parte, penso que, se a Natureza criou as emoções, o "pecado" é, então, da Natureza. Alcli, saiba que não existem emoções boas ou ruins. Cada uma delas tem uma função nobre no desenvolvimento da pessoa e todas elas são necessárias. Aceitá-las, conhecê-las e educá-las é parte da nossa aprendizagem no planeta.

— Educá-las?

— Você já ouviu falar em educação emocional? Nossa saúde emocional é uma conquista.

— Saúde emocional... educação emocional... tudo isso é muito novo para mim.

— Para você e para o resto da humanidade. Até meados do século XX, esses temas não eram discutidos pela população, mas, desde os primórdios da África, a deusa Euá transforma-se em água e nutre seus filhos, livrando-os da morte. Na analogia, podemos pensar que as emoções nos nutrem; o medo busca nos preservar do perigo, permitindo-nos avaliar a capacidade que possuímos de enfrentar as situações; a tristeza traz um lembrete para soltarmos e deixarmos ir o que nos faz mal.

— E a raiva serve para quê?

— A raiva é uma força capaz de nos mobilizar; é uma energia de ação para que façamos algo de forma diferente. Geralmente, sentimos raiva quando as coisas não saem do jeito que planejamos ou fantasiamos, então, ficamos raivosos. Podemos, contudo, educar essa raiva em vez de reprimi-la, de vê-la como pecado ou, o que é pior, de socarmos o outro.

Conta-se também que

Euá transforma-se na névoa

Nanã, a senhora das águas paradas do mangue, a senhora das águas paradas do pântano, tinha três filhos: Obaluaê, Oxumarê, Ossaim e uma filha Euá.

Obaluaê, Oxumarê, Ossaim governavam o chão, a terra, o solo e o subsolo. Todo este vasto reino estava sob o comando da família de Nanã.

Como toda mãe, Nanã almejava o melhor para seus filhos.

Nanã desejava que Euá fizesse um bom casamento, com alguém que pudesse amparar sua filha, que era muito formosa e muito gentil.

Nanã fez um pedido a Orumilá que o casamento de Euá fosse auspicioso.

Nanã fez o pedido, mas não fez nenhuma oferenda. Em agrado à divindade invocada sempre se oferece um sacrifício.

Vieram muitos pretendentes, príncipes de reinos distantes.

Vieram tantos que formaram uma confusão e entraram em luta. O vencedor se casaria com a princesa.
Essa luta foi virando uma carnificina, porque eles combatiam até a morte.
Se animavam a lutar porque Euá era muito bela.
Mas, quando o vencedor se apresentava após o combate, Euá não se agradava do pretendente.
Surgiram novos pretendentes.
Aconteceram novas lutas.
E a indecisão de Euá continuava.
Ela também estava ficando entristecida com aquela situação sangrenta de lutas e mortes sob seu olhar.
O reino da família de Nanã foi ficando entristecido e feio de se olhar, a terra estava ficando seca e o sol mal aparecia.
A morte passou a rondar o local para buscar pretendente perdedor.
Euá resolveu pedir ajuda a Orumilá.
Ele havia de ajudar a colocar um fim naquele massacre de jovens que estava ocorrendo.
Aquelas mortes precisavam parar de acontecer.
Euá preparou os ebós recomendados por Ifá.
Euá preparou um presente para a ocasião e foi à casa de Orumilá.
Quando Euá chegou na porta da divindade,
o vento começou a soprar muito forte.
A porta do céu se abriu.
O sol passou a brilhar com mais luz e mais calor.
A terra ficou bastante aquecida.

E Euá passou a se desintegrar.
Euá foi desaparecendo bem devagarinho.
Euá foi perdendo a forma.
Euá foi se transformando em neblina.
Euá se tranformou numa névoa radiante.
A névoa radiante espalhou-se e envolveu a Terra.
Na nuvem luminosa Euá cantava feliz.
Euá estava radiante.
O Deus supremo — Orumilá tinha se agradado do ebó feito por Euá —decidiu que Euá fosse a guardiã dos amantes indecisos, que olhasse suas questões e orientasse suas relações.

As histórias se cruzam, e algumas contam que às vezes ela é reverenciada com Oxumarê, seu irmão; os dois são responsáveis pelo arco-íris. Ela também possui uma serpente como símbolo, mas em tamanho menor que a serpente de Oxumarê. Seus ebós também apresentam semelhanças.

— Aparecida, não sei o que são ebós.

— Ebó é uma oferenda dedicada a um orixá. Um presente que se faz ao orixá.

— Presente? E há correio que leve o presente para o orixá?

— Não, Alcli. A entrega é simbólica. Por exemplo, uma oferenda para a Iemanjá geralmente são rosas brancas depositadas na areia da praia ou lançadas ao mar.

— Entendi. A pessoa vai à praia e larga as rosas lá?

— Alcli, quando você dá um presente para alguém você "larga lá" na porta do sujeito?

— Não.

— Aqui também não. Na entrega de uma oferenda, há uma atitude de respeito. O ebó é uma oferta feita por meio de um ritual, uma espécie de liturgia elaborada com o objetivo de apresentar uma comida ou uma bebida, flores, velas etc., cuja finalidade é buscar estabelecer contato com a divindade.

— Mas você acredita que, para fazer contato com a divindade, há necessidade de um ebó?

— Particularmente, não creio que essa seja a única forma de se conectar com a divindade, mas respeito a crença alheia. Saiba que sou da opinião que a crença é livre. Cada um crê no que pode, no que consegue e até onde sua consciência alcança. Cada consciência tem seu sistema de crenças. No meu caso, para fazer contato com a divindade, eu penso nela, faço meditação ou contemplação, mas, contudo, todavia, entretanto, acendo uma vela às vezes. O apelo é forte. Eu acendo e pronto. Não sou feita só de intelecto.

— O conto diz: "Nanã fez um pedido a Orumilá que o casamento de Euá fosse auspicioso".

— Quem é Orumilá?

— Orumilá é a divindade das profecias, o senhor das adivinhações.

— E por que deveriam oferecer um sacrifício a Orumilá?

— Podemos entender o "oferecer sacrifício" como uma troca, no sentido de que devemos participar da elaboração de tudo o que queremos. Não que estejamos necessariamente trocando com a divindade. Meu amigo espiritual diz que "é depois que você já fez tudo o que sabia, no seu melhor, é que a Vida vem em seu auxílio". A Vida não estimula a preguiça ou a lambança.

"Euá preparou os ebós recomendados por Ifá."

— Quem é Ifá?

— Ifá é o porta-voz, o mensageiro de Orumilá, o Deus Maior, que é quem conhece com profundidade a alma humana, sua jornada e sua meta a ser executada.

— Mas o conto diz que Euá "não conseguia decidir-se".

— Lembre-se de que estamos falando do mito, o que quer dizer que a linguagem é simbólica. Uma não decisão representa um conflito. Enquanto a pessoa não se decide, sua energia fica sem direção, o que facilita a ocorrência de um comando externo. Entendeu?

— Entendi... carro sem direção. Eu não percebi por que Euá é a senhora da intuição.

— Observe: "O Deus supremo — Orumilá tinha se agradado do ebó feito por Euá — decidiu que Euá fosse a guardiã dos amantes indecisos, que olhasse suas questões e orientasse suas relações".

A intuição refere-se à parte de "olhar e orientar" os amantes indecisos.

— A intuição guia?

— Digamos que a intuição é uma função da nossa consciência. Havia um senhor muito sábio, um filósofo chamado Immanuel Kant, que explicava que "todo o conhecimento humano começou com intuições, passou daí aos conceitos e terminou com ideias". Mais recentemente, Steve Jobs, homem ligado à informática, lembra-nos de que não devemos deixar que o ruído da opinião alheia sufoque nossa voz interior e de que é de grande importância seguir nossa intuição. De alguma forma, ela já sabe o caminho que queremos tomar.

Então, você observa que cada um, na sua época e do seu jeito, reconheceu a intuição como fator importante de nosso psiquismo. Podemos entender a intuição como uma voz interior, como uma percepção que nos chega do inconsciente. Ela vem pronta. Em nossa linguagem comum, dizemos que "estamos farejando algo", que estamos com um pressentimento ou com uma premonição. A intuição é uma probabilidade. Em palavras rápidas, a intuição indica uma possibilidade.

E, como não havia meios de explicar melhor o que era a intuição, porque se desconhecida as instâncias psíquicas, o mito dizia simplesmente que Euá "orientasse as relações", daí ela ganhar o cognome de senhora das possibilidades.

— Cognome? O que é isso?

— É uma alcunha.

— ???

— Um epíteto.

— ???

— Uma espécie de apelido.

— Por que não disse logo que era um apelido?

— Oh céus, Alcli! Entenda que, dentro da mitologia afro, Euá é uma representação arquetípica da intuição.

— Escute uma coisa, Aparecida, há arquétipo para tudo?

— Sim. Há tantos arquétipos quantas forem as situações de vida.

— E todas as pessoas têm intuição?

— Sim. Essa percepção instintiva, esse conhecimento imediato, esse pressentimento da verdade pertence a toda a humanidade.

— Mas tem gente que diz não ter.

— Existe em todos nós, porém, muitos não se apercebem do fenômeno mental. A intuição é uma função da nossa consciência. Sabe, Alcli, nossa consciência tem várias funções. As principais são: pensamento, sentimento, sensação e intuição.

A palavra intuição é de origem latina e literalmente quer dizer conhecimento imediato, que é uma forma de processar informações independentemente de uma elaboração analítica. Ou seja, é um conhecimento imediato oferecido pela sensibilidade, que surge na mente sem que ninguém o tenha transmitido, que "brota" na consciência. Você não faz curso de intuição; apenas constata que ela ocorre.

— Como assim?

— Para tornar as coisas mais fáceis, comece por não negá-la. Procure fazer amizade com essa possibilidade. Se achar que intuição é bobagem, ficará mais difícil percebê-la.

Primeiro, compreenda que a intuição é uma faculdade natural do ser, de cada um de nós. É uma faculdade que pertence à nossa mente, ao nosso psiquismo, que não se questiona e não se explica; simplesmente é.

— Quando ela acontece?

— Ela acontece no presente, sem nenhuma programação. Ela mostra um rumo, um caminho. É uma percepção, um lampejo que vem do inconsciente; é um modo de percepção. Por vezes, o sujeito não percebe o processo intuitivo.

— Me dê um exemplo prático, por favor.

— Na linguagem do cotidiano, o sujeito se expressa mais ou menos assim: "Estou farejando que...", "Tenho uma desconfiança de que...", "Tenho um pressentimento de que...", "Alguma coisa me diz que...". Isso é a intuição.

Tudo já está. As possibilidades já existem. Elas irão coalescer ou não, mas já existem, dependem do seu poder de materialização, do seu modo de fazer acontecer. Tudo já está no inconsciente coletivo.

Lembre-se de que o sol sempre foi o centro do sistema. Muito embora não se pensasse assim, ele sempre esteve lá. O micro-organismo sempre esteve lá. A gente é que não sabia de sua existência. Foi preciso desenvolver o microscópio para vê-lo, mas ele já estava lá.

Às vezes, você percebe o processo intuitivo, não liga, não valoriza e quebra a cara.

Comece admitindo que, de alguma forma, você está em contato com a Inteligência Universal e que Ela pode lhe enviar alguns recados na forma de intuição.

Intuição é um contato direto que você tem; uma forma de conhecimento irracional.

Por vezes, percebemos a intuição apenas depois do fato ocorrido. É quando o sujeito tem um pressentimento, mas não lhe dá a menor importância. O fato pressentido ocorre, e a pessoa diz: "Nossa! Eu bem que pensei nisso".

— Já aconteceu isso comigo — disse Alcli.

— Outras vezes, percebemos a intuição durante a ocorrência, e, em outras, antes de o fato acontecer. Não há regras para essa "sacação".

Preste atenção nessa analogia: Se uma pessoa traz água da fonte, é porque a fonte existe.se Freud traz o conhecimento, é porque há uma fonte de conhecimento.

— E só ele foi buscar conhecimento na fonte?

— Não. Alguns foram e podem continuar indo, porque a fonte está dentro de si. Essa fonte não fecha nunca. O conhecimento aparece a cada dia.

— À medida que você busca o conhecimento, ele se mostra, se revela a você.

— Como?

— À medida que você lê, pergunta, ouve, investiga, fala, interpreta, reflete sobre um tema, você abre um canal de recepção, de observação, e esse tema vai se revelando a você por meio desse esforço. Você percebe que sua compreensão sobre o tema aumenta, que fica mais fácil captar informações para as coisas que você precisa saber. O interesse o transforma em um radar. Pesquise mais sobre o interesse.

Você não controla a intuição, mas abre espaço para que ela aconteça. É como se a convidasse para visitá-lo.

— A intuição é a voz do inconsciente falando à consciência?

— Podemos entender assim. Por exemplo, você está dirigindo rumo à sua casa no caminho de sempre, e surge uma informação interior lhe sugerindo, sutilmente, que você mude a rota. Não há nada concreto para que isso ocorra. Você decide que não vai mudar a rota e, mais à frente, percebe que houve um desbarrancamento na via.

Você sabe que a informação de mudança de rota chegou, mas não sabe como chegou. Você, então, verifica que a informação poderia lhe ter sido útil. Chamamos essa "premonição" de intuição.

Pense como a intuição pode ser útil. Imagine que você trabalha com moda e tenha intuição sobre as tendências da próxima estação ou que seja um vendedor. Bom, não? A Mãe Natureza nos dotou a todos dessa função psíquica.

— A todos?

— Sim.

— Então, por que as pessoas não a usam?

— Porque nem acreditam possuí-la. Não sabemos de tudo o que somos capazes. Precisamos conhecer um pouco mais de nós mesmos. Meu amigo espiritual diz que desconhecemos nosso potencial.

— E como vamos conhecê-lo?

— Como conhecemos todas as outras coisas: observando, praticando, olhando para os resultados, refletindo sobre. Como você aprendeu a pensar? A raciocinar?

Não sabemos o histórico. Fomos nos exercitando, não? Agora não será diferente. Tudo começa em admitir a ideia; exercitá-la vem depois.

Esse conhecimento é diferente de você observar coisas concretas, que podem ser tocadas, medidas ou pesadas; é outra categoria de conhecimento. Uma categoria que trabalha com a abstração. Afinal, você não pesa ou mede a inteligência ou o afeto de ninguém numa balança.

De repente, você tem uma intuição do que deve ou não fazer. Essa intuição é observável apenas por você e não há fita métrica que possa medi-la. Ela lhe fala no pensamento.

Meu amigo espiritual avisa que o pensamento é para a mente o que as mãos são para o corpo. E faz uma analogia: que na terra há correntes de água, os rios; que na atmosfera há a camada de ar que nos envolve, há correntes de vento; que em nossa mente há correntes de soluções nas ideias.

Se busco tais ideias, corro o risco de encontrá-las.

Começamos a admitir que a intuição existe e que é para todos.

Gosto de pensar em soluções, outros gostam de pensar em problemas, e cada qual é livre para pensar, sintonizar com o que bem lhe aprouver.

Escolha se você quer fazer parte do problema ou da solução.

Aonde os grandes cientistas, artistas e profissionais foram buscar soluções? É para lá que eu vou.

— Como? — perguntou Alcli.

— Ponha seu pensamento no universo no qual você pretende entrar. Tudo começa com o pensamento.

Pense no universo dos saudáveis.

Pense no universo dos alegres.

Pense no universo dos inteligentes.

Pense no universo dos generosos.

Pense no universo dos estudiosos.

Pense: onde sintonizo meu pensamento?

Há aqueles que sintonizam com a dificuldade.

Há aqueles que acreditam que tudo tem jeito.

São posturas diferentes que poderão conduzir nosso pensar, mas saiba que a mente não está fechada dentro da cabeça.

≪ a mente ≫
é dentro   e   é fora
é individual   e   é coletiva simultaneamente

— Aff!

— Estique o raciocínio para entender.

— Raciocínio não é elástico, Aparecida!

— Faça um esforço. Há pessoas que entendem intuição como religião, coisas do tipo como contato com o mentor, contato com o anjo; outras creem na possibilidade de uma orientação, sabendo ou não onde ir buscá-la.

A possibilidade de a intuição nos visitar pode acontecer: durante a leitura de um livro; num poema; num sonho; num filme; ou em nada disso.

A história nos relata que gênios como Pasteur e Einstein tiveram confiança, tiveram fé em suas intuições. Foi ainda por meio dela que outros cientistas, músicos, artistas ou escritores entraram em contato com a Sabedoria Universal e depois brindaram à humanidade com suas conquistas.

Quando você acende uma fogueira, embebendo a madeira em gasolina e riscando o fósforo, você vê a conexão entre madeira, gasolina e fósforo.

Observamos com mais facilidade o mundo concreto.

Quando você acende o lustre da sala, as conexões já não estão visíveis. Os fios estão embutidos na parede, e você não vê a eletricidade, mas sabe que, sem ela, nada feito: sala às escuras.

Quando você usa o controle remoto, já admite a possibilidade de ondas eletromagnéticas permitirem a ligação, sem conexão física. No celular, seus dedos teclam um número reagindo a uma lembrança, e o seu moleque atende ao telefone em Londres. E não havia fio físico para esse fato. A ligação é eletromagnética. Em outras palavras, é uma conexão em que não há meios físicos, mas a ligação ocorre.

Use essa analogia e pense que a intuição surge no pensamento do sujeito. Vem em bloco, isto é, você não vai deduzir nada. O bloco virá pronto, e depois você pensa sobre o conteúdo que chegou:

- Newton (1642–1727) – Gravidade;
- Einstein (1879–1955) – Relatividade.

Estamos falando de um universo abstrato no qual as ideias acontecem como um raio e se pronunciam no intelecto do sujeito, que as aproveitará ou as abortará. É a consciência do sujeito que escolhe o que fará com o material que chegou.

— Aparecida, estou entendendo assim: uma ideia vem como se fosse um raio, se instala no intelecto do cidadão, e essa intelectualidade fatura a ideia.

— É isso.

— E como desenvolvemos a intuição?

— Não há receita, mas ajuda bastante se apurarmos, se refinarmos nossa sensibilidade. Não há um ritual, um curso, uma confluência astral. Não se abrirá um portal fora. Há um refinamento contínuo, um apuro em nossa forma de sentir. Mais uma vez, somos nosso laboratório. Nós nos voltamos para o bem e para o belo naturalmente e, quase sem perceber, vamos transferindo o centro de nossa consciência para as camadas mais profundas do nosso ser, e nossa alma ganha mais leveza.

Pense numa forma de conhecimento clara, direta, imediata. Isso é a intuição, uma faculdade irracional. Não é à toa que é um presente de Euá (o arquétipo) ou da Senhora das possibilidades.

— É fácil reconhecer a intuição? — indagou Alcli.

— Para algumas pessoas, é; para outras, nem tanto. Podemos considerar que existem certas dificuldades. Uma é perceber a intuição; outra, é interpretá-la; outra, ainda, é dar-lhe credibilidade, deliberando se ela é confiável ou não e finalmente executá-la. Embora possa solucionar uma situação sobre a qual você começou a pensar lá atrás, a intuição é uma vivência experimentada no tempo presente.

— Já ouvi dizer que a intuição aparece nos sonhos. É verdade?

— Talvez. O sonho pode ser um veículo por meio do qual a intuição se comunique com você. É uma forma do inconsciente mandar um recado, uma solução, o que não quer dizer que todo sonho seja fortemente intuitivo.

— Tenho outra pergunta, Aparecida. Quer dizer que, se eu for dormir, o inconsciente pode me trazer respostas?

— Pode! Não custa tentar. Houve um químico e cientista alemão chamado Friedrich August Kekulé (1829–1896), que desvendou a fórmula estrutural do benzeno, elemento utilizado na composição de colas, solventes, tintas, lustra-móveis, pesticidas, lubrificantes, ceras de polir etc. Ele conseguiu isso com a ajuda de um sonho, no qual viu uma cobra que mordia a própria cauda. Ele próprio contou que:

> *Quando ele estava escrevendo seu livro, a escrita não fluía... seu pensamento escapava para além das paredes da sala, ele se distraía e, num dado momento, deu uma cochilada. Durante o cochilo, ele sonhou.*
>
> *No sonho, os átomos estavam de novo dançando diante dos olhos dele (ele já tinha sonhado, vezes anteriores, com os tais átomos dançantes.*
>
> *Desta vez, eles também apresentaram grupos menores num pano de fundo.*
>
> *Sua mente estava ficando mais apurada em função de outras visões do mesmo tema, o que já acontecera anteriormente.*

Já se tornara hábil na distinção de elementos que lhe surgiam no sonho, fileiras simples, fileiras curtas ou fileiras longas, estruturas maiores ou menores, ou de configurações mais complexas, às vezes mais próximas, outras nem tanto, às vezes mais apertadas, outras mais espaçadas, já as havia observado também entrelaçadas, em movimento. Percebeu durante este sonho que as estruturas formavam várias cobras e uma delas se destacava porque se enrolava e mordia o próprio rabo.

A cobra zombeteira girava como um pneu diante dos olhos de Kekulé.

Ele acordou num sobressalto, como que desperto por um raio, e trabalhou o resto da noite desenvolvendo suas hipóteses sobre o tema.

Até então, os químicos pensavam apenas em cadeias abertas para os elementos químicos.

Alguns clientes me contam que, quando fecham os olhos se preparando para dormir, pensam nas situações que têm e solicitam à Providência que lhes remeta uma intuição sobre elas. Você pode obter sua resposta por meio de um sonho e lembrar-se dela quando acordar.

— Também pode não lembrar! — replicou Alcli.

— Sim. Também é possível que você não se lembre do sonho, mas que, na manhã seguinte, tenha uma sugestão do que fazer. É sempre uma boa ideia pedir uma sugestão em sonho, quando você tem grandes decisões a tomar. Em seu estado de sonho, você está mais facilmente interligado ao seu inconsciente.

Com tempo, treino e sensibilidade, você poderá desenvolver uma conexão mais consistente com sua intuição. Relacionando-se com o tema, discutindo, refletindo sobre ele, você descobrirá que entrará mais no fluxo da intuição. Quanto mais se relacionar com o tema, mais ele se revelará a você. Sabe, Alcli, muito se tem estudado sobre a intuição desde Pitágoras (570–500 a.c.), filósofo grego que já conhecia o poder da intuição; Arquimedes (287–212 a.c.) outro sábio também da Grécia, de maneira intuitiva, sem o recurso da balança, pôde perceber se o ourives, chamado a executar uma coroa para o rei, aplicara ou não todo o ouro recebido na confecção da peça real encomendada. Ele descobriu o método de forma intuitiva.

Mais tarde, o filósofo holandês Baruch Spinoza (1632–1677 d.C.) descreveu intuição como sendo a forma mais elevada do conhecimento, superando o conhecimento empírico ou a compreensão racional.

Mais recentemente, Henri Bergson (1859–1941) pontuou que a essência da vida revela-se por meio da observação intuitiva.

Sem esquecer que Nicola Abbagnano (1901–1990), filósofo italiano, defendeu que a intuição serve aos cientistas quando estes querem destacar o caráter inventivo de sua ciência, afirmando que "a intuição é a faculdade que nos ensina a ver e que a razão e o raciocínio nos permitem deduzir as consequências dessa 'visão' e submetê-las à experiência (demonstração)". Em outras palavras, o método, a experimentação, a observação e a razão utilizadas pela ciência seguem a intuição. Descobrir ou inventar algo é seguir a intuição.

A intuição, por vezes chamada de "sexto sentido", está além de análises da lógica, padrões de comportamento e programações; geralmente, está associada a algum impulso evolutivo da alma.

É comum ouvir que as mulheres têm intuição mais apurada do que a maioria dos homens, pois sua natureza *yin* (energia passiva) permite escutar mais facilmente essa voz interior.

Muita gente crê que ouvir a própria intuição e segui-la é uma forma de obter sucesso em qualquer campo de sua existência e, especialmente, de realizar os desejos mais profundos de sua alma.

Todas as pessoas podem e devem desenvolver a habilidade intuitiva, o que lhes facilitará avanços consideráveis.

— O que você sugere que eu faça para desenvolver a intuição?

— Não há uma condução coercitiva para a intuição; há um convite. A meditação é uma grande ferramenta para convidarmos e aperfeiçoarmos nossa habilidade intuitiva.

O exercício contínuo da meditação geralmente nos torna pessoas mais relaxadas, conscientes do momento presente e com maior capacidade de concentração. Esses aspectos facilitam o convite à intuição. Creio que é uma questão de sensibilidade. Não adianta forçar a barra, mas tentarmos nos abrir para o tema já é uma boa ajuda. Você relaxa com facilidade, Alcli?

— Não tenho o hábito de praticar relaxamento.

— Podemos aprender a relaxar profundamente, o que facilitará a consciência do momento presente, a consciência do agora, que é indispensável para percebermos nossos processos de pensamento.

— Já está ficando difícil entender "processos de pensamento". O que é isso?

— É a ação do pensamento. É a capacidade de compreender, elaborar ideias, formar conceitos e organizá-los. Estabelecer relações entre os conceitos com a ajuda de elementos de outras funções mentais, como a memória.

— Explique isso na prática, por favor.

— Na prática, estabelecer relações é algo assim: "2/5 da população da região Centro-Oeste não fez a vacina de...". Você precisará saber: a) o que é fração (2/5); b) o que é população; c) qual é a região centro-oeste; d) quantas pessoas moram nessa região; e) o que é vacina; para poder relacionar tudo isso e compor um processo de pensamento. Entendeu?

— Entendi assim: processos de pensamento são todas as operações mentais das quais faço uso.

— Para isso, é bom conhecer a dinâmica mental e observá-la de maneira clara.

— É aí que entra Euá como a senhora das possibilidades?

— Sim. Ela representa aquela inspiração vinda não se sabe de onde, aquele clarão intuitivo que corta rapidamente o céu de nossa mente.

— E para que serve a meditação?

— A meditação apura nossa concentração e possibilita que nossas percepções se tornem mais nítidas conforme avançamos na prática meditativa. Se você ainda não pratica meditação, comece a praticar, Alcli! Escolha uma das várias técnicas, pratique sozinho ou em grupos e perceba os avanços que ela lhe trará.

Quando meu cliente chega muito estressado, usamos meditação em vez de ansiolítico. Ele sai do consultório levando uma receita para praticar meditação uma vez ao dia.

— O que é ansiolítico?

— É um remédio para aplacar a ansiedade. Uma ajuda química.

— Durante a meditação, Euá nos visita?

— Podemos dizer que por vezes nos visita... Quando a tempestade se acalma, o navio entra no porto. Assim, pensamos que a intuição é a linguagem da alma guiando a experiência de modo inconsciente, como faz o arquétipo escondido em nossa mente. Esse processo é denominado pelo crente de "contato com Euá". Tomando um caminho e não outro, confiando ou desconfiando de alguém, rejeitando uma oferta de trabalho ou participando daquele outro projeto... É a intuição falando baixinho à consciência do sujeito.

Nem sempre Euá fala com o sujeito de modo simples. Por vezes, insinua-se por meio de sensações; outras, por meio de ideias, sincronicidades ou ainda de pensamentos estranhos à forma de pensar do indivíduo. Então, podemos esbarrar na interpretação e na decodificação da mensagem. Quanto menores forem as barreiras, mais Euá se manifestará por meio de nossa intuição.

O médico psiquiatra suíço Jung (1875–1961) acreditava muito na capacidade intuitiva, dizendo que "cada um de nós tem a sabedoria e o conhecimento de que necessita em seu próprio interior".

O físico alemão Albert Einstein (1879–1955) defendia que não podemos admitir que a lógica seja a nossa deusa primeira. Ela tem forte musculatura, porém, a intuição é o presente sagrado. A lógica é a serva fiel, muito embora tenhamos criado uma cultura que honra a serva e esquece o presente sagrado.

— É, Aparecida! Mas eu nunca tinha ouvido essas considerações associadas a Euá.

— Está ouvindo agora. Cada um faz as associações que consegue. O que importa é saber se elas fizeram algum bem a você. Se fizeram, leve-as e use-as.

Euá é filha de Nanã, que é a senhora dos pântanos, o orixá mais antigo que se conhece. Euá é considerada a senhora dos mistérios do jogo de búzios, a divindade do sexto sentido, da vidência e da criatividade. É ela que torna possível, por meio da intuição, a entrada em uma nova dimensão.

Euá está presente no canto dos pássaros, no correr do rio, no barulho das folhas sopradas ao vento, na queda da chuva, no choramingar do bebê e no cantarolar da criança.

— E quanto aos rituais de Euá?— Até onde conheço, pelos lugares que andei, pude levantar o seguinte:

Ritos de Euá

Animal: a cobra.

Banho de descarrego: folhas da romã.

Bebida: vinho branco doce.

Chakra: frontal.

Comida: feijão, batata-doce, coco, camarão seco, banana-da-terra.

Cor: coral, rosa e vermelho vivo.

Data comemorativa: 13 de dezembro.

Dia da semana: terça-feira.

Defumação: jasmim, cravo-da-índia, violeta.

Domínios: a natureza, a beleza, a criatividade, a clarividência.
Elemento: água/ar.
Erva: língua-de-cobra.
Flor sagrada: rosa cor-de-rosa.
Guia: fio de contas vermelhas e douradas ou amarelas.
Metal: ouro, prata, cobre.
Objetos de culto: alguidar e vela branca.
Oferenda: na beira de lagos ou rios.
Particularidade: Lua.
Pedras: rubis e pedras de cor rosa.

Ponto riscado:

Figura 25

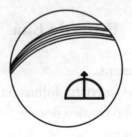

Saudação: Riró Euá.
Símbolo: cobra, espada, ofá (arco e flecha).
Sincretismo: Santa Luzia, Nossa Senhora das Neves.

Euá recebe sua oferendas em lagos ou rios.

— Li em algum lugar que Euá é filha de Obatalá e Nanã e tem dois irmãos: Oxumarê e Obaluaê — disse Alcli.

— Já comentamos que ela tinha três irmãos: Oxumarê, Obaluaê e Ossaim.

— E qual está certo?

— Alcli, Isso é um mito! Não há certo ou errado. Há diferentes versões contadas por diferentes tribos. Há diferentes passagens sobre o mesmo arquétipo.

Euá protege Orumilá da Morte

Todos têm problemas,
Orumilá, o grande babalaô, também.
Ele estava em fuga.
Ele fugia de Icu, a morte.
Mas ela o perseguia constantemente,
bem de perto.
Orumilá buscava um lugar onde pudesse se esconder da morte.
Orumilá foi para o campo e ela também.
Orumilá apertou o passo e chegou em um rio onde havia uma mulher muito bela lavando roupas, era Euá.
Euá perguntou a Orumilá a causa daquela correria toda, se ele estava fugindo de alguém.
Orumilá mal balbuciou: "Hã, hã!".
Euá adivinhou que ele estava fugindo de Icu, a morte, e perguntou se assim era.
Orumilá confirmou.

Euá procurou acalmá-lo e ofereceu ajuda.
Orumilá aceitou.
Então Euá escondeu o babalaô embaixo
da tábua de lavar.
Essa tábua de lavar também era usada
como tabuleiro do Ifá, o tabuleiro das
adivinhações.
Euá continuou seu trabalho cantarolan-
do, quando Icu, a morte, chegou ofegante.
Icu era muito feia, transpirava sangue,
e tinha um cheiro horrível que atraía
muitas moscas sobre si.
Euá sentiu nojo, por causa do cheiro que
exalava da morte.

A morte se aproximou de Euá e perguntou
se ela não tinha visto Orumilá por ali.
Euá disse que tinha visto Orumilá, em
desabalada correria, atravessar o rio.
Ele deveria estar bem longe.
A morte não se deu por vencida e foi em-
bora praguejando.
Depois que a morte se afastou, Euá avi-
sou Orumilá, que poderia sair de baixo
do tabuleiro.
Orumilá saiu e Euá o convidou para ir
à casa dela.
Lá chegando, Euá preparou uma refeição
de preá com gafanhotos para Orumilá.
À noite, Orumilá deitou-se com Euá.
Euá ficou grávida.
Euá sentindo-se feliz com a gravidez fez
alegremente oferendas a Ifá.
Euá era solteira.
Orumilá casou-se com ela.
O casamento foi comemorado com uma
grande festa de muitos convidados.
Houve danças e cantorias.

Euá cantava que teria um filho.
Orumilá cantava que Euá o livrara
da morte.
Os convidados cantavam louvores a
Euá que livrara Orumilá da morte.
Foi uma grande festa.

Alcli vejamos a simbologia desse conto: "Orumilá apertou o passo e chegou a um rio onde havia uma mulher muito bela lavando roupas, era Euá".

— Eu associo a mulher lavando roupa à higiene — disse Alcli.

— Também cabe lembrar que "mulher lavando" pode fazer alusão ao feminino associado à emoção, ao sentimento.

Ele, Orumilá, encontra-se com o feminino, que o acolhe. Encontrar o feminino é encontrar a anima.

"Euá adivinhou que ele estava fugindo de Icu, a morte, e perguntou se assim era."

É Euá trazendo a percepção de uma situação por meio da intuição.

"Euá procurou acalmá-lo e ofereceu ajuda./ Orumilá aceitou."

O feminino acolhe e ajuda.

— Como ela o ajudaria?

— O próprio texto responde:

> *Então Euá escondeu o babalaô embaixo da tábua de lavar.*
> *Essa tábua de lavar também era usada como tabuleiro do Ifá, o tabuleiro das adivinhações.*

Euá continuou seu trabalho cantarolando, quando Icu, a morte, chegou ofegante.

— Observe que aqui a ajuda foi prestada com alegria. Euá estava cantando. Saiba que a alegria é um remédio para nossa vida energética. A aura mais bonita que eu já vi foi a de uma pessoa alegre; a alegria forma um escudo de luz em torno do sujeito.

"A morte se aproximou de Euá e perguntou se ela não tinha visto Orumilá por ali./ Euá disse que tinha visto Orumilá, em desabalada correria, atravessar o rio."

— Olhe só, Aparecida, aqui Euá mentiu. Você acha isso bonito?

— Não acho. A mentira é uma falta de estrutura de se encarar a verdade. Aqui é uma projeção de um aspecto a ser transcendido.

— Mas Euá era uma divindade! Não podia mentir.

— Tanto podia que mentiu. Estamos olhando para um conto mítico. Não podemos nos esquecer de que o arquétipo tem sempre um lado cintilante e um lado sombrio.

— E aquela parte que ela preparou um cozido de preás e gafanhotos... eca! Que nojo.

— Meu querido, essa é uma iguaria que eu também dispenso, porém, cada povo tem seus hábitos. Na Índia, você seria malvisto se maltratasse uma vaca, ainda mais se comesse um bife, e aqui vamos ao churrasco tranquilamente. É um fator cultural. Cada povo com seus costumes.

"À noite Orumilá deitou-se com Euá./ Euá ficou grávida. /Euá sentindo-se feliz com a gravidez fez alegremente oferendas a Ifá."

— Olhe outra contradição: há contos em que a Euá é virgem — ponderou Alcli.

— Pois é! Outros contos relatam que: Euá casa-se com Oxumarê; Euá é expulsa de casa e vai viver no cemitério; Euá é presa no formigueiro por Omulu.

Das muitas histórias

Cada mito tem muitas versões. Um conceito muda com o tempo e com a cultura também. Em algumas culturas, virgem era a mulher que morava sozinha, que era independente, e não aquela que não teve contato sexual com o masculino. Por outro lado, pense que estamos falando de um arquétipo, que sempre se apresenta sob várias versões. Pense que ele é meio "camaleônico".

Encontramos em nossos grupos de estudo muitas mulheres que não foram contaminadas pela necessidade de receber a aprovação masculina. Trocar, complementar é bom; depender da aprovação já é outro caso.

Se olharmos para a gravidez de Euá, podemos pensar em um encontro entre o masculino e o feminino, em um encontro de forças rumo à criatividade.

Outra forma de olhar esse aspecto é lembrar que, na Alquimia, a *prima mater*, a matéria-prima, é virgem, ou seja, é pura, mas deve ser transformada pela *opus*, isto é, pelo trabalho interior.

Transformar a água do seu estado líquido para o gasoso remete à operação alquímica *sublimatio*, que é um processo de elevação no qual uma substância inferior se transforma em uma superior. Daí o arco-íris e a névoa serem campos de atuação de Euá por estarem associados ao processo de elevação (*sublimatio*). Vista por esse aspecto, Euá pode corresponder a essa operação da Alquimia.

— Aparecida, estou perdendo o fio da meada.

— Nada disso. O que você não entendeu?

— Esse negócio de *sublimatio*...

— Pense que *sublimatio* é o nome de uma forma de transformação. Em termos simbólicos, Euá trabalha com a evaporação, a transformação da água em vapor, que, quando já no alto, é o que possibilita o aparecimento do arco-íris no céu. Está entendendo que é a água que vai se transformando e subindo como vapor?

— Estou.

— Então, continuemos. Ao receber a luz solar, a água presente no vapor (cuja matéria-prima é a água que se elevou, que subiu. Aqui está a ideia de elevação) atua como um filtro e faz a decomposição da luz nas sete cores que compõem seu espectro:

vermelho, laranja, amarelo, verde, azul, anil e violeta, formando o arco-íris. Entendeu?

— Sim.

— Essa ideias de transformação, arco-íris, céu o fazem lembrar do quê, Alcli?

— Água me lembra emoção; e o arco-íris, um colorido no céu. Ah! Acho que entendi: para que a água chegue a ser um arco-íris, há um trabalho de elevação. Em termos simbólicos, de educação da emoção.

— Excelente. A água sai da terra, evapora-se (transforma-se) e sobe ao céu, mas só vemos o arco-íris por causa da ação da luz do sol (a luz da consciência).

Euá, o arquétipo, quando constelado, ou seja, quando nos visita, pode nos ajudar na transformação de nossas questões, de nossos problemas, de nossas emoções intensas, de forma a garantir que possamos intuir um caminho que nos conduza a uma solução viável.

Euá representa nosso aspecto virginal, puro, nossa matéria-prima, nosso potencial guardado no íntimo e que não deve se submeter às convenções do ego. Euá é a fala interior do Self aos nossos corações para nosso desenvolvimento pessoal, para nosso processo de individuação.

Em termos de ambiente da floresta, de mulher guerreira e caçadora, Euá lembra Artemis, deusa grega que tinha intensa ligação com seu irmão Apolo, o deus da luz, do sol ou da consciência. Euá tem forte ligação com seu irmão Oxumarê, o deus do arco-íris.

Outras histórias contam que Xangô se apaixonou por Euá, porém, não conseguiu conquistá-la. Fugindo dele, ela foi acolhida por Obaluaê, que lhe deu refúgio. Outras ainda narram que Euá era uma linda virgem que se entregou a Xangô, despertando o ciúme e a ira de Iansã. Essa história de ira e ciúme também é arquetípica e aparece em uma centena de mitos, contos, novelas ou filmes. E, para fugir de Iansã e suas tempestades, Euá escondeu-se nas florestas, tornando-se guerreira e caçadora.

Note, Alcli, que o mito é uma forma de o homem se situar no mundo, isto é, de encontrar seu lugar entre os demais seres da natureza. O pensamento mítico envolve ou relaciona elementos diversos, fazendo-os agir entre si, dando um sentido metafórico às coisas e aos fatos e mantendo vínculos secretos que necessitam ser desvendados.

— De novo, está ficando difícil de entender.

— Faça um esforço... A mãe, que hoje tem uma filha sequestrada, está vivendo o mito de Demeter, a deusa grega que teve sua filha raptada por Hades. A mãe está vivendo a mesma situação de perda que o mito relata.

— Por isso é que se diz que o mito é um farol?

— Sim, ele mostra um caminho que já foi percorrido por alguém e que talvez possa nos guiar também.

CAPÍTULO 5

Ogum – O Senhor da Guerra

Figura 26

Banco de imagens: freepik.com

O candomblé

A partir da colonização, logo após o descobrimento, enquanto a nação brasileira corporificava, os negros foram trazidos para o trabalho escravo de diferentes partes do continente africano, de uma multiplicidade de etnias, nações, línguas e culturas.

Aqui chegando, foram conduzidos para diferentes capitanias e províncias, atendendo às necessidades do trabalho que alavancava a economia brasileira.

A prosperidade econômica estava relacionada à mão de obra escrava, não havendo possibilidade de progresso material sem tal trabalho. Os escravos vinham de onde fosse mais fácil capturá-los e mais rendoso embarcá-los. O tráfico era uma atividade econômica rentável na época. Ganhavam com essa atividade portugueses, brasileiros e traficantes de outras nações, mas também os africanos que caçavam e vendiam africanos.

A África já praticava o cativeiro muito antes da descoberta da América e enviava para a Europa os negros capturados. Cada cidade africana era politicamente autônoma e governada por seu obá, ou rei, porém, poderia dominar outras, formando uma sociedade mais ampla.

Estudando, aprendi que algumas dessas cidades ocupam papel especial na cultura religiosa que se reproduziu no Brasil: Ifé, a cidade sagrada, era considerada o berço da humanidade; Oió, a cidade de Xangô; Ketu, cidade de Oxóssi; Abeokutá, centro de culto a Iemanjá.

Com a divisão dos grupos negros pelas fazendas, as tradições também se fracionaram, e, com o passar do tempo, muitos elementos culturais perderam-se, pois o escravo que aqui chegava recebia frequentemente não a designação de sua verdadeira etnia, mas a do porto no qual havia embarcado. Com o fim da escravidão, acredita-se que a população negra buscou integrar-se à sociedade brasileira, não como africanos, mas como brasileiros, perdendo o contato com as próprias origens.

É em meio a esse cenário que o candomblé atravessa o tempo, e o culto dos orixás chega até nós:

- os orixás que protegem a cidade;
- os orixás que protegem a família do rei;
- os orixás que protegem o mercado;
- os orixás que protegem o centro econômico;
- os orixás que protegem a sociabilidade da cidade;
- e outros que podem ser adotados por livre escolha por cada um.

Dentro da tradição, o chefe da família, antigamente, é quem deveria receber a divindade em transe ritual, durante as grandes celebrações festivas.

O culto ao orixá da adivinhação, chamado Orumilá ou Ifá, é praticado fora do âmbito familiar pelo babalaô (sacerdote do candomblé), encarregado de interpretar o futuro das pessoas, adentrando o desígnio dos deuses.

Com o desmembrar da família africana no Brasil, por serem vendidos até individualmente, perdeu-se a divindade familiar e, com ela, a identidade sagrada. Hoje, não há mais a crença cultural de que cada ser humano descende de uma divindade. Então a descendência baseada na família consanguínea substituiu a concepção mítica das linhagens.

O sujeito passou a ter um orixá de cabeça, que só pode ser revelado por meio do oráculo, que, no Brasil, passou a ser atributo dos chefes do terreiro, os pais ou as mães de santo, que abarcaram para si o poder da adivinhação.

A tradição conta que a nação iorubá acalenta a crença de que a humanidade descende dos orixás — não de um único orixá —, mas cada povo herda suas características, seus desejos, sua forma de ser de determinado orixá, como os mitos narram.

Retorno as histórias para observar que os orixás são muito próximos dos humanos: uns lutam contra os outros, na defesa e ampliação de seus domínios, tal como os humanos fazem uso de estratégias, de ardis, verdadeiras arapucas, como fazem nossos políticos.

Mais do que uma vez nos deparamos, nos contos, com intriga e dissimulação.

Os orixás amam, odeiam, conquistam e são conquistados.

Vejo o orixá como um arquétipo da divindade, e, como arquétipo, ele abriga perfeitamente a descrição acima: "conquistam e são conquistados, amam e odeiam", isto é, trazem em si uma completude, os dois lados da mesma moeda, o que no catolicismo não ocorre, ficando a dicotomia, a divisão de bem e mal, em que Deus é o bem e o Diabo é o mal.

Os registros históricos contam que a primeira casa de candomblé foi instalada na Bahia em 1855, no local em que permanece até hoje. Considerada, atualmente, patrimônio histórico do Brasil, essa casa é um marco e, como outras, sofreu muitas represálias de autoridades políticas.

Muitos terreiros sobreviveram às retaliações, e a pesquisa nos conduz hoje ao terreiro de Gantois, que foi tombado como patrimônio histórico pelo Instituto do Patrimônio Histórico e Artístico Nacional (IPHAN) em 2002. Gantois foi liderado no período de 1922 a 1986 por Mãe Menininha. Atualmente, o terreiro é presidido por Mãe Carmem, filha carnal de Mãe Menininha. A líder atual coordena projetos sociais voltados à população em Salvador, na Bahia.

E, em toda a sua trajetória, o candomblé preserva a crença nos orixás.

— Aparecida, já conversamos sobre Exu, o Senhor das Mensagens; sobre Euá, a Senhora da Intuição; e agora gostaria de saber um pouco sobre Ogum.

— O mito relatado nos conta que:

Ogum ensina o segredo do ferro aos homens

Quando Obatalá criou a Terra, houve um tempo em que os orixás (divindades) e os humanos trabalhavam igualmente.

Todos viviam na terra de Ifé (cidade, berço da civilização afro) e para o próprio sustento caçavam, pescavam e plantavam.

Para que essa atividade de sustento fosse feita, eles usavam objetos feitos de pedra, de madeira ou de metal mole.

Como não havia instrumentos de qualidade, o trabalho era feito com dificuldades, exigindo grande desempenho.

À medida que a população crescia, a comida diminuía.

Era preciso maior plantio, para se obter maior produção; mais gente, mais comida.

Então fizeram um conselho de orixás para administrar a situação. Eles precisavam pensar como fariam para limpar o terreno, isto é, pensar na derrubada de árvores buscando mais espaço para a plantação.

Ossaim, o orixá da medicina, de boa vontade anunciou que ele iria limpar o terreno. E foi.

Mas sua ferramenta de trabalho era de metal mole, então não conseguiu fazer a limpeza.

As outras divindades também se voltaram para o intento, mas sempre sem sucesso.
Ogum estava só observando, sem nada dizer. Ogum era detentor do segredo do ferro.
Quando todos tentaram, mas nenhum orixá havia obtido êxito, Ogum pegou seu facão de lâmina de ferro e fez uma derrubada de árvores, limpando o terreno para a lavoura.
Os demais orixás ficaram assombrados com tamanho desempenho, indagaram a Ogum de que material era feito seu sólido instrumento; nunca tinham visto nada tão eficiente.
Ogum contou que seu facão era feito de ferro,
um segredo que ele tinha recebido do orixá da sabedoria, Orumilá.
Os orixás ficaram com inveja de Ogum.
Ele detinha um segredo que o tornava mais forte e mais poderoso: o ferro.
O ferro era um grande aliado não apenas na agricultura, mas também na caça e, mais ainda, indispensável na guerra.
Os orixás muito pediram a Ogum que lhes ensinasse o segredo.
Ogum se calava.
Em novo conselho, os orixás decidiram fazer um trato com Ogum.
Eles ofereceriam o reino dos orixás a Ogum, se Ogum lhes ensinasse o segredo do ferro,
para que eles também tivessem armas e instrumentos tão resistentes quanto os que Ogum usava.

Ogum aceitou o trato.
Quando os humanos se aperceberam da proposta aceita, também se aproximaram e rogaram o conhecimento do ferro.
Ogum repartiu o conhecimento,
Ogum lhes deu o conhecimento da forja, divindades e humanos aprenderam o uso do ferro.
Todos puderam fazer seus pertences.
Ogum aceitou o reino oferecido, mas Ogum gostava muito de caçar.
Ogum dividia seu tempo entre o comando do reino dos orixás e suas caçadas.
Um dia Ogum saiu para caçar, embrenhou-se na mata.
Tempos difíceis, animais escassos.
Ogum regressou da floresta esfarrapado, esmolambado, sujo.
Os orixás resolveram destituí-lo da liderança do grupo, afinal um rei não pode ser um esfarrapado qualquer.
A desilusão de Ogum foi grande, pois, quando os orixás necessitaram, ele os serviu. Agora que eles sabiam o segredo da forja, o mandavam embora...
Ogum muito entristecido tomou um banho,
vestiu folhas desfidas de palmeira, apanhou suas armas e foi embora.
Depois de muito andar chegou num lugar bem distante chamado Irê, resolveu ficar por ali e construiu uma casa embaixo de uma árvore de acocô.
Os homens não esqueceram Ogum, até hoje comemoram, fazendo uma festa em sua homenagem.

*Os ferreiros, os soldados, os caçadores
e outros que buscam vencer demandas
fazem suas oferendas a Ogum.
Ogum, o senhor do ferro, é o vencedor
de demandas.*

Como você pode notar, Alcli, esse conto pertence àquela ala dos que admitem que os orixás já viveram na Terra.

"Quando Obatalá criou a Terra, houve um tempo em que os orixás (divindades) e os humanos trabalhavam igualmente".

Numa clara alusão de que somos todos humanos ou orixás, criaturas de um Criador e que todos trabalham e diante Dele vivemos em igualdade.

— Mas, Aparecida, eu não vejo igualdade nenhuma nem entre os humanos...

— Disse muito bem: "Eu não vejo", o que não quer dizer que não haja. Nosso olhar é curto diante da eternidade. Mal conhecemos os eventos desta encarnação.

— Já entendi. Você é reencarnacionista.

— E você não?

— Não estou muito seguro disso... de outras vidas. Mas me fale de Ogum.

— Ogum é um orixá que nos remete ao arquétipo do guerreiro. Se estivéssemos falando de mitologia romana, o deus da guerra é Marte e, na Grécia, ele se chama Ares. Os nórdicos o chamariam de Thor. Cada povo lê o arquétipo segundo sua cultura.

— Se estou entendendo corretamente, cada orixá corresponde a um arquétipo?

— Acertou!

— E arquétipo é um núcleo de força?

— Acertou de novo. E ainda pode acrescentar que é um núcleo de força de origem numinosa. Podemos entender Ogum como uma força guerreira, uma força de coragem dentro de nós. Uma força interna, que pertence a toda a humanidade.

Quando o mito diz: "Todos viviam na terra de Ifé", podemos entender que está nos remetendo a um tempo passado, bem lá atrás, nos primórdios da humanidade, num tempo que a história chama de Antiguidade.

— Como você sabe?

— Porque eu pesquiso. Ao estudar o mito afro, aprendi que Ifé é o berço da cultura iorubá; é o lugar de origem desse grupo étnico. E o mito diz ainda mais:

"Para que essa atividade de sustento fosse feita, eles usavam objetos feitos de pedra [...]."

Lembra-se das aulas de história que esbarravam na geologia, que falavam das idades ou das eras e tentavam explicar a evolução do planeta?

— Eu nunca estudei geologia. Quero saber do orixá.

— Aff! O estudo da geologia é aquele que explica a formação da crosta terrestre, fazendo uma divisão do tempo em eras, nas quais acontece a história evolutiva do planeta. Mas, certamente, você já ouviu falar de uma época chamada Idade da Pedra.

— Já. É quando alguém se refere a alguma coisa muito antiga.

— É isso mesmo. Lá atrás, na Antiguidade, aconteceu primeiro a Idade da Pedra e depois a Idade dos Metais. O mito fala de armas feitas de madeira e pedra.

— Entendi. É uma referência a um tempo muuuuuuuuito distante.

— E ainda sugere que homens e orixás foram saber de Ogum qual era o segredo da arma dele. Onde ele havia encontrado uma arma de metal tão eficiente? Naquele tempo, ninguém na África estudava geologia, então, era o mito que marcava o compasso do conhecimento, a referência de tempo. Entendeu?

— Entendi... Então, é por isso que o texto diz: "[...] eles usavam objetos feitos de pedra, de madeira ou de metal mole". Por isso o trabalho exigia grande esforço.

— O trabalho sempre exige esforço. É do treino que vem a excelência, seja um trabalho físico ou intelectual.

"À medida que a população crescia, a comida diminuía./ Era preciso maior plantio, para se obter maior produção; mais gente, mais comida."

— Note que aqui a alusão é ao trabalho físico. A questão era de ordem social: o aumento da população solicitava o aumento de produção agrícola, o que leva a uma necessidade de melhor técnica para maior produtividade, ou seja, usar ferramentas de madeira ou de pedra não traria o resultado desejado. Perceba aqui a busca por novos métodos e conhecimentos.

"Então fizeram um conselho de orixás para administrar a situação. Eles precisavam pensar como fariam para limpar o terreno [...]."

A reunião dos orixás diz respeito à semente do poder legislativo: decidir o que fazer diante da questão. Para remover as árvores do terreno, bem como para o plantio, precisariam de ferramentas adequadas. É uma amostragem do consenso.

— Consenso?

— Sim, consenso. Uma concordância ou uniformidade de opiniões, ou pelo menos da maioria dos sujeitos de uma coletividade.

"Ossaim, o orixá da medicina, de boa vontade anunciou que ele iria limpar o terreno. E foi."

Ossaim, o orixá da medicina (uma das facetas do arquétipo do curador), era filho de Nanã e Oxalá. Na umbanda, é chamado de Ossanha, o Senhor das Folhas. Naquele tempo, não se falava em fitoterapia, mas no segredo das ervas. Alcli, você está entendendo a relação dos fatos?

— Estou achando interessante seu ponto de vista.

— Então, vamos adiante. "[...] ele iria limpar o terreno. E foi." Fala de uma ordenação dos fatos, de um método: primeiro limpar o terreno para depois plantar.

Ossaim ou Ossanha foi limpar o terreno, mas não foi bem-sucedido, o que aconteceu com todos os deuses que tentaram.

Só Ogum, que era detentor do segredo do ferro, não tinha dito nada até então.

Ogum foi até a mata e limpou o terreno, pois tinha a ferramenta adequada, a força necessária, um objetivo claro e sabia como conectá-los. Resultado da conexão de forças: terreno limpo.

Qual é o resultado da coesão de suas forças, Alcli?

— Vou observar.

"Os demais orixás ficaram assombrados com tamanho desempenho,/ indagaram a Ogum de que material era feito seu sólido instrumento; nunca tinham visto nada tão eficiente."

Aqui fica bem clara a passagem da Idade da Pedra para a Idade do Metal, mas não basta o conhecimento da existência do metal, isto é só o começo. Agora é preciso conhecimento e habilidade para forjar o metal.

— Forjar o metal?

— Formatar, dar forma ao metal. Não basta encontrar o metal; é preciso saber como utilizá-lo.

— É! Mas o conto diz que os orixás invejaram...

"Os orixás ficaram com inveja de Ogum./ Ele detinha um segredo que o tornava mais forte e mais poderoso: o ferro."

— É verdade. Nos mitos, as divindades têm um lado iluminado e um lado sombrio, como os humanos.

— É! Mas é feio sentir inveja.

— Alcli, antes de julgar um sentimento, o caminho é conhecê-lo. A saúde mental passa por não negar aquilo que se sente, para que, posteriormente, eduquemos o sentimento. Saiba que a inveja tem um lado nobre.

— Qual?

— Mostrar à consciência do sujeito aquilo de que ele gosta. Ninguém tem inveja de coisa ruim. Era ruim o uso do ferro?

— Não. Era bom que mais gente também conhecesse o uso do ferro, mas Ogum não deu o segredo; ele negociou o segredo.

— Perceba que, nessa parte, o mito fala de uma conquista: o uso do ferro. Tire o ferro das ferramentas e das indústrias e o que acontecerá?

— Haverá um caos, um retrocesso para toda a humanidade.

— É isso mesmo. É preciso olhar para o mito de forma mais profunda, mais ampla, e perceber a direção para a qual ele aponta. O mito é mais que um conto; é uma narrativa simbólica utilizada para explicar os fenômenos da natureza, a origem do mundo e do homem. Por trás dela, há uma constelação de ideias, de significados. O ser humano possui a característica de elaborar, de organizar símbolos.

Ogum traz o conhecimento do uso do ferro para os orixás e para os homens, e isso significa para a humanidade dar um passo adiante no caminho das conquistas.

Falar de Ogum é falar do arquétipo da agressividade e de suas múltiplas facetas; é falar de um bandeirante, de um grande guerreiro, de um vencedor. Na história da humanidade, em qualquer cultura, aparece o tema mítico do guerreiro.

— Tema mítico do guerreiro?

— É! De pessoas que estão presentes naquilo que fazem. De pessoas possuidoras de grande força, energia, vigor. De pessoas com iniciativa. Pense num guerreiro que não possua essas qualidades...

— Não vai prestar.

— Quando pensamos num guerreiro, trazemos à mente a imagem de um sujeito pioneiro, executivo, impulsivo.

— Eu pensei em alguém de coragem, independência, dinamismo.

— É isso, Alcli! Estamos descrevendo o arquétipo do guerreiro, de alguém que tem a força de um dominador, por vezes até violento, intolerante ou arrogante.

— São os dois lados da moeda.

— Isso mesmo. Daí a necessidade de educar nossas forças interiores.

— Um arquétipo é uma força interior?

— Sim! É uma força que está presente em toda a humanidade.

— Todo mundo abriga um guerreiro em si?

— Sim.

— Oras! Conheço gente que não tem guerreiro nenhum em si...

— Todos trazem o potencial, a semente; uns o desenvolvem, outros, não. Há aqueles casos em que a semente continua guardada, e o sujeito nem desconfia de que a tem.

— Todos têm?

— Sim. A natureza não criou ninguém de segunda linha. O potencial é para todos, porém, o que acontece quando não plantamos nossa semente?

— Ela não brota.

— Ótimo. Você está entendendo. Vamos adiante. Não brotar não quer dizer que ela não exista. A semente está apenas esquecida no fundo da gaveta.

— Quando nascemos, trazemos nossos potenciais, nossas sementes, mas, para que sejam transformados em habilidades, em capacidade, é preciso treino. Esses potenciais são os arquétipos, e a agressividade é um dos mais importantes.

— Agressividade, Aparecida? Você acha bom sair agredindo os outros por aí?

— Não é isso, Alcli. Não dessa forma. Preste atenção: você pode ter: agressividade bem conduzida = coragem; agressividade mal-conduzida = violência.

Agressividade é o nome da força. É o sujeito quem decide o uso e a direção da força.

Assim como o leite é a matéria-prima da manteiga e do queijo, a agressividade é a matéria-prima da coragem. Se você jogar fora o leite, não terá queijo; se jogar fora a agressividade, não terá coragem. Educar a agressividade é tarefa do sujeito. Educar uma força arquetípica é tarefa hercúlea. Ogum é a representação do arquétipo da agressividade.

— Como? Uma divindade da agressividade?

— Sim, Alcli! Diferentemente das divindades do catolicismo...

— Alto lá! O catolicismo não tem divindades; tem divindade, no singular.

— Mais ou menos, porque tem anjos, arcanjos, serafins, querubins, os santos, homens que foram canonizados e habitam a corte celeste, o que se assemelha muito àquela vertente que diz que o orixá já viveu entre os homens... Não se esqueça de que o mito usa uma linguagem metafórica.

Retomando o raciocínio, diferentemente das divindades do catolicismo, os deuses africanos traziam, como os homens, características positivas e negativas. Você pode observar nos contos: Ogum era um bravo guerreiro que a umbanda canta como um vencedor que demanda.

— Canta?

— Sim, há o ponto cantado, que é um cântico de invocação, de chamamento da entidade, seja para o convívio nas reuniões ou para ser homenageado. Os pontos são preces que conectam o sujeito à divindade por meio da música e expressam respeito, obediência e amor ao orixá. Os cânticos fazem parte dos rituais e aparecem em todas as religiões. Em cada cultura, revestem-se de características próprias: na umbanda, sob a forma de pontos cantados; para os indianos, na forma de mantras; no catolicismo, são os cantos gregorianos ou a música sacra; no protestantismo, os cantos de louvor a Deus.

Tive alunos que se recusavam a cantar o Hino Nacional sob a alegação de que cantar só era permitido se fosse para Deus. Cada um com a sua crença.

Ogum é, na mitologia afro, a representação do arquétipo da agressividade, enquanto Murugan é um deus hindu da guerra. Cada um com suas conotações culturais específicas.

A agressividade é um atributo natural do ser, cuja função é defesa diante dos perigos enfrentados ou de ataques recebidos.

— A agressividade sempre surge na defesa de?

— Há um provérbio que diz que a melhor defesa é o ataque. Vamos observar a natureza: quando a leoa tem seus filhotes e outro animal se aproxima, ela o ataca para defendê-los. É da natureza do ser atacar quando se vê acuado.

— No caso do ser humano, temos ataques físicos e verbais. As pessoas brigam e xingam — disse Alcli.

— Vá um pouco adiante e você encontrará os ataques energéticos. Ataques, violências, xingamentos, ofensas fazem parte do pacote da agressividade. Outras vezes, não houve nada disso. Basta um simples comentário, até sem intenção de magoar, para o sujeito se sentir ofendido. A agressividade é um tema que sempre requer reflexão, pois o controle sobre a "ofensa" está nas mãos daquele que se sente ofendido.

— Por quê?

— Porque é ele, e não o ofensor, que determinará o quanto essa ofensa, o quanto o comportamento do outro, pode invadir seus pensamentos e roubar sua tranquilidade. Você pode me xingar, e eu posso não dar a menor atenção a isso. Mas nem só brigas, socos e xingamentos acontecem no universo da agressividade. Observe esse esquema. É bem elucidativo:

Figura 27

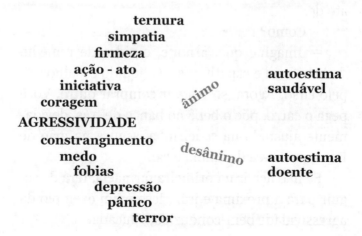

Tomando a agressividade como uma força natural (um arquétipo), se devidamente educada e treinada, atingiremos o nível da coragem.

Precisei de coragem para escrever uma monografia no meio acadêmico intitulada *Mediunidade Clínica*. Precisamos de coragem para enfrentar o trânsito da cidade de São Paulo, para enfrentar uma doença grave, para enfrentar um luto. Precisamos de coragem para o enfrentamento.

Um degrau adiante na nossa escala, quando já transformamos a agressividade em coragem, seguimos para a iniciativa. É da agressividade que se origina a iniciativa, a proatividade. Há momentos em que precisamos tomar uma iniciativa em situações de emergência, nas quais não há tempo para esperar que o outro chegue e assuma a direção.

A iniciativa por si demanda uma ação, um ato de.

— Como?

— Imagine que, à noite, o vidro de remédio do bebê caiu e espatifou-se. O líquido espalhou-se pelo chão. Agora, só resta ir comprar outro. Você pega o carro, põe o bebê no banco de trás, devidamente ajustado na cadeirinha, segura na mão de Deus, enche-se de ânimo e vai.

Se não achar na primeira farmácia, terá de seguir para a próxima e irá... Isso é um exemplo da agressividade bem-conduzida, educada.

Na jornada arquetípica, o próximo ponto é a firmeza, que já vem se desenvolvendo no decorrer do processo. Ninguém ganha firmeza de um momento para outro. Há um desenvolvimento anterior. O sujeito vai tornando-se mais seguro, mais firme, e transformando-se naquele tipo que sabe o que quer e como conseguir. Ele vai conquistando estabilidade interior, vai aprendendo a lidar com os impulsos e deixando de simplesmente ser dirigido por eles.

A firmeza distanciou-se tanto da rigidez quanto da permissividade. A firmeza é aquele ponto em que agimos com segurança, mas sem autoritarismo. O sujeito é firme no pensar, no sentir, nas atitudes, nas decisões e reflete isso em seu comportamento consigo mesmo e com os demais, estendendo para suas relações, inclusive as de trabalho, e estabelecendo um vínculo de confiança necessário como base indispensável a qualquer relacionamento.

Já pensou em uma aula em que você não possa confiar no professor, porque ele não é firme em seus atos? Ou em uma consulta em que você não sinta firmeza em seu médico ou em seu advogado?

Você está entendendo o alcance da agressividade educada? Você está entendendo o que é educar uma força arquetípica?

— Estou tentando.

— Que bom para você, que vai adquirir uma nova ferramenta de uso pessoal. Ninguém pode ter firmeza por você, pois isso não é sorteado pela loteria nem vendido no bazar da esquina; é uma conquista pessoal.

Nesta altura, a autoestima do sujeito já é saudável. Ele tem confiança em si, na vida e em Deus. Sua firmeza ganha simpatia, e ele consegue dizer não com leveza, dizer não até com ternura, e não tem receio de externar sua forma de pensar ou sentir.

— É com firmeza que se ganha simpatia?

— A palavra simpatia vem do grego *sypatheia*, ou do latim *sympathia* e refere-se a um sentimento de solidariedade, de boa disposição favorável, de empenho para com os outros, de afabilidade. A pessoa pode ser ao mesmo tempo firme, simpática e bem-humorada. Um médico pode ser firme na condução de um tratamento, convicto de seu conteúdo, e ainda ser gentil e amistoso. Um coordenador pode ser firme em seus conceitos, sem deixar de ser simpático.

Podemos entender a simpatia como um sentimento de afinidade por determinada pessoa, o que facilita ao sujeito estabelecer um encontro harmônico com o outro. Podemos simpatizar com amigos ou conhecidos, com os quais partilhamos interesses ou valores, e neles encontramos alguma compatibilidade ou complementaridade para a nossa dinâmica.

Simpatia é uma forma leve e sincera de se relacionar com as outras pessoas.

Pense naquele velho professor que não se irrita com o aluno que não entendeu a lição. Ele sorri, compreende que o tempo de maturidade do outro ainda não chegou, pensa no processo com ternura e aceita com serenidade que seu aluno ainda não compreende. A mãe aceita com ternura um bebê careca, desdentado e chorão.

— Um deus da guerra, ou seja, Ogum dos africanos ou Marte dos romanos, pode um dia ser simpático ou agir com ternura?

— Minha professora de mitologia dizia: "Só Vênus (deusa do amor) acalma Marte (deus da agressividade)". As coisas não são paradas. Tudo está em movimento, inclusive os arquétipos.

— Um arquétipo em movimento. Preciso de um tempo para assimilar isso.

— Você tem a eternidade, se necessário.

— Aff! Mas há os degraus da parte de baixo do esquema. Você ainda não falou deles.

— Quando não elaboramos ou simplesmente sufocamos nossa agressividade, o rumo da escada é para baixo. Num primeiro momento, se nos falta coragem de ser quem somos, vestimos uma forma qualquer de viver que nos foi apresentada e vamos seguindo, sempre agindo de acordo com a opinião externa.

O sujeito vai perdendo a espontaneidade e, se vier à tona um pouco de si mesmo, pode chegar ao constrangimento, diminuindo seu espaço de ser.

É aquela pessoa que sente vergonha de si. Você se sente constrangido em algumas situações, Alcli?

— Antes sim, mas agora nem tanto.

— Que bom! Porque, se fosse diferente, seria hora de mudar o rumo das coisas, antes de despencar para o medo. Há gente que chega aqui na clínica com medo de sentir medo; outros somatizam o medo, aumentando os batimentos cardíacos e acelerando a respiração, ou seja, desencadeiam sintomas no corpo.

— A seguir, você colocou fobias. O que são fobias?

— Fobias são medos incontroláveis, chamados de irracionais e psiconeuróticos. São medos de objetos ou situações que geralmente não apresentam um perigo real.

— São muitas as fobias?

— São. O número é imenso. Os dicionários médicos trazem uma lista enorme delas.

— Me fale de algumas, por favor.

— Fobia vem do grego *phóbos,* que quer dizer aquilo que amedronta. Alguns exemplos:

- claustrofobia – medo incontrolável de lugares fechados;
- acrofobia – medo incontrolável de altura;
- aracnofobia – medo incontrolável de aranhas.

— Ah! Mas existem aranhas venenosas.

— Sim, mas já tive cliente que não podia ver aranha nem em filmes, pois ficava aterrorizado. Então, é aracnofobia. Não existe perigo real em assistir a um filme, em que apareça uma aranha em cena... percebe? A maior parte das fobias tem sua origem em experiências remotas, quase sempre na infância.

— E depressão?

— É um conjunto de sinais ou sintomas associados, que, juntos, formam o quadro de uma doença.

— Não entendi.

— Na depressão o sujeito tem:

- abatimento físico (insônia, fadiga, ausência de apetite);
- abatimento moral (desolação, perda do amor-próprio, desinteresse).

A depressão é um distúrbio caracterizado por abatimento, perda de interesse, falta de concentração, baixa autoestima e alterações psíquicas, resultante de fracassos ou decepções, estresse mental, problemas reais ou imaginários, entre outras causas. Daí falarmos em uma síndrome ou um conjunto de sinais de abatimento. Sabe, Alcli, a depressão, lá no fundo, é falta de agressividade...

— Aff! Nunca pensei que depressão pudesse ser falta de agressividade. Então, seguindo seu raciocínio, a síndrome do pânico é na mesma direção?

— Acertou. Na síndrome do pânico, a pessoa já perdeu o pé da situação, e o corpo apresenta múltiplos sintomas: dor no peito, fraqueza, tontura, desmaio, sensação de estar deslocado, medo de morrer, náuses, palpitações, taquicardia, sensação de falta de ar, sufocamento, boca seca, formigamento nos pés e nas mãos, tremor, tensão muscular, agitação, impaciência, dificuldade na fala, suor, calafrios, ondas de calor etc.

— Imagino, então, que terror é um medo sem medida.

— É! Pense num medo intenso.

— E isso tem cura?

— É um processo que pode ser reversível, mas não espere chegar a esse ponto para buscar ajuda. Tudo o que se busca ajuda no início do processo, tem-se maior chance de êxito.

Talvez, fique mais fácil entender agora por que é "Ogum que vence demanda". O que se espera de um guerreiro? Que ele seja, no mínimo, corajoso, senão nem seria um guerreiro.

Quando o sujeito se dirige a Ogum e faz seu pedido é porque ele mesmo não está vencendo seus desafios, ele mesmo não está vencendo sua demanda, então, pede a Ogum que o ajude, porque Ogum representa a coragem, a luta, a vitória.

O ponto diz:

> *Na porta da romaria*
> *Eu vi um cavaleiro de ronda*
>
> *Na porta da romaria*
> *eu vi um cavaleiro de ronda*
>
> *Ele trazia um escudo no peito*
> *e uma lança na mão*
> *Ogum guerreou*
> *venceu a guerra*
> *e matou o dragão.*

— O que sugere?

— Um guerreiro destemido, que pode até matar um dragão, isto é, que pode enfrentar um grande perigo.

— Na ação de Ogum, você pode reconhecer os passos do processo terapêutico.

— Como? Não entendi.

— Preste atenção:

a) Ocorreu um evento traumático, uma coisa grave, desafiadora, que o sujeito não soube solucionar naquele momento. Então, ele foi em busca da ajuda de Ogum, o orixá guerreiro, ou de São Jorge, ou São Miguel Arcanjo, que é a versão católica de Ogum. Entendeu? O sujeito identificou a dificuldade e partiu em busca da solução, que ele não via em si, mas projetada na figura do orixá ou do arcanjo.

b) Ao identificar a ajuda necessária na figura do orixá, o sujeito mobilizou suas forças interiores que o ajudaram em sua libertação emocional. Ele não acreditava em si, mas acreditava no orixá, a quem atribuía amplos poderes (por projeção) de enfrentamento e solução da questão. Aqui, destaca-se que o sujeito cria na solução, ainda que acontecesse através do orixá.

c) Dessa forma, criou-se um mecanismo capaz de atuar no enfrentamento do medo, porque o poder do orixá, do anjo, de Deus ou do exu vai ajudar. É nisso que o sujeito acreditava: na ajuda, não importando a quem ele a atribuísse.

d) Foi hora, então, de entrar com o treinamento mental que o auxiliasse na dissolução das reações involuntárias de pânico. O sujeito criou mecanismos mentais de enfrentamento ou reversão do medo, quando desenvolveu sua força.

e) O treinamento repetido levou-o a enfrentar e depois barrar ou dissolver o estado de transtorno ou estresse. Há técnicas para isso.

f) À medida que o sujeito ganhou confiança em si, isso facilitou o encontro de novas estratégias diante de novos desafios para gerenciar sua ansiedade, tornando-se, assim, capaz de retomar o controle de sua paz interna.

Entendeu agora?

— Tudo isso é muito novo para mim. Preciso de tempo para assimilar. Você disse que "o sujeito identificou a dificuldade e partiu em busca da solução, que ele não via em si, mas projetada na figura do orixá ou do arcanjo". Traduza, por favor.

— Quando o sujeito está diante de uma situação desafiadora, o importante não é enterrar a cabeça na areia, como faria o avestruz, mas buscar solução.

Se ele vai buscar solução é porque, em algum lugar dentro de si, crê nessa solução. Por algum motivo, ele sabe que é viável. Do ponto de vista psíquico, o sujeito não vê a solução (do desafio) com clareza na consciência, porém inconscientemente guarda a possibilidade que não observa dentro de si, mas que projeta fora, no caso presente, projeta no orixá, em Ogum, pois o que ele pede a Ogum é a solução.

— Aparecida, o conto diz:

> *Eles ofereceriam o reino dos orixás a Ogum, se Ogum lhes ensinasse o segredo do ferro, para que eles também tivessem armas e instrumentos tão resistentes quanto os que Ogum usava.*

Fale-me um pouco dessa troca entre eles.

— Considerando que os orixás são vistos como forças arquetípicas ou núcleos energéticos existentes em cada ser, eles queriam uma troca. Queriam trocar a ignorância pelo conhecimento e, como paga, dariam o controle, a administração, o comando do reino a Ogum. Eles fizeram uma troca da mesma forma que trocamos coisas hoje: "toma lá, dá cá".

Todo conteúdo inconsciente busca um lugar na consciência. Há uma troca de "lugares" dentro do ser. Potenciais que estavam dormindo no inconsciente buscam um espaço na consciência. Essa é a troca.

— Entendi. Mas como você interpreta o texto: "Ogum lhes deu o conhecimento da forja, [...]".

— Podemos interpretar que Ogum, a força guerreira, lhes deu o conhecimento da forja. Daquele momento em diante, eles poderiam usar tal conhecimento e forjar, formatar aquilo que sua consciência solicitasse, segundo suas necessidades:

ferramentas, armas, panelas, utensílios etc. E isso se estendeu também aos humanos.

O homem tem potencial, tem força em si (seu Ogum interior), que pode ser usada, forjada como uma força construtiva, a coragem, ou como violência. Ele arbitra segundo seu nível de consciência.

— Você está dizendo que posso usar a força da divindade, a força do orixá, segundo meu nível de consciência? Não é um pouco exagerado?

— Saiba que a crença é livre. Você acredita no que escolhe acreditar.

— Como você vê o fato de os orixás destituírem Ogum do reinado?

"A desilusão de Ogum foi grande, pois, quando os orixás necessitaram, ele os serviu. Agora que eles sabiam o segredo da forja, o mandavam embora..."

— É o mito mostrando a natureza móvel das coisas... Tudo muda: o corpo, as situações, o tempo, os costumes, inclusive o governante. Olhe para seu redor e veja o quanto isso é verdadeiro.

— O relato ainda conta que Ogum se decepcionou com seus comandados.

— O mito é um sistema de comunicação, uma forma de mostrar algum significado, um jeito de contar algo sobre o inconsciente coletivo. Os orixás representam uma dimensão do ser. Ogum também era um orixá, ou seja, uma dimensão nossa que necessita ser acessada para depois ser compreendida, utilizada, educada.

Uma força sem direcionamento pode ser um perigo.

Não conseguimos agradar a todos o tempo todo. Faz-se necessário educar nossos impulsos, nossas emoções, nossa agressividade.

A humanidade ainda não cultua a educação emocional, mas, no futuro, a pedagogia certamente se ocupará do ser para além de seu potencial intelectual. E o mito está apontando para essa direção: elaborar nossas questões.

Faz-se necessário ao ser, aprender a trabalhar com as frustrações, pois a Vida já demonstrou que, sem sombra de dúvidas, elas ocorrerão. Até Ogum se decepcionou e procurou uma forma de lidar com esse sentimento: "Ogum muito entristecido tomou um banho,/ vestiu folhas desfidas de palmeira,/ apanhou suas armas e foi embora".

— Minha avó diria: "Mais vale uma distância saudável que uma proximidade neurótica". Nós vamos aprendendo com a vovó e com o conto mítico. Alcli, como você reage às suas frustrações?

— Fico bem chateado.

— E o quê mais?

— Ah! Não sei explicar.

— A frustração acontece quando temos um desejo não satisfeito. É o que sentimos diante da não realização da nossa expectativa, o que gera algum nível de tensão interna, alguma coisa parecida com tristeza ou aborrecimento. Em casos graves, gera desespero, mas tudo tem outra face...

— E qual é a outra face?

— O desejo frustrado é uma das características do processo de desenvolvimento do ser.

— O que você quer dizer com isso?

— Que, quando existe um problema, buscamos uma solução. Quando a gasolina ficou inviável, criou-se o carro a álcool.

Fique atento, porque ninguém consegue evitar por completo as frustrações. O bebê nem quer esperar a mãe trocar o bico da mamadeira. Ele chora, revelando seu descontentamento. Você também chora quando descontente?

— Não! Eu enfrento o descontentamento.

— Saiba que a saúde mental não depende de reconhecê-lo, mas da forma como o enfrentamos.

— Explique melhor, por favor.

— Há várias formas. Há pessoas que reagem com inquietação. O sujeito sente-se frustrado e entra numa inquietação, numa ansiedade. Anda de um lado para outro, fuma, rói a unha. Outros, quando não conseguem o que querem, usam de agressividade: dão um soco; chutam porta; "descontam" nos outros.

Há os que se retraem e ficam apáticos. Há também os que fogem da situação e largam tudo: "Ou é do meu jeito ou não faço".

Em termos pedagógicos, lembrando que sou professora, a frustração lembra um pisca-alerta.

— Por quê?

— É um sinal amarelo piscante, que dá um aviso: aqui está faltando desenvolver uma habilidade, e eu posso arbitrar se quero desenvolvê-la ou não. É opcional. É aqui que entra a coragem de solucionar. Coragem, iniciativa são coisas de Ogum. Entendeu?

— Estou tentando.

— Observe: sair chutando é agressividade; é a força de Ogum mal utilizada, enquanto desenvolver a habilidade requer iniciativa, coragem, que é a agressividade bem usada. Agora avalie suas respostas à frustração e, sob esse olhar, encare-a como uma oportunidade de crescimento.

— Vou tentar depois. Há outro conto de Ogum?

— Sim.

Ogum, rei de Irê

Ogum, filho de Oduduá,
em obediência a uma ordem de seu pai,
que reinava em Ifé,
foi combater as cidades vizinhas
para aumentar o reino paterno.
Das cidades conquistadas
Ogum trouxe para o reino de seu pai
suas conquistas de guerra,
escravos, animais e riquezas que foram
somados aos que já lhe pertenciam.

*Na mira de suas conquistas
Ogum lançou-se em luta contra Irê,
uma cidade cujo povo o detestava.
Ogum lutou, espalhando destruição e
morte por onde andava.
Decapitou o rei de Iré e como troféu recolheu sua cabeça num saco para presentear seu pai.
Parte do conselho do reino de Oduduá,
quando soube do acontecido,
foi ao encontro de Ogum antes que ele
entrasse na cidade.
Perguntaram se Ogum desejava a morte
de seu pai, o rei; se Ogum queria reinar
no lugar do pai, usurpando-lhe a coroa.
Ogum estranhou a pergunta, pois desconhecia a regra que um rei não deveria ver a cabeça decapitada de um
outro rei.
Ogum não sabia dessa norma.
Depois de muita conversa, ainda fora
dos muros da cidade de Ifé, Ogum acatou a ideia de entregar a cabeça decapitada do rei de Irê aos conselheiros
do reino.
O perigo fora contido.
Ogum chegou sem a cabeça do rei morto no palácio de seu pai.
Sua chegada foi festejada pelo rei,
seu pai, que, como recompensa ao filho
muito querido, lhe deu de presente o reino de Irê, com tudo que nele havia: pri-
sioneiros, escravos e riquezas obtidos
com aquela guerra.
Ogum havia conquistado tudo para
seu pai.
Seu pai o fez soberano do reino de Irê.*

— Quem é Odududá?

— Nessa versão, é uma divindade geradora de Ogum.

"Ogum, filho de Oduduá,/ em obediência a uma ordem de seu pai,/ que reinava em Ifé, [...]."

É a coragem, por vezes a ousadia, que leva o sujeito a agir em suas conquistas aumentando o patrimônio já existente. Você precisa de coragem para sua formação, para enfrentar a seleção natural da vida, para os desafios se quiser "aumentar seu reino".

Pergunte para o artista como foi o dia da primeira apresentação e todos os outros. Pergunte ao professor como foi sua primeira aula e, para o pianista, a primeira audição.

Sempre foi preciso coragem para o enfrentamento. Ogum é a coragem que nos habita para o enfrentamento das necessidades que temos.

"Decapitou o rei de Iré e como troféu recolheu sua cabeça num saco para presentear seu pai."

— Aparecida, é bonito isso?

— Não tome o mito ao pé da letra. Ele é simbólico. "Cortar a cabeça" é uma alusão à troca de ideias, outra cabeça, a outras ideias, o que representa uma renovação de situação.

— Mas os conselheiros disseram que Ogum desejava a morte do próprio pai — comentou Alcli.

Parte do conselho do reino de Oduduá, quando soube do acontecido, foi ao encontro de Ogum antes que ele entrasse na cidade. Perguntaram se Ogum desejava a morte de seu pai, o rei; se Ogum queria reinar no lugar do pai, usurpando-lhe a coroa.

— O que não era verdade; era apenas a interpretação dos conselheiros... Cada um interpreta com o nível de consciência que tem. Cada um vê o mundo com as lentes dos óculos que possui, que, muitas das vezes, podem até estar embaçadas.

"Ogum estranhou a pergunta, pois desconhecia a regra que um rei não deveria ver a cabeça decapitada de um outro rei./ Ogum não sabia dessa norma."

Como Ogum não conhecia esse tabu, agira independentemente dessa crença. Observe que o tabu pode trazer no seu bojo uma inverdade. Faça uma lista dos tabus que você conhece.

— Para quê?

— Para reanalisá-los, para ver se vale a pena mantê-los, ocupando espaço em sua mente.

"Depois de muita conversa, ainda fora dos muros da cidade de Ifé, Ogum acatou a ideia de entregar a cabeça decapitada do rei de Irê aos conselheiros do reino."

Observe aqui o valor da prevenção. A delegação foi discutir em território neutro: "fora dos muros da cidade". Precisamos de um território neutro interno para revermos nossas situações desafiadoras, isto é, precisamos baixar nossas armas, nossos mecanismos de defesa em algumas circunstâncias.

Aqui fica registrado o valor das explicações, da elucidação, dos esclarecimentos na eliminação dos "mal-entendidos". Ninguém tem a verdade absoluta. É bom ouvir a outra parte e considerar sua cultura, seus costumes, sua forma de ver o mundo antes de fecharmos opinião sobre a questão, afinal, todo mundo tem libra no mapa.

"O perigo fora contido."

— Reflita: qual é a impressão que o conto passa para você?

— De uma força primitiva: "cabeça decapitada".

— Pense em "cabeça decapitada" como crença que se descarta. Melhora? Lembre-se de não tomar a figura ao pé da letra, assim, o texto ficará menos indigesto.

O mitos afros falam de Ogum; os gregos também falavam do deus da guerra, que então recebe o nome de Ares; e os romanos o chamavam de Marte, que, muitas vezes, é representado trazendo numa das mãos a vitória e na outra um ramo de oliveira, que representa a paz proporcionada pela vitória. Na maioria das vezes, usa um capacete e empunha uma lança. O capacete lembra proteção de ideias e a lança, o movimento na conquista de.

Seus atributos habituais são o lobo, o escudo e a lança; é representado nas pinturas de Rubens com a espada empunhada como convém a um deus guerreiro.

Na crença dos romanos, Marte luta com gigantes. O culto a Marte tinha grande importância em Roma, onde era respeitado e honrado também como o deus da vegetação e da fertilidade.

Na Grécia, o deus da guerra era Ares, também conhecido como o deus da violência, deus sanguinário e detestado pelos imortais; era a personificação da carnificina.

A desaprovação dos gregos por Ares como grosseiro e bruto ao lado da reverência romana por Marte como honrado nos mostra bem as duas faces do arquétipo: de cintilação, o lado nobre, e de carbonização, o lado sombrio.

Precisamos do lado nobre de Ogum — a coragem — para sobreviver, crescer, conquistar, enquanto seu lado sombrio pode representar a força bruta, a raiva cega, a impetuosidade.

Precisamos da força de Ogum para nos capacitar na conquista da independência, que nos dá força para nos mantermos sobre nossos pés e fazermos nossas escolhas. Precisamos do ímpeto saudável de Ogum para apreender o que necessitamos, agarrarmos as oportunidades, atacarmos os problemas, dominarmos as dificuldades e lutarmos pelas soluções.

A força de Ogum está dentro de cada um de nós; é um atributo com o qual fomos dotados pela natureza (o arquétipo), e seu uso adequado depende do nível de desenvolvimento e sensibilidade de nossa consciência. Ela nos dará a forma de uso: se para o crescimento ou para a agressão e crueldade. A distinção entre elas nem sempre é muita clara a quem usa.

— Como?

— A criança rebela-se raivosamente contra a autoridade... Quantas vezes nos rebelamos contra a vida?

Ogum nos ajuda a atacar ou confrontar algo que nos prejudique, a correr riscos, a ousar, a afirmar nossa iniciativa, a afirmar nossa liberdade, nossa independência, nossa proatividade, tanto quanto nos traz a beligerância.

Ogum pode ser uma estimulação apaixonada, como uma corrida de Fórmula 1, ou ligado às guerras, está relacionado a acidentes, à competitividade forte, à ânsia pelo poder, pela liderança. Na falta da energia de Ogum, falta ao sujeito a coragem, o vigor, para fazer crescer seu potencial e realizar suas metas na vida. A falta da energia de Ogum leva o sujeito à depressão.

Ainda de acordo com o mito:

> *Sua chegada foi festejada pelo rei, seu pai, que como recompensa ao filho muito querido, lhe deu de presente o reino de Irê, com tudo que nele havia: prisioneiros, escravos e riquezas obtidos com aquela guerra.*
>
> *Ogum havia conquistado tudo para seu pai.*
>
> *Seu pai o fez soberano do reino de Irê.*

— O que lhe sugere esse final de conto?

— Que Ogum ganha recompensa após seus esforços.

— É a recompensa que a vida nos proporciona por desenvolvermos nossos potenciais.

Ogum lembra o elemento fogo, pois forjava suas armas em metal resistente.

Alcli, quais são suas armas resistentes para lutar por suas conquistas? Seu conhecimento, seu estudo, sua força em persistir diante de alguma adversidade?

— Eu estava pronto para dizer que não tenho armas.

— Podemos pensar em analogias, em simbologias. É um atributo humano o uso dos símbolos.

— É verdade.

— Agora pense: para forjar as armas, Ogum precisava ter uma força admirável e ainda a habilidade de lidar com o fogo para não se queimar. Nós precisamos dessa habilidade para lidar com nossos impulsos.

A alguns clientes que trazem uma agressividade intensa, à flor da pele, costumo não raro receitar a prática de um esporte ou a prática de disciplinas como tai-chi, ioga, karatê.

— Você está muito oriental.

— Também vale correr no parque, nadar ou fazer qualquer outro esporte ou exercício corporal que permita ao sujeito trabalhar de forma ordenada com a descarga catártica da raiva que ele apresenta.

A grande sacada é decobrir o Ogum interno, fazer boa amizade com esse guerreiro e, depois de conhecê-lo melhor, convidá-lo a fazer um passeio por diferentes áreas de sua vida.

— Como?

— Imagine que Ogum mora em você, na forma de força interna. Consegue imaginar?

— Consigo... acho.

— Então, continue e convide seu Ogum interior a participar da busca de seus valores materiais ou imateriais. Invoque seu Ogum interior e vá conquistar seu próximo emprego, seu próximo curso... Vá buscar aquilo que você curte, ou seja, vista sua iniciativa, sua coragem e sua força, que é aquilo que Ogum representa, e vá para suas conquistas, seja ela uma nova profissão, escrever um livro ou abrir uma clínica de mediunidade.

— Estou entendendo que posso usar essa força arquetípica até para me comunicar, porque, para falar o que sinto, eu preciso às vezes de uma dose extra de coragem.

— Pois Ogum é a dose extra de coragem. "Incorpore" Ogum, isto é, vista-se de coragem e siga. Não podemos sequer pensar num Ogum que não seja dotado de coragem. Entendeu?

— Estou tentando.

— Um intelecto afiado, um vocabulário forte somado a uma habilidade verbal cortante, adicionados a uma boa dose de coragem, com pitadas de agressividade, podem ser armas indispensáveis de conquista. Hoje, sua lança pode ser intelectual, e o ritual atualizado é intrapsiquíco.

— Vá devagar.

— Devagar na ideia e na prática também. Educar uma força interna, que mal sabemos que possuímos, não é das coisas mais fáceis. Imagine essa coragem voltada à busca da própria alma...

— Olha! Não consigo nem imaginar isso.

— Não faz mal. vamos dar tempo ao tempo. Por ora, traga essa força para seu universo criativo ou para seu cotidiano, na conquista de sua saúde cuidando de sua alimentação. É só dar asas à imaginação que não faltará espaço para o uso da força de Ogum no sujeito.

— Mas não sei se sou filho de Ogum.

— Todos somos.

— Todos?

— O inconsciente é coletivo. A força arquetípica é para todos E está à disposição de cada um, esperando uma oportunidade de manifestação.

— Você quer me deixar louco.

— Não! Gostaria apenas que seu intelecto fosse mais afiado, que sua habilidade mental fosse mais cortante. Que Ogum o permita!

Ogum mata seus súditos

> *Ogum, o filho de Oduduá, tornou-se conhecido pela sua força guerreira.*

Todas as vezes que lutava, trazia os espólios de guerra, as conquistas que serviam de troféu para anunciar a sua vitória e as entregava ao seu pai.
Ogum amava a liberdade e as mulheres.
De suas aventuras amorosas nasceu Oxóssi.
Seguindo seus apelos internos Ogum amou Obá, Oiá e Oxum.
Ogum tinha seus amores mas a força guerreira o acompanhava sempre.
Ogum se aventurava nas lutas e resolveu certa vez que lutaria para ter sob seu comando o reino de Irê que neste tempo era formado de sete nações.
Ogum lutou, saiu vitorioso.
Ogum tornou-se o rei de Irê, Ogum Onirê.
A coroa de Ogum era sem franjas: um acorô.
Então, por isso Ogum também é lembrado como Ogum Alacorô.
Ogum um dia saiu de Irê e foi para uma nova guerra.
Depois de algum tempo voltou a Irê.
Ogum regressou numa manhã quando acontecia uma cerimônia sagrada.
Um ritual que era realizado no mais profundo silêncio.
Durante o ritual ninguém olhava para ninguém.
Durante o ritual ninguém falava com ninguém.
Ogum regressou faminto e sedento.
Ogum regressou muito cansado.
Ogum pediu comida e água.
Ninguém falou com ele.
Ninguém olhou para ele.

Ogum pensou que não fora reconhecido.
Ogum sentiu-se esquecido, depreciado.
Ogum ficou inconformado.
E também ficou furioso.
Ogum estava acostumado ao tratamento dado aos reis e agora, depois de ter sido vencedor na guerra proposta, o rei de Irê volta vitorioso e é ignorado por seu povo.
Ogum sentiu-se muito humilhado.
E, dominado pela fúria,
Ogum toma da espada e sai destruindo o que estiver na frente, sem dó.
Ogum cortou muitas cabeças.
Foi um banho de sangue.
Ogum sentiu-se vingado.
Quando o ritual chegou ao fim, também chegou ao fim o silêncio da participação.
Então o filho de Ogum foi ao encontro do pai acompanhado de homens ilustres que não foram mortos.
Juntos prestaram homenagens ao rei vitorioso,
o valente guerreiro Ogum.
Deram-lhe comida.
Deram-lhe bebida.
Deram-lhe roupas novas.
Os homens cantaram e dançaram para Ogum.
Contudo, agora Ogum estava em desespero, havia matado mais da metade de seu próprio povo.
Havia se esquecido da tal regra do silêncio
durante aquele importante ritual de sua nação.

Ogum, tomado pelo arrependimento de sua atitude insana, causada pela falta de tolerância, se sentia angustiado pela decisão que tomara.
Os remorsos o fustigavam dia e noite sem parar.
Sua aflição era imensurável.
Ogum não teve compaixão por si mesmo.
Ogum toma novamente de sua espada e de um só golpe a enterra no chão.
Por uma fração de segundo a Terra se abriu e Ogum foi tragado por ela.
Depois de descer, Ogum subiu ao Orum, o céu dos deuses.
Ogum deixou de ser humano e tornou-se um orixá.

— Aparecida, me fale um pouco de Oduduá. Não conheço o assunto.

— Oduduá é uma divindade primordial, o princípio criador, por vezes visto como um princípio masculino. Em outras vertentes, é visto como um princípio feminino da criação, e há narrativas em que Oduduá em sua manifestação física é a própria Terra.

— Fiquei sem saber... É masculino ou feminino?

— Contente-se em saber que é um princípio criador. Nunca chegamos às raízes do arquétipo. Elas nos são obscuras. Pense que elas fazem parte do "fundão" do inconsciente coletivo (nível psicoide), uma região que nossa consciência não atinge. Tomara dar conta do que está na superfície.

Alcli ponderou:

— Vimos que as narrativas falam que Ogum foi guerrear:

"Ogum, o filho de Oduduá, tornou-se conhecido pela sua força guerreira./ Todas as vezes que lutava, trazia os espólios de guerra, as conquistas que serviam de troféu para anunciar a sua vitória e as entregava ao seu pai."— A narrativa está falando do arquétipo do guerreiro e dos costumes usados de guerrear para conquistar, ou seja, quem perdia a guerra era espoliado em todos os seus bens materiais e não raro passava à condição de escravo do conquistador. Quando um conteúdo do inconsciente ganha a luz da consciência passa à condição de servidor dessa consciência.

"Ogum toma da espada e sai destruindo o que estiver na frente, sem dó."

— Alcli, no seu entender, o que representa, simbolicamente, "sai destruindo"?

— Que Ogum acabou com tudo o que havia. Não é isso?

— Sim, mas pense também em quantas vezes temos de ter coragem para mudar a direção de certos rumos em nossa vida. Isso, em outras palavras, seria "cortar a cabeça do rei", mudar, fazer um novo planejamento.

Os remorsos o fustigavam dia e noite sem parar.
Sua aflição era imensurável.
Ogum não teve compaixão por si mesmo.
Ogum toma novamente de sua espada

e de um só golpe a enterra no chão.
Por uma fração de segundo a Terra se
abriu e Ogum foi tragado por ela.
Depois de descer, Ogum subiu ao Orum,
o céu dos deuses.
Ogum deixou de ser humano e tornou-se
um orixá.

De certa forma, o conto nos fala da mudança de atitude de Ogum: o abandono da violência. Hoje, procuramos entender um pouco melhor essa força, a agressividade, da qual somos dotados, seja por meio da terapia, seja educando nossas emoções.

— Já entendi que temos de educar essa força, a agressividade, porém não sei como se faz isso.

— Primeiro, descobrimos que a temos e, depois, pensamos em treiná-la como treinamos qualquer outra habilidade. Pense antes de reagir sob impulso. Vovó diria: "Conte até dez antes de responder", porque assim damos um tempo para que o estímulo que chegou ao centro da emoção (região límbica) atinja o centro do discernimento (região cortical). Crê-se que respondemos primeiro com a emoção e só depois com a razão. São nos primeiros instantes da situação de tensão que o sujeito comete seus atos impensados.

Quando você se achar diante de uma situação de conflito, procure manter o silêncio para preservar a razão, para analisar as respostas, afastando a possibilidades de erros. Treine para evitar a ação impensada, aquele impulso que surge como resposta.

Aprenda com o silêncio a respeitar por meio da própria inteligência, dando tempo para que ela se manifeste.

Alcli, observe seu nível de autoestima. O sujeito que se respeita, que tem autoconfiança, tende a não permitir que os estímulos externos influenciem, de forma impulsiva, seu modo de pensar e agir. Ele não se deixa envolver pela opinião alheia, porque conhece seu potencial e sabe como conduzi-lo.

— Isso funciona como uma proteção às próprias emoções?

— Não sei o que você entende por "proteger a emoção". Pense que, à medida que você não exige demais do outro, não espera demais do outro, se frustra menos, portanto, se desgasta menos. À medida que você entende que cada sujeito é único, admite também que a ação dele é igualmente única e compreende com mais facilidade que ele também age de forma peculiar.

À medida que ampliamos nossa consciência, nosso olhar fica cada vez mais claro e percebemos que, por trás de uma pessoa que fere, há também uma pessoa ferida. Lembre-se da vovó: "Cada um dá aquilo que tem".

Habitualmente, quando o tema é agressividade, todo mundo torce o nariz, porque a agressividade sempre foi encarada como uma coisa destrutiva, como sinônimo de violência, crueldade. Mas tudo tem também uma função nobre, que possibilita ao indivíduo seu desenvolvimento. Tudo depende de como ela é utilizada.

A agressividade faz parte do ser humano, do seu cotidiano; é a energia que nos impulsiona a fazer algo. Quando bem conduzida, é aquela garra, aquela determinação que temos diante de certas situações, quando queremos atingir um objetivo.

— Entendo melhor quando você exemplifica... Por favor, Aparecida, continue.

— Pense que, para defender seu ponto de vista, o sujeito precisa demonstrar confiança e determinação, e isso tem a ver com certo nível de agressividade. Quando você presta um vestibular e não é classificado, mesmo assim não perde o ânimo e volta no ano seguinte. Isso tem a ver com coragem. Sob esse prima, a agressividade passa a ser sinônimo de coragem, de determinação, de resiliência.

— O que é resiliência?

— Capacidade de superação de obstáculos. É um termo emprestado da Física.

A agressividade também pode ser entendida como um mecanismo de defesa que o sujeito usa diante de um perigo, como no caso da conservação da espécie. Por outro lado, quando mal utilizada, é rejeitada socialmente. Por isso que há pessoas que nunca expressam tal sentimento. É bom saber, contudo, que, ao colocar para fora o que sentimos, nos obrigamos a tomar consciência da emoção.

Quando a agressividade é reprimida, pode transformar-se em doenças, numa escala que vai desde a dor de cabeça até o suicídio. Ou seja, a hostilidade reprimida poderá se revelar no corpo por meio de algum sintoma, numa demonstração nítida de que corpo e mente estão intimamente conectados. A questão da agressividade está em sua forma de expressão. Pense nisso. Manifestá-la em desequilíbrio, transformá-la em violência física ou verbal, em desejo de vingança trará consequências negativas. Encontrar uma forma de expressá-la adequadamente é o desejável.

Você já viveu situações que foram amargas, Alcli?

— Sim, mas já passou — respondeu meu aluno.

— Ótimo! Isso quer dizer que, apesar das situações difíceis, você retomou a vida com leveza. Isso é importante, porque os fatos não ocorrem segundo nossa vontade. Nem todas as pessoas com as quais convivemos pensam da forma que pensamos.

Quando manifesto meu ponto de vista e me coloco em oposição ao outro, na postura de "quero o que quero, a qualquer custo", minha agressividade torna-se sinônimo de raiva, de hostilidade. No entanto, quando minha agressividade é expressa através do diálogo, numa postura de respeito e reflexão sobre o ponto de vista do outro, quando sou capaz de expor minhas ideias, sem estar passivo, sendo capaz de confrontar a situação em vez de fugir dela, os fatos tendem a tomar outro rumo.

Como você nota, Alcli, é possível sermos agressivos (corajosos) sem sermos violentos. Ideias conflitantes ou sentimentos díspares fazem parte do cenário humano.

— Mas reagir ao conflito também!

— Sabiamente o professor Gaiarsa dizia em aula: "Você pode dizer o que quiser, para quem quiser, só precisa saber como". Pense, Alcli, que nossa reação ao conflito pode demonstrar maturidade emocional, quando expressamos nossos sentimentos de forma saudável. Assim, a agressividade vista como sinônimo de coragem é nobre, pois demonstra a capacidade do indivíduo de administrar suas questões emocionais sem afetar sua saúde mental.

Ritos de Ogum

Lembrando sempre que na umbanda não há uma orientação central e os rituais variam de acordo com o grupo.

Animais consagrados: cavalo, cão.
Banho de descarrego: alecrim, anis estrelado, manjericão.
Bebida: cerveja clara.
Chakra: esplênico.

Chegada: dança.

Comida: feijão, milho, camarão, azeite de dendê.

Cor: vermelho e branco.

Data comemorativa: 23 de abril.

Defumação: verbena, jasmim, cravo-da-índia.

Dia da semana: terça-feira.

Domínios: guerra, progresso, conquista e metalurgia.

Elemento: fogo.

Ervas: agrião, arnica, aroeira.

Flor sagrada: antúrios vermelhos, palma vermelha.

Guia: fio de contas ou pedras vermelhas.

Metal: ferro.

Objetos de culto: alguidar, pote de barro, garrafa.

Oferendas: cará, cebola, azeite de dendê, cerveja clara, vela (metade branca, metade vermelha).

Particularidade/planeta: Marte.

Pedra: rubi ou pedras vermelhas.

Ponto cantado:

> *Ogum Beira-Mar*
> *O que trouxe do mar?*
> *Quando ele vem*
> *Beirando a areia*
> *Vem trazendo no braço direito*
> *O rosário de Mamãe Sereia*

Ponto riscado:

Figura 28

Saudação: Ogunhê.
Símbolo: espada.
Sincretismo: São Jorge.

— O que é a guia de Ogum?

— É um colar que segue alguns preceitos e deve ser sempre confeccionado com produtos naturais: madeira, sementes, pedras naturais ou lapidadas (como o cristal), dentes de animais, guisos, conchas, metais, não sendo aceito o plástico ou outro produto artificial.

— Ainda há outras histórias de guerreiros. Um samurai é um guerreiro — disse Alcli.

— É outra versão; é a versão oriental do arquétipo do guerreiro. Um samurai é um guerreiro honrado, treinado por sua família ou por outro samurai mais experiente para levar o conhecimento e a justiça ao longo de sua jornada.

Um arquétipo atinge toda a humanidade, porém, cada cultura o pintará com sua aquarela.

— Tenho uma curiosidade. Os guerreiros casavam-se, e Ogum? Casou-se também?

— Mais de uma vez. A mitologia conta que ele se casou com Iansã, com Oxum, com Obá. Iansã, a senhora das tempestades, dos raios; Oxum, a senhora dos águas doces; e Obá, uma forte guerreira.

— Quer dizer que essa história de muitas uniões é velha.

— Essa história é arquetípica. As três também foram mulheres de Xangô.

— Xiiii! Deu ruim! Olha o mexerico.

— Vá para o simbólico. Não se apegue à forma, não se firme no pé da letra.

— Como?

— As muitas uniões representam a relação com o feminino para o desenvolvimento da anima do homem.

— Anima?

— É a porção feminina que habita todo homem.

— Agora não vai dar. Certamente, você vai querer dizer que eu tenho uma parte feminina.

— Seu acolhimento, sua compreensão, sua doçura, sua leveza são atributos de sua anima, de sua mulher interior.

— Nunca ouvi falar disso.

— Qualquer dia falaremos sobre isso, mas o que quero que fique claro desta vez são as características que esses mitos, as histórias dos guerreiros, têm em comum: a iniciativa, a coragem, a força, a resistência, a estratégia, o poder de liderança, o poder de governar, o poder de executar a lei e, principalmente, o poder de afastar os obstáculos.

Quando você conquistar esses atributos, saiba que você incorporou Ogum, entrou na dimensão de Ogum, sem nenhuma comida, sem nenhuma dança, sem nenhum ritual externo. Você conquistou seu Ogum interno, que sempre esteve aí dentro, esperando uma oportunidade de surgir no seu campo de consciência.

Fique com um abraço grannnnnde.

Maria Aparecida

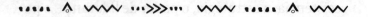

REFERÊNCIAS

CRAIG, Adolf G. **O abuso do poder na psicoterapia.**

PRANDI, Reginaldo. **Mitologia dos Orixás.**

ZACHARIAS, J.J de Morais. **Compadre.**

ZWIG, Connie; ABRAMS, Jeremias.(org.). **Ao encontro da sombra.**

CONHEÇA ALGUNS LIVROS DE
MARIA APARECIDA MARTINS

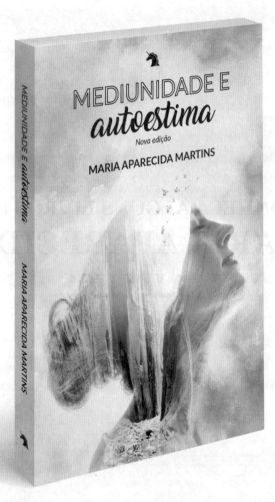

MEDIUNIDADE E
autoestima

A mediunidade é a capacidade natural do ser humano de abrir as portas da eternidade. Ela tem vários campos de ação e nos mantém em equilíbrio somente quando estamos com nossa autoestima em um nível saudável. Mas quão saudável seria esse nível? Como medi-lo? Há relação entre problemas de mediunidade e baixa autoestima?

Em *Mediunidade e autoestima*, Maria Aparecida Martins esclarece essas e muitas outras dúvidas relacionadas aos fenômenos mediúnicos e às questões associadas à autoestima do ser humano.

Esta obra é indicada para todas as pessoas que buscam compreender-se de uma maneira melhor e que enxergam a mediunidade como um presente e uma ferramenta a mais para o próprio progresso.

A Nova Metafísica

A visão que temos de nós mesmos está mudando. Cada vez mais percebemos que podemos **reorganizar, redimensionar,** redirecionar, **transformar, modificar,** alterar nossos destinos, nossa forma de viver.

Maria Aparecida Martins

A Nova Metafísica

O mundo muda rapidamente. A ciência avança em direção ao desconhecido. O que os homens de ciência sabem sobre o tempo, o espaço, a matéria e o que é realmente a vida, já está tão avançado que o que pensamos ser verdade está realmente ultrapassado. Este livro é a sua chance de se atualizar. Maria Aparecida Martins tem a habilidade de tornar fáceis as questões complicadas, escrevendo uma cartilha que por certo mudará sua visão de mundo. Atualizar-se é dar-se a chance de viver o futuro.

Luiz Antonio Gasparetto

Conheça mais sobre espiritualidade
com outros sucessos.

🏠 vidaeconsciencia.com.br f /vidaeconsciencia   @vidaeconsciencia

Rua das Oiticicas, 75 — SP
55 11 2613-4777

contato@vidaeconsciencia.com.br
www.vidaeconsciencia.com.br

© 2019 por Fernando Vidya
© iStock.com/GraphicalUnit

Coordenadora editorial: Tânia Lins
Coordenador de comunicação: Marcio Lipari
Capa e projeto gráfico: Equipe Vida & Consciência
Preparação e revisão: Equipe Vida & Consciência

1ª edição — 1ª impressão
1.000 exemplares — março 2019
Tiragem total: 1.000 exemplares

**CIP-BRASIL — CATALOGAÇÃO NA PUBLICAÇÃO
(SINDICATO NACIONAL DOS EDITORES DE LIVROS, RJ)**

V71d
       Vidya, Fernando
       Despertando para um novo mundo / Fernando Vidya.
- 1. ed. - São Paulo : Vida & Consciência, 2019.
       160 p. ; 14x21 cm.

       ISBN 978-85-7722-577-4

       1. Espiritualidade. 2. Amor. 3. Autorrealização. I. Título.

19-54951   CDD: 204
                          CDU: 2-584

Todos os direitos reservados. Nenhuma parte desta edição pode ser utilizada ou reproduzida, por qualquer forma ou meio, seja ele mecânico ou eletrônico, fotocópia, gravação etc., tampouco apropriada ou estocada em sistema de banco de dados, sem a expressa autorização da editora (Lei nº 5.988, de 14/12/1973).

Este livro adota as regras do novo acordo ortográfico (2009).

Vida & Consciência Editora e Distribuidora Ltda.
Rua Agostinho Gomes, 2.312 — São Paulo — SP — Brasil
CEP 04206-001
editora@vidaeconsciencia.com.br
www.vidaeconsciencia.com.br

DESPERTANDO
PARA UM NOVO MUNDO

DESPERTANDO
PARA UM NOVO MUNDO

FERNANDO VIDYA

SUMÁRIO

APRESENTAÇÃO 7

INTRODUÇÃO 22

Capítulo 1 – *Uma inteligência superior* 25
Questões para reflexão 29

Capítulo 2 – *O ser que habita em mim* 30
Questões para reflexão 34

Capítulo 3 – *A Terra em que vivemos* 35
Questões para reflexão 38

Capítulo 4 – *Nossos aprendizados* 39
Questões para reflexão 44

Capítulo 5 – *Esquecendo o passado* 45
Questões para reflexão 49

Capítulo 6 – *A morada da alma e a morada
do espírito* 50
Questões para reflexão 53

Capítulo 7 – *Não é porque você não vê
que não está lá* 54
Questões para reflexão 57

Capítulo 8 – *A missão individual* 58

Questões para reflexão 63

Capítulo 9 – *Entenda aquilo que lhe faz bem* 64

Questões para reflexão 68

Capítulo 10 – *Como saber se estou no caminho certo?* 69

Questões para reflexão 72

Capítulo 11 – *Seja uma pessoa agradável de se ter ao lado* 73

Questões para reflexão 75

Capítulo 12 – *A escalada da evolução* 77

Questões para reflexão 81

Capítulo 13 – *As escolhas e o livre-arbítrio* 82

Questões para reflexão 84

Capítulo 14 – *Nossas tendências e novos aprendizados* 85

Questões para reflexão 88

Capítulo 15 – *Quando terminarão minhas experiências no mundo físico?* 89

Questões para reflexão 93

Capítulo 16 – *A prática do amor* 94

Questões para reflexão 97

Capítulo 17 – *Respeite-se* 98

Questões para reflexão 100

Capítulo 18 – *Faça do seu dia o melhor que ele puder ser* 101

Questões para reflexão 105

Capítulo 19 – *Somos todos um* 106
Questões para reflexão 110

Capítulo 20 – *O Universo é inteligente* 111
Questões para reflexão 116

Capítulo 21 – *Sincronicidades* 117
Questões para reflexão 124

Capítulo 22 – *O sexto sentido* 125
Questões para reflexão 130

Capítulo 23 – *O poder da oração* 131
Questões para reflexão 135

Capítulo 24 – *Ser bem-sucedido* 136
Questões para reflexão 142

Capítulo 25 – *O mundo em sociedade precisa
funcionar* 143
Questões para reflexão 147

Capítulo 26 – *O amor é a chave* 148
Questões para reflexão 152

Capítulo 27 – *A porta se abre de dentro
para fora* 153

Questões para reflexão 157

Considerações finais 158

APRESENTAÇÃO

Considero importante informar que a única base sobre a qual este livro se alicerça é o amor, e que todo o conteúdo não está limitado por dogmas ou doutrinas. Meu propósito não é converter ou convencer ninguém a nada; limito-me apenas a compartilhar minhas experiências e vivências. E, àqueles que se sentirem abertos a ouvir, que estiverem prontos para isso, ou minimamente curiosos, espero que lhes sirva de inspiração para a vida e os auxilie naquilo que precisarem.

Sempre acreditei que nada é por acaso, então, se você estiver com este exemplar em mãos, desejo que ele cumpra o propósito para o qual foi escrito: incomodar, gerar questionamentos, ou esclarecê-los em algum momento.

A ideia desta obra surgiu durante uma manhã de domingo, enquanto eu limpava meu apartamento na cidade de São Paulo. Eu pensava em como expressar meus aprendizados e, com eles, auxiliar as pessoas em suas diversas questões de vida. Eu já entendia que grande parte dos nossos problemas, ou questões existenciais, estava ligada ao fato de desconhecermos o que viemos fazer neste mundo, pois nascer e viver, simplesmente, e morrer em seguida é algo vazio, isento de propósitos reais de existência.

Basta olharmos para as pessoas nas ruas e imaginaramos as diferenças entre cada uma delas para iniciarmos questionamentos existenciais. Pessoas ricas, pobres; umas que transmitem paz desde pequenas, outras que transmitem ódio; algumas fisicamente sem limitações, outras com grandes limitações. Entender o porquê de nossas circunstâncias de vida tornou-se o início da cura de que eu precisava para me aceitar como ser humano e buscar conhecer cada vez mais o sentido da existência, não em um contexto físico, mas em experiências metafísicas, que me dispus a vivenciar.

Nasci para este mundo em 1986. Morei em Piraju, São Paulo, e cresci sentindo-me diferente das outras pessoas. Eu nunca soube explicar o porquê dessa sensação que diferença era essa que sentia em mim e tampouco tinha vontade de falar às outras pessoas sobre essa sensação de não pertencimento. Explicar sensações é muito mais difícil pelo fato de que cada indivíduo as interpreta da maneira que suas respectivas experiências de vida lhe permitem assim fazer, mas parecia, sim, que eu não pertencia a este mundo. No entanto, eu estava nele e não me lembrava de nada além dele. Assim, fui aprendendo a viver e interagir com os demais que também nele habitavam.

Da mesma forma que aprendi a brincar com outras crianças, aprendi também a me defender delas da maneira que eu sabia e sentia que podia, quando necessário. Testei, experimentei a vida conforme eu achava certo, de acordo com os aprendizados que me permiti ter na família, na escola, com os amigos e demais pessoas com quem cruzei em meu caminho. Fui criado no catolicismo, frequentei com meus pais o catecismo e as missas de fim de semana até a juventude. A partir daí, para conciliar família, estudo e trabalho, mudei-me cinco vezes de cidade e, em 2012, morando em São Paulo, distanciei-me bastante das missas, apesar de eu fazer minhas orações individuais e agradecimentos pelos caminhos percorridos.

Foi no início de 2014 que tive minha primeira grande vivência espiritual. As experiências que descreverei abaixo são muito particulares e não servem de comparação com as de mais ninguém, pois cada um possui contextos e propósitos de vida diferentes — algo que compreendi de verdade ao longo do tempo, por mais que eu tivesse o entendimento do que isso significava. Só posso afirmar que minhas experiências me garantiram a certeza de que eu estava seguindo o caminho que realmente deveria seguir, considerando o meu contexto de vida.

Por desconhecimento, sempre tive preconceitos sobre algumas religiões, especialmente sobre o espiritismo. Eu acreditava que era uma seita demoníaca e, curiosamente, pela minha vida passaram diversas pessoas espíritas. Para minha surpresa, percebi que elas eram normais, assim como eu. E, nesse ano de 2014, fui convidado a conhecer um Centro Espírita chamado Casinha Azul, uma pequena casa pintada de azul, recém-reformada, simples, porém, acolhedora, localizada na época em São Paulo — hoje em Osasco. Lá, pessoas queridas me acolheram e me conduziram,e, por essa razão, entrei cheio de alegria devido à novidade que me permiti experimentar.

Ao avançar pelo corredor da casa, meu coração, até então alegre, se apertou repentinamente, e fui tomado por um choro incontrolável. Eu não sabia de onde vinham as lágrimas e o motivo do choro. Fui amparado pelos trabalhadores voluntários da casa, e a sensação logo se foi. Assustado, mas ainda curioso, tentei entender o que havia acontecido. Apenas me deram um copo d'água e disseram que tudo seria explicado. Busquei prestar atenção em tudo ao meu redor durante o tempo em que estive ali. Minha ansiedade decorria do fato de querer entender o que acontecera comigo e por que pessoas buscavam ajuda ali e por que outros tantos voluntários trabalhavam para ajudá-las.

Passei por uma entrevista individual, na qual dois trabalhadores me perguntaram o motivo que me levara até ali e tentaram me explicar algumas coisas — explicações que pareciam surreais para mim. No entanto, aceitei conhecer mais e iniciei um tratamento espiritual de quatro semanas, sendo a própria entrevista parte do primeiro atendimento. Na semana seguinte, compareci ao segundo atendimento. Receoso pela experiência anterior, segui confiante de que tudo ficaria bem e entrei. Dessa vez, não fui tomado pelo choro, mas por uma felicidade inexplicável, somada a uma crise de riso fortíssima. As gargalhadas revelavam uma alegria que eu não sabia explicar de onde vinha. As pessoas ao redor me olhavam e pareciam nada entender. Alguém me perguntou se eu estava bem, e respondi que sim, enquanto me posicionava próximo a um ventilador para aliviar o calor que invadia meu corpo naquele instante.

Assim que a crise de riso involuntário cessou, sentei-me e refleti sobre o que se passara. Mais tarde, voltei para casa com muito mais interrogações na cabeça, mas feliz por naquele dia saber que o Casinha Azul abriria grupos de estudo. Confesso que fiquei ansioso tanto para participar dos estudos quanto para saber qual sensação eu experimentaria na terceira semana do meu atendimento.

Contrariando minhas expectativas, no terceiro e quarto atendimentos, eu nada senti de diferente. Por um lado, fiquei aliviado por não ser tomado por novo choro ou riso involuntário; por outro, permaneci intrigado. Aproveitei a motivação e aqueles pontos de interrogação na mente para buscar respostas. Pela minha curiosidade e vontade de aprender, ganhei livros sobre espiritualidade e passei a estudá-los e, a cada obra que eu lia, mais dúvidas surgiam e mais eu queria saber. Por diversas vezes, os trabalhadores do Casinha Azul me disseram que eu apenas estava relembrando coisas que já sabia, que aprendera em outras vidas. Isso não fazia muito sentido para mim e, por mais que me explicassem várias outras coisas, eu sabia que a maior parte das minhas descobertas partiria de mim mesmo e do meu esforço em buscar o conhecimento por meio de leituras e estudos e me permitido aceitar e entender tudo isso pois, confesso, fui muito resistente em vários momentos.

Muitas mudanças vieram desde então. Os meses e anos foram preenchidos com conhecimentos, alegrias, lágrimas e desafios. Se antes eu não entendia o que aquela primeira experiência significava na minha vida, hoje entendo muito bem e sou grato ter iniciado meu processo de despertar espiritual. Esse despertar é o importante momento em que nós aceitamos, decidimos e, principalmente, desejamos entender e desenvolver nossa espiritualidade, de forma livre e espontânea, mantendo-nos abertos a conhecer o novo e buscando nos despir de preconceitos e do medo de sermos questionadores.

Aproveitei todos os cursos da melhor forma que pude e descobri ter o que eles chamavam de mediunidade — que eu nunca imaginei possuir.

Tornei-me um aluno e trabalhador voluntário do Casinha Azul e aprendi que desenvolver a espiritualidade e a mediunidade não faz de nós pessoas melhores ou diferentes umas das outras. Em vez disso, o trabalho voluntário, em qualquer lugar, desperta em nós a sensibilidade de conhecer, respeitar e auxiliar inúmeras pessoas, ensinando-as a se amarem, se respeitarem e serem melhores dentro do seu contexto de vida.

Descobri que o trabalho voluntário, antes de ajudar outras pessoas, ajuda a nós mesmos, pois nos torna mais humanos, menos arrogantes, menos egoístas e nos ensina a reclamar menos da vida. Descobri muitas coisas que precisava melhorar em mim e vi que o caminho para essa melhora pode levar mais que uma vida inteira, dependendo do quanto eu esteja fechado em minhas crenças e da abertura que possibilite para mudar minha visão de mundo e aceitar que somos muito mais do que simplesmente seres de carne e osso. Estamos na Terra e há um propósito para isso.

Esse chacoalhão na minha vida poderia ter acontecido em qualquer outro lugar, mas foi ali, no Centro Casinha Azul, o lugar reservado para mim. Nem por isso me considero espírita; considero-me espiritualista, ou ainda, universalista. Muitos me chamariam hoje de esotérico, contudo, para mim, os rótulos pouco importam, pois toda e qualquer religião ou doutrina ajuda a desenvolver a espiritualidade nos seres, em seus respectivos contextos de vida. Reconheço, no entanto, que foi por intermédio de uma experiência em um centro espírita que algo em mim foi tocado para que eu desenvolvesse a minha espiritualidade de uma maneira que nunca imaginei que fosse capaz. E, por isso, sou muito grato ao Casinha Azul e aos seus trabalhadores, pois foi pelo amor que cheguei até ele.

Em 2016, expandi minhas fronteiras e fui buscar conhecimentos de outros locais e senti-me livre para isso. Um ser do mundo, um passarinho que queria visitar várias flores para beber de seu néctar e levar a outras flores o que captara das que já visitara por aí. Conheci pessoas de outras religiões, com saberes e formas distintas de ver a vida e elas me mostraram, sob o ponto de vista delas, a beleza de não medir esforços para absorver os conhecimentos espalhados pelo mundo e as razões pelas quais estamos todos aqui, neste mundo, interagindo.

Durante esse tempo, percebi que parte dos conhecimentos que eu havia adquirido já podia ser compartilhada, e falar sobre espiritualidade passou a ser para mim algo muito prazeroso. Naturalmente, algumas pessoas me procuravam para conversar, a fim de esclarecer dúvidas sobre a vida e entender os momentos pelos quais passavam. Conversávamos de forma descontraída, e, ao longo do bate-papo, elas mesmas se percebiam como sendo as principais responsáveis pela forma como se sentiam. Uma conclusão aparentemente simples, mas nem tão simples assim de se perceber quando estamos imersos em pensamentos sobre como o outro nos feriu, e não no modo como nós reagimos e nos permitimos ser feridos. Após nossas confabulações, elas agradeciam, pois diziam sentir-se melhor e com as ideias mais claras.

De fato, a cada conversa, a cada interação com alguém, a sensibilidade e a mediunidade — que descobri ter e aprendi a controlar — me permitiam entender um pouco mais de onde vinham as dores, de onde vinham as mágoas, de onde vinham as dúvidas, e isso me possibilitava ajudar de forma mais efetiva. Eram como se os pensamentos das pessoas pipocassem involuntariamente em minha mente, revelando seus medos, suas contradições, e até mesmo quando estavam omitindo ou não estavam dizendo a verdade (risos).

Ter esse "dom", ao mesmo tempo que é belo, é uma provação, pois nos revela a dor do outro, os anseios da alma dele e nos convida a aceitarmos as diferenças, sem máscaras , afinal, os sentimentos não podem ser escondidos por muito tempo, e esse dom permitia que eu os recebesse e os decodificasse, como se um fio invisível transmitisse a mim todas essas informações.

Com tempo e prática, foi possível controlar melhor a recepção das sensações, a decodificação das informações e as reações em meu corpo, permitindo-me bloqueá-las, pois sentir aquilo que o outro sente (em um grau muito menor, claro) requer, antes de tudo, que conheçamos a nós mesmos o suficiente para melhor diferenciarmos o que é nosso e o que é do outro, ou seja, qual sensação nos pertence — por ser comum a nós em nosso dia a dia — e qual sensação é reflexo do que o outro sente, mas que passamos a sentir por um breve período de tempo.

A decodificação dessas ondas de pensamento e da energia das pessoas me ensinou a respeitá-las por serem quem elas são. Há pessoas totalmente sinceras, que pensam e falam o que pensam e, há pessoas que preferem não falar. Há pessoas que pensam x, mas falam y e, essas últimas são muito interessantes, pois algumas são bastante habilidosas com as palavras e as expressam como se realmente pensassem aquilo que dizem, mas que na realidade mascaram aquilo que realmente sentem ou pensam e há também outras que mal conseguem disfarçar e são pegas nas contradições e isso tudo só me ensinou que todos nós somos um pouco de cada pessoa e observá-las me permite observar a mim mesmo e reparar em meus julgamentos, minhas contradições e minhas falhas. Ter essa consciência me permite lembrar todos os dias que sou um ser humano falho e que não posso esconder minhas falhas da pessoa mais importante: eu mesmo.

Na transição de 2016 para 2017, após ter ingressado na Sociedade Brasileira de Eubiose, finalmente pude entender de fato como a espiritualidade presente em mim é a espiritualidade de tudo ao redor, como se a energia presente em tudo e em todos falasse comigo. Eu podia senti-la vibrar em mim. e vi-me desperto para essa nova realidade de conexão com o mundo. Muitas outras respostas sobre a vida e as pessoas ficaram claras em minha mente, como se a informação sempre estivesse lá, mas que só agora eu pudesse acessá-la. Foi o instante em que eu dizia para mim mesmo: "Eu simplesmente sei disso. Não me pergunte como, mas sei". Dar-me conta dessas questões me deixou feliz, pois trazia sentido para minha existência, como se, feito uma teia de aranha, eu percebesse que estamos ligados uns aos outros, constantemente emitindo e recebendo informações entre as mentes das pessoas e para a maior parte delas de forma inconsciente.

Entendendo melhor minha missão de vida, iniciei questionamentos a mim mesmo quanto às possibilidades de viabilizar seu cumprimento. Após diversos instantes de meditação, *insights* e encontros com verdadeiros oráculos na Terra — amigos de jornada que sempre me auxiliaram a entender meus propósitos, em diversos instantes —, recolhi-me para meditar sobre como eu gostaria de passar o restante da minha vida, com essa nova consciência que havia descoberto em mim e a partir de todos os conhecimentos que continuo obtendo diariamente.

Entendi que, nessa jornada, parte do que vim fazer é compartilhar conhecimentos de forma a auxiliar as pessoas a entenderem seus propósitos, provocando em cada uma, a partir do questionamento despertar da semente espiritual. Devo frisar aqui que sermos questionadores e repletos de pontos de interrogação na cabeça é a base para encontrarmos as respostas e as verdades que farão sentido para nós, do nosso jeito, no nosso tempo. É assim que iniciamos o processo de cura interior: nos despindo de todos os "pré-conceitos" e das crenças limitantes, que nos impedem de expandir a mente e nos conectar com essa rede universal de conhecimentos ilimitados. Curamos nossas dores por intermédio das palavras, dos esclarecimentos, do entendimento de nós mesmos e de como somos os criadores de nossa própria realidade. Esse despertar é lembrar que não estamos na Terra a passeio, mas sim com um único propósito: aprendermos a amar uns aos outros, e para evoluirmos como os seres espirituais que somos.

Viemos para aprender e compartilhar conhecimentos. Nossas trocas e interações possibilitam que evoluamos e nos tornemos seres humanos capazes de respeitar, aceitar e amar a nós mesmos e ao outro, se nos permitirmos isso e se nos dermos essa chance.

Esse processo de despertar as lembranças espirituais torna-se muitas vezes doloroso muitas vezes, pois requer que renunciemos de tudo aquilo que já não nos serve mais, tudo aquilo que nos impede de mudar nossa visão de mundo e atrasa nossas missões individuais. Curar essas feridas requer tempo e dedicação.

Compreendi, por fim, que eu poderia utilizar um caminho para chegar até as pessoas de um jeito que os conhecimentos sempre estivessem lá quando elas quisessem, para quando precisassem, ou para quando sentissem que outros fossem precisar. Percebi que escrever minha mensagem a tornaria perene e possibilitaria que ela chegasse a vários locais sem que eu estivesse presente. Escrever as mensagens que sinto serem fundamentais para o início de um despertar profundo da espiritualidade se tornaria a base de todo o meu trabalho. Esse entendimento me trouxe satisfação, pois eu associaria o prazer de escrever — que sempre tive — com o prazer de falar sobre espiritualidade, que é para mim de uma alegria sem tamanho.

Por isso, o conteúdo deste livro é totalmente espiritual e revela parte do que reaprendi e tenho colocado em prática na minha vida, portanto, minha visão da verdade. Afinal, você já deve ter escutado ou lido em algum lugar que somos seres espirituais vivendo uma experiência física e não o contrário.

Permita-se.

Permita-se entender e descobrir, por si só, que as respostas estarão sempre dentro de si. O que instigo, por meio desta obra, são questionamentos que deixamos de fazer no dia a dia por estarmos tão imersos em nossa zona de conforto e felicidade passageira. Por vezes, preferimos deixar de lado a prática espiritual — que nos ajudaria a entender os porquês de nossos processos individuais — para, em seu lugar, passarmos boa parte da vida reclamando de nossas mazelas sentimentais, justamente por não estarmos ouvindo e cuidando do nosso ser espiritual, conforme poderíamos cuidar.

Se você não acredita em uma grande fonte criadora de tudo, responsável pela manutenção de tudo, e não se permite entender como nós, seres essencialmente espirituais, interagimos com o Universo e como este responde às nossas ações, permita-se, a partir de agora, descobrir e refletir sobre as questões que aqui serão colocadas.

Permita-se.

E se já sente e percebe que a vida o chama você a contribuir com algo, mas esse algo ainda não lhe faz sentido, acredito firmemente que, após esta leitura, as reflexões o auxiliarão a entender melhor seu papel para direcionar melhor suas escolhas de vida.

A proposta deste livro é provocar reflexões e discutir temas importantes no processo de cura e libertação da mente de todos aqueles que estão cansados de levar uma vida sem sentido ou sem explicação, mas que estão prontos a entender que a vida é muito mais. A vida na Terra é uma grande escola, em que testamos nossa capacidade

20

de sermos amorosos e felizes por decidirmos ser quem somos e viver sem culpa.

Hoje, afirmo que sou feliz pelos conhecimentos que adquiri e continuo adquirindo e posso garantir que não me arrependo de ter escolhido seguir esse caminho, pois ele revelou ser o ideal para mim.

E você, já descobriu seu caminho?

Permita-se.

INTRODUÇÃO

Durante grande parte da nossa vida, vivemos despreocupados com as consequências de nossas inúmeras experiências, limitando-nos simplesmente a dormir e acordar para um novo dia comum, muitas vezes, banal, focados em nos proporcionar conforto e felicidade passageiros. Mas raras são as vezes que encaramos o mundo realmente preocupados em entender sua grandeza e complexidade.

Limitamo-nos a acreditar que somos pessoas de sorte ou azar para estar onde estamos, sem nos questionarmos os porquês das grandes e filosóficas justiças e injustiças no mundo. Preocupamo-nos com o passado e com o futuro, mas em raros momentos nos preocupamos com o presente, o agora. Estamos tão habituados e condicionados a viver de uma maneira rasa, que ignoramos toda a magnitude das experiências que poderíamos ter se nos permitíssemos imergir em nosso verdadeiro ser e se nos questionássemos: quem eu sou? O que estou, de fato, fazendo aqui?

Se você já se fez essas perguntas, então, já deu o primeiro passo para o autodescobrimento, a fim de se encaixar no grande quebra-cabeça da existência e tomar consciência de seu real papel. Mas se ainda não transcendeu esse questionamento, convido você a fazê-lo agora, para se visualizar como peça fundamental e se integrar.

Permita-se mergulhar nas questões mais profundas do seu ser e trazer à tona sentimentos e valores que levem você a refletir e a encarar a si mesmo e as pessoas ao redor de um modo diferente. Pergunte-se se a vida que escolheu viver está realmente fazendo de você alguém feliz e realizado. Sinta se está seguindo o caminho esperado.

Convido você a refletir se as suas experiências o estão conduzindo a uma vida morna e sem sentido, ou se estão fazendo-o pensar na própria vida, de modo a extrair ensinamentos que o levem a viver por um propósito maior.

A partir de agora, convido-o a buscar novos entendimentos, para então olhar o mundo de forma diferente, entendendo-o como ele realmente é. Dessa maneira, poderá, talvez, olhar para o horizonte e definir uma rota que melhor se alinhe com seus desejos, sentimentos e objetivos, de modo a ajudá-lo a trilhar caminhos que sua vida jamais vivenciou e partilhar momentos com pessoas que jamais imaginou conhecer.

O objetivo desta leitura é levá-lo ao questionamento de quem você é, e saber até onde pode chegar. Perceberá que nossa mente estará sempre pronta a experienciar novos entendimentos, com uma consciência cada vez mais ampla, sempre buscando aprender. Aprendizado é uma palavra que repetirei com frequência.

Uma coisa eu prometo: provocarei você a se abrir às possibilidades e a tornar-se um ser mais questionador, para conectar-se com seu Eu interior. Que esta leitura seja não apenas profunda, mas edificante.

As respostas sobre seu caminho de vida são únicas e não estarão descritas neste livro, mas ele o conduzirá para que você mesmo as encontre dentro de si.

CAPÍTULO 1

Uma inteligência superior

Como seres humanos, eventualmente, nos questionaremos sobre nossa essência, sobre nossa origem. De onde viemos e para onde vamos? Quem, ou o quê, criou este Universo tão vasto? Que força cósmica tão poderosa é capaz de criar um Universo? Qual a nossa constituição, afinal? Nós, seres humanos diminutos nesta vastidão, o que representamos? Qual a necessidade de existir a vida nesse formato como a vivemos na Terra? Por que tantas diferenças no mundo? Deus, que é justo e bom, fez as pessoas diferentes por qual razão? Por que pessoas nascem ricas e outras nascem pobres? Por que algumas nascem deficientes, enquanto outras nascem com plena constituição física e boa saúde e até as desperdiçam ao longo da vida?

Refletir somente um pouco sobre essas questões nos permite perceber que há tantas diferenças no mundo quanto podemos contar, e que dar a elas uma resposta rasa como "Foi Deus quem quis assim" é nos impedir de sermos questionadores, livrespensadores.

Imagine-se participando contra a sua vontade de um sistema social desigual, obrigado a viver confinado em um corpo físico saudável (ou não), em um país libertário (ou repressor), com um sistema político corrupto (ou honesto). Qual o sentido para você ser quem você é e estar onde está nesse contexto?

Por que nos conformarmos com respostas simples, sem que estejamos convencidos das verdadeiras razões por trás de tudo o que existe, da forma como se apresenta? Conformismo é aguardar a hora da morte sem respostas concretas, mas vivendo apenas na ilusão de que as desigualdades são meras obras do acaso ou vontades impostas por Deus. E quando a morte chegar, tudo acabará de repente, do mesmo modo que passou a existir, também de repente. O mundo parece fazer sentido para você?

Fato é que nada existiria, ou aconteceria, sem uma causa, sem uma origem. E a origem de tudo e de nós mesmos é, sem dúvida, obra de uma inteligência que o ser humano racional ainda não conseguiu entender ou descrever, mas capaz de criar o Universo que conhecemos, constituí-lo de matéria e dar a esta o impulso ou sopro de evolução para originar a vida. Que inteligência seria essa, tão superior, capaz de planejar, executar e realizar a manutenção de toda essa complexidade?

O ser humano, por característica, consegue assimilar e entender melhor conceitos que mais se aproximem das experiências que já vivenciou, ou que consegue vivenciar, por intermédio dos cinco sentidos: visão, audição, tato, olfato, paladar. Tudo o que passa pelos cinco sentidos permite ao homem, como ser inteligente, vivenciar e aprender coisas, ou seja, interagir com o mundo. Sem algum desses sentidos, sua capacidade de aprendizado e entendimento do mundo estaria limitada aos que restassem, proporcionando experiências muito restritas frente a todo o potencial de inteligência e capacidade de que dispomos. Afinal, não há como utilizar sentidos inexistentes para realizar comparações com algo que não conhecemos e que somente eles podem nos fornecer as devidas sensações.

Conseguimos comparar gostos, texturas, aromas, aparências, sempre com base em experiências já vividas. E tudo aquilo que não conseguimos comparar, registramos em nossa mente como sendo algo novo e, a partir de então, possível de ser comparado durante experiências futuras.

Então, como é possível ao homem compreender uma inteligência superior, criadora de tudo o que conhecemos na natureza, sem que ao menos ele possa vê-la, ouvi-la, senti-la, cheirá-la, prová-la?

Coube ao homem fazer analogias para se referir a essa inteligência como um ser superior e dotado de poderes extraordinários, mesmo sem o entendimento de quais poderes seriam esses. O homem nominou essa superioridade de Deus, ou deuses. Para a figura de um Deus único, conferiu a ele a aparência humana de um senhor maduro, de cabelos brancos e barba branca, forte e poderoso, com amor paterno, mas que, para ser respeitado quando contradito, poderia emanar sua ira aos homens e puni-los. Para os muitos deuses, associou-os à própria natureza, aos animais, ou mesmo a seres advindos do espaço.

Sabemos hoje que, ao longo do tempo, muitas culturas e muitos povos contaram diversas histórias para explicar o funcionamento do mundo e a origem do Universo. E comumente atribuem essa origem a uma ou mais divindades. Como pensar o contrário? Que outra hipótese poderia haver para o início de tudo? Como podem tantas coisas existir sem uma origem maior do que as próprias coisas criadas?

Essa crença, esse entendimento de fé em uma inteligência superior, que provê o Universo de forma harmônica e perfeita, não é possível ser ensinado, não há como ser explicado e não há como ser transferido para outra pessoa. A fé só é capaz de ser desenvolvida dentro de cada um a partir dos entendimentos, dos valores individuais e das experiências particulares que a despertem em si. Não há como ensinar a fé em sua plenitude. Ela precisa ser sentida. É a certeza de que existe algo além e um propósito para tudo existir; algo que não conseguimos ainda compreender plenamente ou comparar por meio dos nossos cinco sentidos.

Cabe a você querer entender e perguntar: Por que estou aqui?

Questões para reflexão

1 - O que é fé para você?

2 - Você acredita em uma inteligência superior responsável pela criação do Universo?

3 - Como você explicaria a criação do mundo e do Universo como o conhecemos, repleto de galáxias, com seus respectivos sistemas planetários?

4 - Você acredita que o homem é a única civilização existente no Universo? Por quê?

CAPÍTULO 2

O ser que habita em mim

Em meio à vastidão universal, percebemos que Deus, essa grande inteligência criadora de mundos e que mal conseguimos entender, gere e mantém tudo em harmonia, para que qualquer desequilíbrio seja logo compensado. Tudo funciona igual a um fio muito bem esticado que, se receber um impacto, irá oscilar. A tendência é que ele diminua a intensidade do movimento e volte ao seu estado original em algum tempo. É como tudo no Universo funciona: em equilíbrio.

E nós, seres humanos, imersos nesse Universo, iniciamos nossa jornada com o "sopro da vida" muito antes de nos entendermos como gente, recebendo de Deus uma pequena parte Dele. Por essa razão, somos dotados de inteligência e sabedoria, limitadas pelos nossos costumes e pelas nossas crenças, ou seja, pela compreensão de mundo e pelo nível de consciência. Desde que nascemos e iniciamos nossa jornada de aprendizado, não paramos de aprender, diariamente, conforme nos permitimos interagir com o mundo. Nossa mente não para de raciocinar, não para de interligar informações e montar quebra-cabeças. Mesmo quando não estamos conscientemente pensando em um determinado tema, nosso subconsciente está processando informações e emitindo sinais de energia, resolvendo problemas, procurando respostas. Provocar a nossa mente consciente e subconsciente é fazê-la processar ideias e conectá-las umas a outras, de modo a não apenas fazerem sentido para nós, como nos permitirem interagir melhor com as experiências futuras que tivermos. Aprender de forma mais rápida ou mais lenta não importa. O que importa é que nossa mente não deixa de aprender e registrar informações que influenciarão o nosso modo de ver, sentir e agir no dia a dia, para sempre.

A essas vivências e esses aprendizados podemos dar o nome de expansão da consciência. Sempre que nos permitimos aprender algo novo, expandimos nossa visão e ideias de mundo e passamos a compreender melhor como este, ao qual estamos integrados, funciona. O ser humano quer isso, quer fazer parte, quer integrar-se, quer compreender a si e a todos ao redor, quer que a vida faça sentido. Mas, para tanto, não deve limitar-se. Necessita conhecer coisas novas e aprender. Pois, conforme nossa inteligência se expande, nos tornamos mais conscientes de que nosso papel neste mundo é aprender cada vez mais. Esse é o grande ponto aonde quero chegar. Cada passo que damos, cada interação que fazemos nos permite experimentar algo de um jeito totalmente inédito. Por sermos parte dessa inteligência superior, somos centelha divina. Quando nossa mente expande as vivências e compreensões de mundo e torna-se capaz de entender e respeitar a tudo e a todos como individuação — fragmentos divinos passando por experiências e aprendizados particulares —, Deus, por sua vez, se expande. Pode conceber essa premissa?

Quando cientistas afirmam que o Universo está em expansão, e sendo este fruto da mente criadora de Deus, e nós fruto da Sua mente criadora — como partículas advindas Dele —, significa que Deus está expandindo sua mente. E Deus não para de criar.

Constantemente, novas inteligências estão prontas para iniciar seu ciclo de aprendizado e tornarem-se conscientes do seu potencial de escolha, do seu livre-arbítrio para, enfim, escolherem a forma como querem aprender e como querem viver a experiência física neste mundo, que funciona como uma grande escola, capaz de ensinar o convívio pessoal, as razões das diferenças, a tolerância, a paciência, o amor, o desapego, a fé, a caridade, o respeito etc.

Escolhas: é o que fazemos todo o tempo, sem cessar, desde o instante em que nascemos até o instante em que morremos. Mas, se morremos, para onde vão todos os aprendizados obtidos durante a experiência que tivemos neste mundo? Se tudo acabasse, nossa vida de aprendizados se tornaria um grande desperdício. Enquanto uns teriam vivido riqueza, luxo e liberdade, outros teriam vivido a miséria e opressão. Qual objetivo haveria então em um mundo onde tudo acaba ao final e nada se constrói após a morte física?

Eis a grande resposta na frase: "Somos seres espirituais vivendo experiências físicas, e não o contrário". Permita-se refletir a respeito. Permita-se entender que este corpo físico em que habitamos possui um prazo de validade. Após ser gerado, crescerá, se desenvolverá, amadurecerá, envelhecerá, definhará e será decomposto, assim como toda a matéria orgânica deste planeta. Mas, em essência, somos maiores que isso. Nossos aprendizados não morrem com o corpo, porque o que "morre" é o corpo físico, que serve de veículo de aprendizado para o nosso ser maior. Nosso espírito permanece vivo, tão vivo quanto podemos imaginar ou supor. Vivo e pronto para viver outras experiências, por intermédio de outro corpo físico se necessário, e que proporcionará a esse nosso espírito novos aprendizados.

Somos muito maiores do que podemos perceber com nossos cinco sentidos, pois somos parte de uma inteligência superior em constante expansão.

Questões para reflexão

1 - O que significa ser uma centelha divina?

2 - O que você entende por expansão do Universo a partir da expansão dos seres que nele habitam?

3 - O que você entende ao refletir sobre a frase "Somos seres espirituais vivendo experiências físicas, e não o contrário"?

CAPÍTULO 3

A Terra em que vivemos

Quando olhamos nossa sociedade e o sistema em que estamos inseridos, por mais que existam as leis humanas que regem muitas coisas e buscam a igualdade e a justiça, mesmo estando elas em constante aprimoramento, percebemos o quão desiguais são os nossos direitos e nossas vivências. Percebemos que a Terra em que habitamos tornou-se, para uns, um grande paraíso, enquanto para outros seria o verdadeiro vale de lágrimas.

Existem desde pessoas com muitos recursos materiais e financeiros, com o poder de influenciar outras e de realizar grandes projetos no mundo, até aquelas com poucos recursos materiais e financeiros, e que encaram cada dia como uma luta por sobrevivência. Nesses dois polos existem pessoas felizes e tristes; doentes e sadias; altruístas e terroristas. O mundo é repleto de polaridades. As polaridades, no entanto, quando positivas, promovem a paz, a harmonia, a prosperidade e o amor entre as pessoas. Enquanto as polaridades negativas promovem a discórdia, a intolerância, a inveja, o ciúme, a impunidade, a desigualdade, o preconceito, a vingança e tantos outros sentimentos que, em vez de unir as pessoas, as afastam, as separam.

Sim, vivemos em um mundo onde precisamos, todos nós, desenvolver e trabalhar diariamente em nossos corações o respeito pelas diferenças, a tolerância nas ações. O mundo está repleto de gente com opiniões divergentes. Mas, e se em vez de odiá-las, conseguíssemos entendê-las? Entender seus contextos de vida, suas histórias, entender que muitas delas ainda não desenvolveram sensibilidade e respeito suficientes com o próximo, entender que elas também possuem necessidades que, muitas vezes, serão colocadas acima de qualquer necessidade alheia, e isso as faz ser quem são. Entender essas diferenças é o primeiro passo para convivermos uns com os outros em harmonia e ajudarmos quem precisa de ajuda. O entendimento não é sinônimo de impunidade, mas, sim, o primeiro passo para a mudança.

Embora uma única pessoa talvez não seja capaz de mudar o mundo, ela é capaz de iniciar esse movimento, mudando a si mesma, dando o exemplo com suas ações, como fez Buda, Jesus Cristo e tantos outros seres iluminados. Se há registros da passagem desses seres pela Terra e registros dos ensinamentos deixados por eles, um único ensinamento deve reverberar na humanidade, independentemente da crença das pessoas. Esse ensinamento é o amor.

Não estamos aqui por acaso. O Universo é tão grande, tão extenso... Poderíamos estar em qualquer outro lugar do cosmos, mas estamos aqui, vivendo uma experiência terrena. O que fazer, então, para vivê-la da melhor forma possível? Sabendo que todas essas dificuldades estão presentes na nossa vida para nos mostrar que devemos aprender algo, como obter aqui a maior quantidade de aprendizados de que somos capazes?

Entrarmos em embates uns com os outros para defender verdades subjetivas, dessa ou daquela nação, somente gera mais conflitos. Mas, se exercermos nossa tolerância e compreensão, em vez de cultivarmos o ódio e o rancor, e se olharmos nosso semelhante como um ser que erra assim como nós, então, conseguiremos perdoá-lo mais facilmente por ter nos desrespeitado em algum momento, nos ofendido, nos magoado e nos injuriado.

Seja quem for você que está lendo este livro agora, esteja onde estiver, saiba que a mudança do mundo que habitamos para torná-lo um lugar melhor de se viver também começa por seu intermédio e das suas pequenas ações. A mudança do mundo começa por intermédio das suas escolhas e do seu exemplo. Sim, viemos aprender uns com os outros, dando exemplos de como ser pessoas melhores. E não importa o grau de entendimento e evolução de cada um. Cada pessoa está onde deveria estar para aprender o que precisa ser aprendido. Cabe a cada uma delas entender seu processo e como superar as dificuldades em que se encontram, oferecendo, ao mesmo tempo, apoio a quem está precisando. O nosso papel é entender esse processo e estender a mão para ajudar quando alguém precisar de ajuda e quando pudermos oferecê-la.

Questões para reflexão

1 – O que as diferenças presentes no mundo significam para você?

2 – Quais os sentimentos que, cultivados e disseminados, contribuem para o aumento da intolerância, do desrespeito e das guerras?

3 – Qual a sua contribuição, no dia a dia, para fazer do mundo um lugar melhor?

CAPÍTULO 4

Nossos aprendizados

Nada, absolutamente nada, é por acaso. Tudo tem uma razão, uma origem. Para toda causa há um efeito. E não existe um efeito sem causa. Se estamos onde estamos e vivemos a vida que estamos vivendo é porque nossas escolhas nos conduziram para as experiências atuais. E continuamos a escolher. A todo instante, a cada segundo escolhemos permanecer ou mudar. Talvez você me pergunte: "Veja, mas não escolhi nascer com esta deficiência. Como explicar isso?". E lhe respondo:

Antes de mais nada, é necessário que você entenda que tudo funciona perfeitamente, em equilíbrio. As leis que regem a natureza e todo o Universo são leis naturais, universais, imutáveis, perfeitas. Por essa razão, não há nada errado com a forma física com que você se apresenta aqui na Terra, neste mundo físico. Pois não é seu espírito que está deficiente, ele apenas está habitando um corpo com alguma deficiência, para passar pelos aprendizados que necessita passar, para aprender algo com esse corpo, que lhe será importante em seu processo de evolução.

Já ouvi muitas pessoas olharem para alguém com deficiência e dizerem: "Antes no outro do que em mim". Trata-se de um pensamento um tanto maldoso. Que tal se mudassem a forma de pensar para algo como: "Essa pessoa está passando por determinada provação ou dificuldade, nesta experiência física, e desejo a ela o melhor. Sou grato por eu não necessitar passar por essa prova na existência atual". Muito melhor, não? Ore pelas pessoas que passam por provações ou que tenham limitações. Reconheça a força e coragem delas. Certamente você gostaria que fizessem o mesmo por você. Ensine isso a quem você conhece. Certamente você terá essa oportunidade.

Percebe como diariamente uma das coisas mais fáceis de se fazer é julgar o outro por quem ele é ou pelo que ele faz? Julgar parte do princípio de que a experiência de vida da pessoa, que está sendo julgada, é a mesma da que está julgando. E isso não pode ser verdade. Cada pessoa tem suas próprias e únicas experiências e seus aprendizados. Cada um, em seu respectivo contexto de vida, vive uma experiência singular. Não nos cabe julgar ou fazer comparações com as nossas experiências e nossos aprendizados.

Para você, uma determinada tarefa pode ser simples de ser realizada, enquanto para outra pessoa, a mesma tarefa pode representar um sacrifício bastante grande. Imagine numa situação inversa, em que você estivesse em dificuldades, sendo que outros poderiam opinar sobre mil e uma maneiras de resolver seu assunto. Isso não as faz melhores que você, mas também não significa que você é melhor ou superior a ninguém. Vocês apenas viveram e vivem contextos de vida diferentes, que conferem a cada um diferentes aprendizados e pontos de vista. Cada aprendizado ficará registrado em suas memórias, tornando-se perene.

Como toda ação tem sua reação, todo efeito tem sua causa, e tudo entra em equilíbrio no Universo, cada uma de nossas ações é medida, e o retorno de nossos atos é garantido por uma Lei Universal conhecida como Lei do Carma. Essa lei parte do princípio de que tudo aquilo que fizermos, seja algo bom ou ruim, terá seu retorno para o equilíbrio geral. Trata-se de um efeito bumerangue ou estilingue. A força empregada para o disparo é a mesma que será empregada para o retorno do objeto a quem o disparou.

Tudo aquilo que plantamos, nós colhemos. Todo mal que semeamos retornará para nós; toda bondade que espalhamos virá ao nosso encontro. A explicação é simples, porém, muitas pessoas ainda não se deram conta de que a existência física atual é o resultado de tudo aquilo que foi plantado em experiências físicas anteriores. Afinal, se somos, em essência, perenes, engano será acreditar que, ao deixarmos nosso corpo físico para trás, deixaremos também nossas faltas e nossos prejuízos de ordem física, mental ou material, cometidos a outra pessoa. As próprias leis universais se encarregarão de equilibrar esse fluxo dissonante, trazendo uma vivência equivalente ao ser que deu origem a esse desequilíbrio. E o retorno proporcionado a este acabará por se tornar uma prova, uma dificuldade, muitas vezes, mas, sobretudo, um aprendizado, a fim de lembrá-lo de que tudo entra em harmonia nesse grande ciclo evolutivo e expansivo.

Quanto mais relutamos em entender e aprender e mais decidimos nos rebelar e proporcionar más experiências a outras pessoas, assim também necessitaremos reaprender, pelas consequências de nossos atos, que o melhor caminho será respeitar, amar e entrar em harmonia com tudo e com todos. Um dia a humanidade entenderá que Deus não é o juiz carrasco que castiga o povo para que temam a ira Dele. Deus conferiu ao homem o livre-arbítrio para que viva como lhe aprouver, seguindo a premissa de que todo o mal que plantar, irá colher em igual medida. Ignorar essa lei é cegar-se para as ações que orientarão o desenrolar das experiências futuras. Por isso, cada pessoa é a única responsável pelo próprio contexto de vida, atual e futuro. Não podemos terceirizar a responsabilidade por nossas ações, muito menos o resultado obtido delas. Somos responsáveis por tudo o que fazemos, falamos e sentimos. Sempre.

Agora já é possível compreender um pouco mais a razão de existirem tantas diferenças na humanidade. Nosso corpo físico representa hoje as necessidades de aprendizado do nosso espírito, em decorrência de quem ele foi e do que já fez. Nossas vivências atuais são os meios fundamentais para entendermos e aprendermos a ser humildes, abnegados, cientes da necessidade de destinar melhor nossos recursos financeiros para o bem, cientes de que ferir o próximo e causar-lhe dor somente nos trará mais dor.

Escolhas são feitas a todo instante. Há espíritos que escolheram passar por determinada dificuldade ao vir para nova experiência física, pois o aprendizado que levariam ao final dela compensaria todo e qualquer sacrifício e haveria constantes superações.

Quando falamos em aprendizados de dor e sofrimento, o ser humano os associa com algo difícil, punitivo e desnecessário. Porém, esse é um pensamento pequeno se considerarmos que é muito fácil nos habituarmos a tudo que é cômodo e simples. Ou seja, é mais fácil nos eximirmos de aprender para viver alegrias e festas do que desenvolvermos a paciência, a tolerância e a humildade. Mas, às vezes, somos conduzidos pelas próprias leis universais a seguir em frente. E as dores e os incômodos vêm para nos lembrar do propósito da nossa vida na Terra: aprender, aprender e aprender.

A mente limitada do homem, que reluta em expandi-la — por estar condicionado às experiências proporcionadas pelos cinco sentidos —, precisa migrar para um novo estado de consciência, isto é, a compreensão de que quanto mais rápido aprendermos e entendermos como o Universo funciona, mais rápido conseguiremos nos tornar, de fato, conscientes dos caminhos a que nos levará cada uma das escolhas que fizermos. Então, perceberá que nós e nossas ações estão conectados uns aos outros. E que, cada escolha que você fizer, impactará diretamente na vida de todas as pessoas ao redor, direta ou indiretamente, em maior ou menor proporção, pois nós todos temos a mesma origem divina, uma fonte única, em constante expansão.

Questões para reflexão

1 - Por que pessoas nascem com deficiências físicas, ou limitações psicológicas, e outras não?

2 - O que é a Lei do Carma?

3 - Como suas escolhas e seus aprendizados, apesar de individuais, impactam na vida das pessoas ao seu redor?

CAPÍTULO 5

Esquecendo o passado

Nascemos nesta vida em um corpinho novo, zero quilômetro, incapazes de recordarmos de algo que não experimentamos, que não tocamos, que não presenciamos. Assim, passamos a habitar um corpo, um veículo capaz de proporcionar a nós uma experiência totalmente nova, um recomeço. Passamos a ver, sentir, ouvir e raciocinar através dos nossos órgãos físicos.

Imagine agora você, espírito, tendo já vivenciado inúmeras outras experiências em corpos físicos diversos, depois de tantos outros nascimentos. Cada nascimento representou uma etapa da sua jornada evolutiva em que você pôde olhar o mundo com uma visão distinta, aprender coisas diferentes e ter também diferentes oportunidades de fazer da sua vida o que bem entendesse. Assim, durante toda essa jornada evolutiva até a atual, pessoas podem ter se sentido ofendidas ou prejudicadas por você. Outras podem ter se sentido muito amadas e gratas pelas experiências que compartilharam consigo. Em uma existência, você pode ter sido chefe, em outra, empregado, marido, esposa, amante, bandido, escravo, carrasco, soldado, dentre tantas outras possibilidades, sempre fazendo escolhas e agregando experiências às suas inúmeras existências.

Imagine agora você sendo prejudicado, maltratado, humilhado, agredido, mutilado, ferido na alma e nas emoções, e morto. Apesar de experiências traumáticas como essas não fazerem parte da experiência atual, todos esses traumas ficaram registrados no seu ser. Então, na existência atual, de repente, você se depara com alguém em seu caminho e sente por essa pessoa uma repulsa enorme. Não sabe o que é e de onde vem. Mas a primeira impressão não lhe traz bons sentimentos. Você não suporta ser tocado por ela ou tem medo de se aproximar. Pressente algo ruim ao estar perto dela. A presença dela o incomoda, o irrita gratuitamente. Agora reflita: que oportunidades você daria a ela para ouvi-la, respeitá-la e amá-la caso soubesse que ela foi a responsável por parte dos traumas que carrega em seu ser para serem curados? Por mais que nosso veículo zero quilômetro atual não nos permita lembrar de algo que ele nunca viveu, carregamos em nossa essência as impressões das experiências pregressas. Isso é o que chamamos de véu do esquecimento, que é a capacidade de recomeçarmos, dando oportunidade a nós e aos outros de mostrarem o seu melhor lado, de mostrarem que tudo o que já foi vivenciado lhes possibilitou entenderem a importância de praticar o bem e amar o outro.

Por mais que as experiências atuais não reconheçam relacionamentos de outras épocas, nossas almas reconhecem suas impressões, umas mais fortes que outras. Por essa razão, o véu existe. Imagine se soubéssemos de tudo aquilo que foi ocasionado ao nosso espírito em outra experiência ou que ocasionamos ao próximo? Quem venderia alimento para um suposto assassino? Quem doaria uma moeda a um suposto ditador? Que pessoa, tendo sofrido nas mãos de um suposto carrasco, perdoaria sua crueldade? Esses gestos desafiariam nossa capacidade de compreensão da verdade, por trás das experiências espirituais, e de perdoar.

E o contrário também é verdadeiro. Eventualmente você poderá encontrar com pessoas cuja presença lhe traz alegria e empatia instantaneamente, como se as conhecesse há muito tempo. Espíritos queridos, que já lhe fizeram bem, que talvez cuidaram de você em algum momento, ou com quem você teve a grata chance de vivenciar um relacionamento harmonioso. Amigos, cônjuges, mãe, pai, irmãos, seres que foram grandes bênçãos. Você pode não os reconhecer espiritualmente, mas você se alegra ao estar perto daqueles que, nesta vida, representam quem já lhe fez bem.

Todos nós erramos. Todos nós, em algum momento, fomos vítimas e algozes. Todos nós somos dignos de perdão, do mesmo modo que outras pessoas querem ser perdoadas. Cabe a nós entender que a dor de outras épocas já não existe. É natural, no entanto, que as impressões daquelas ações do passado ecoem forte no presente. E o passado estará sempre nos nossos registros espirituais e virá, eventualmente, em forma de tendências emocionais, para nos mostrar o quanto compreendemos que o melhor caminho é o da paz e o do amor ao próximo. Tudo, absolutamente tudo, passa. O que nos resta são as impressões e os aprendizados.

A partir daí, percebemos o quanto o corpo físico atua como um grande experimentador e catalizador. É a carcaça, a linha de frente que arcará com todo o dreno energético resultante de experiências do passado, das escolhas tomadas em algum momento na história do nosso espírito, do nosso ser.

Somos seres divinos e viemos continuar o processo de expansão da consciência, evoluir e reaprender quantas vezes for preciso, para que os resultados de nossas escolhas nos mostrem as consequências do mal que insistimos em plantar, para então mudarmos nossas ações, a fim de colhermos sempre bons frutos.

Questões para reflexão

1 – Por que, ao encontrarmos algumas pessoas, experimentamos a sensação de que já as conhecemos?

2 – Por que o esquecimento das experiências do espírito, em outras existências, torna-se importante para a experiência atual?

3 – Por que algumas situações difíceis se repetem, o obrigando a se defrontar com as mesmas dificuldades (emocionais, afetivas, financeiras etc.)?

CAPÍTULO 6

A morada da alma e a morada do espírito

Assim que concluirmos a jornada atual na Terra e retornarmos para a casa espiritual, nosso espírito terá a oportunidade de refletir sobre as experiências que teve e os resultados colhidos. Será o instante do replanejamento de uma possível nova jornada no plano físico, por intermédio de um novo corpo e de uma nova personalidade. É a oportunidade de a alma abrigar a programação de parte das experiências que terá e dos ajustes a resolver com as leis universais.

Sim, existe todo um planejamento por trás desta vivência terrena. É verdade que temos o livre-arbítrio, visto que fazemos escolhas a todo instante, porém, alguns acontecimentos em nossas vidas são programados como verdadeiros contratos espirituais, necessários ao ajuste cármico do nosso ser.

Antes mesmo de habitarmos o corpo físico, programações são realizadas em nossa alma e se refletirão, inclusive, em nosso DNA, de modo a pré-agendar ações que culminarão em algumas experiências pelas quais teremos de passar, como se programássemos tarefas em um computador para serem executadas ao longo do tempo.

Considerando que o corpo é esse engenhoso computador orgânico, ele poderá atuar como um grande catalisador e fio terra de energias dissonantes, originadas em ações do passado. Essas drenagens, como uma descarga de energia no corpo físico, acarretam, muitas vezes, em doenças que podem se desenvolver ao longo da vida. O aparecimento delas, no entanto, pode ser antecipado, postergado, ou mesmo neutralizado, conforme os cuidados com a saúde do corpo e da mente. Devemos procurar manter a mente e as emoções sempre em equilíbrio, de modo a evitarmos a somatização de doenças.

A mente é o grande direcionador das nossas escolhas e das nossas ações. Tudo aquilo que realizamos é o resultado do que pensamos. Tudo o que fazemos se inicia com uma ideia, um pensamento. Razão pela qual temos que, incessantemente, conduzir nossos pensamentos para boas ideias. "Orai e vigiai" é como muitos dizem, ou ainda: "vigiai e orai", pois quem vigia os pensamentos a ponto de evitar que ideias negativas tomem conta da mente, propiciará a si o bem-estar mental e emocional e um dia a dia muito melhor. E quem ora se conecta com seu Eu interior, que é a própria manifestação da Inteligência Superior.

O corpo é a morada da alma, enquanto o espírito está além do corpo. Em outras palavras, assim que a essência divina se projeta na morada temporária do corpo físico, ela assume uma alma, utilizando-se do plano mental e emocional para interagir no plano físico. Já o espírito é a essência, que independe do corpo e está acima da alma. Assim como o corpo é uma vestimenta para a alma, esta o é para o espírito.

Assim que o ciclo da experiência física termina, o ciclo da alma também terá seu termo. O local para onde iremos, após a morte do corpo físico, corresponderá às tendências e crenças que possuímos durante a experiência física. Nosso ser se deparará com um novo mundo, condizente com o estado de consciência de si mesmo. Quanto mais em paz, consciente e desperto estiver em relação à realidade metafísica, mais facilmente será atraído aos locais compatíveis de auxílio e acolhimento espiritual.

Há aqueles ainda não despertos para essa realidade, talvez por ainda estarem muito apegados a conceitos, preconceitos, ideias fixas e materialistas. Eles não veem, ou não querem ver, ou mesmo não aceitam outra realidade senão aquela para a qual viviam na Terra, uma realidade de apego à matéria. E até que compreendam que o Universo é muito maior do que imaginam e até que percebam que a existência física é senão um local de aprendizado passageiro, muitos poderão ainda ficar mais ou menos tempo em sua percepção de realidade, conectados ao corpo físico em decomposição, relutando em abandoná-lo, ou vagarão errantes. Há casos em que, percebendo seu estado, o ser poderá "ir atrás" daqueles que o prejudicaram, ou poderá unir-se a grupos de outros seres que estabeleceram entre si suas próprias regras sociais e se recusam a fazer seu exame de consciência, a fim de seguir bons caminhos que os conduzam a novas oportunidades de aprendizado. Os destinos são inúmeros, mas caberá a cada um viver conforme seu livre-arbítrio, além de seguir o próprio coração, preparando-se sempre para viver boas experiências, conforme se permitir. O organismo físico é senão uma morada transitória e nada mais. Caberá a nós cuidar bem dele, com carinho, amor e respeito, pois ele nos acompanhará até chegar o dia em que terá cumprido seu dever e deixará de servir como um meio útil ao nosso aprendizado. Então será a hora do regresso; a hora do nosso espírito refletir sobre toda a jornada e reencontrar seres queridos, a quem temporariamente deixou para poder viver esta experiência.

Questões para reflexão

1 – Em razão da morte do corpo físico, como garantir o encaminhamento da alma para bons lugares?

2 – Qual a nossa responsabilidade para com o corpo físico durante a vivência na Terra?

CAPÍTULO 7

Não é porque você não vê que não está lá

Para entendermos o conceito de plano físico e plano metafísico, precisamos entender que existem inúmeras frequências de ondas de energia ao nosso redor e que percorrem nosso corpo.

Assim como celulares, rádios, TVs, satélites e inúmeros outros transmissores e receptores de sinais captam ondas variadas, que podem estar sendo transmitidas de qualquer local do mundo, também nós, seres humanos, somos receptivos a determinadas faixas de onda ou vibrações.

Os aparelhos tecnológicos podem traduzir imagens e/ou sons. Ou seja, se algum fato ocorre em um determinado ponto da Terra, podemos utilizar um aparelho capaz de registrar e transmitir essa situação em forma de ondas a outro aparelho que, por sua vez, irá decodificar essa energia e retransmiti-la tal qual a imagem ou o som captados. Isso é possível, hoje em dia, graças a inúmeras pesquisas realizadas para construir aparelhos eletrônicos capazes viabilizar tais inovações.

Esse exemplo é apenas para dizer que o fato de você não ver seres metafísicos não significa que eles não o estejam observando neste exato instante, justamente por não vibrarem na mesma faixa de onda que nosso corpo físico. Do mesmo modo, o fato de não vermos Deus não invalida a existência Dele. Muitos poderão dizer que acreditar no invisível é uma questão de fé. De fato, é. E, além da fé, também é uma questão de se permitir se passar por experiências que o conectem com a sua essência divina. E essa mesma fé convida você todos os dias a aceitar e entender que nada é por acaso, e é ela que, por alguma razão, permite a você saber a forma como deve conduzir a sua vida sem que ninguém precise lhe falar o que fazer. Você simplesmente sente e sabe que suas escolhas particulares são importantes e verdadeiras. Ninguém poderá tirar de você a sua intuição, o seu *feeling*. Acredite nessa intuição, nesse pressentimento. Pois ele é seu, somente seu. É ele que o conecta com seu Eu superior.

A intuição é sentida por todas as pessoas, em vários níveis. E existem inúmeras delas sintonizadas com a sutil vibração emanada pelo seu próprio espírito e por outros. Muitos chamam tais pessoas de médiuns, outros as chamam de sensitivos; outras ainda são taxadas de loucas, por afirmarem receber mensagens de espíritos ou por ouvirem vozes em sua cabeça. Em decorrência disso, muitos seres humanos "normais", porém, aparentemente, perturbados por essas vozes, são internados em hospitais para doentes mentais, a fim de se curarem de uma possível patologia. Muitas das vezes, trata-se de pessoas altamente sensíveis às inúmeras faixas de vibração metafísica existentes, mas que estão em descontrole dessa faculdade, tornando-se realmente perturbadas pelas ondas de comunicação ao redor, pois não sabem como lidar.

Colhemos o que plantamos. Nos casos de pessoas aparentemente perturbadas por vozes de entidades, é necessário averiguar as causas e dar a elas o atendimento necessário. Atendimento este prestado, por exemplo, justamente por médiuns ou sensitivos, que já exercem controle sobre a própria sensibilidade e são capazes de ouvir essas mesmas vozes e interpretar sua origem, para então dar a esses seres o tratamento necessário, conforme a condição em que se apresentam, tendo em vista que eles, possivelmente, não tiveram oportunidade de esclarecimentos anteriores ou não se interessaram em tê-los ou segui-los.

Médiuns e sensitivos capazes de captar essas vibrações de onda muito sutis estão espalhados pelo mundo todo e são pessoas comuns. Diariamente, você passa por eles e não os percebe. Todos somos médiuns, em maior ou menor grau de sensibilidade, pois somos mais ou menos sensíveis e influenciáveis e interagimos com energias mais sutis. Fato é que poucos são os que reconhecem e aceitam a própria sensibilidade e, destes, poucos são aqueles que buscam produzir algo de bom com ela. Mas isso está mudando. Conforme o tempo passa, mais pessoas estão se interessando em expandir os horizontes de seus conhecimentos e entender um pouco mais a respeito dos porquês da vida, para efetivamente buscar respostas para as inúmeras dúvidas que angustiam a alma.

O ser humano carece de pensar por si só e chegar às próprias conclusões acerca de sua existência. A fé cega, que simplesmente aceita respostas pré-formatadas, porém, incompletas, impede o ser humano de se tornar questionador. Questionar nunca será afrontar a Inteligência Superior. Questionar é, acima de tudo, aprender a encontrar respostas, refletir sobre elas, entendê-las e expandir os horizontes da sua mente, tornando-se feliz por perceber que a vida começará a fazer mais sentido.

Questões para reflexão

1 - Quem são os denominados sensitivos ou médiuns?

2 - Quais as advertências para uma pessoa altamente sensitiva ou médium, que não busca entender e controlar sua sensitividade?

CAPÍTULO 8

A missão individual

Talvez você já tenha se perguntado: O que vim fazer neste mundo? Qual meu objetivo de vida? Qual minha missão?

Bem, dificilmente essa resposta virá de maneira fácil e rápida aos seus ouvidos. Como seres livres e intuitivos que somos, vamos percebendo, ao longo da vida, facilidades e afinidades com trabalhos diversos e que beneficiarão a nós e ao próximo. A nós, pois normalmente nossa missão individual é o que nos proporciona bem-estar e alegria. Ao próximo, pois nossa missão individual geralmente estará associada às experiências de outras pessoas.

Estamos todos conectados, como em uma grande rede de energia. O fato de você aprender e evoluir, aumentando seu padrão de vibração e a capacidade de amar a si mesmo e aos outros, contribuirá para que as linhas de energia que o conectam a tudo e a todos vibrem cada vez mais forte e atinjam o seu entorno, provocando também, nessas pessoas, alguma mudança, por menor que ela seja.

Nossas energias são como um diapasão que, ao tocar determinada superfície, a faz vibrar. A partir daí, percebemos que, independentemente de onde estejamos, ao interagir com outras pessoas, realizaremos trocas de energia com elas, provocando reações diversas. É por isso que nossa missão individual sempre estará associada à missão coletiva, que é aprender e evoluir sempre com o outro, conforme as impressões que obtivermos ao interagir e trocar energia com o meio em que nos encontrarmos.

E é o Eu Superior que nos direciona a situações-chave para nosso aprendizado, sempre relacionadas à nossa proposta de vida, nos conduzindo por diferentes caminhos para vivenciarmos as experiências que necessitamos, a fim de cumprirmos aqui o nosso objetivo.

E esse caminho de missão de vida, aparentemente solitário, algumas vezes, necessitará de orientação, que pode vir de vários locais, especialmente de pessoas que cruzam nossos caminhos, sempre com algum exemplo ou alguma mensagem bastante importante para nossa tomada de decisão.

Comumente recebemos sugestões e conselhos que, na visão de quem os dá, serão salutares para a nossa vida. Refletir sobre eles pode ser muito benéfico para a tomada de decisões, embora não signifique que serão as melhores soluções. As escolhas sempre serão nossas ao final. Por isso, sempre que você estiver se sentindo perdido, sem rumo, precisando tomar uma decisão importante, siga seu coração. A nossa alegria e paz de espírito, no momento de escolher, são nossas grandes guias no dia a dia.

Entender a nossa missão de vida é um momento particular e requer tranquilidade e respeito conosco. Muitas vezes, nos sentimos impelidos a seguir caminhos que não nos agradam, seja na vida particular ou profissional. Se por acaso você se sentir obrigado a fazer algo que não lhe traz alegria, recolha-se e repense, intua, ore, peça que lhe seja revelada uma melhor solução, um melhor caminho. Peça para que você seja conduzido à melhor direção e para que, se for permitido, as pessoas certas o auxiliem. Pode ter certeza de que, se o seu pedido foi feito com sentimento sincero, naturalmente, as portas se abrirão e tudo se tornará mais claro.

Por vezes, arranjamos desculpas ou justificamos que estamos seguindo esse ou aquele caminho porque essa ou aquela pessoa disse que seria melhor. Não precisamos seguir a opinião dos outros. Se resolvemos seguir, foi por nossa escolha, foi porque assim decidimos. Ninguém é obrigado a nada e nem deve se sentir obrigado a nada. E, por mais difícil que pareça uma situação que estejamos vivenciando, tudo passa. Cabe a nós ser pacientes, serenos e confiantes.

Ao longo da nossa jornada de vida, muitas mudanças ocorrerão naturalmente. Mudanças significam novas oportunidades ou novos caminhos para aprender coisas diferentes. É possível, portanto, que algo que você fazia e lhe trazia alegria em determinado momento, tenha agora deixado de proporcionar essa mesma sensação. Ou ainda, você pode ter sido forçado a sair da sua zona de conforto. Significa que um ciclo de aprendizados e escolhas está se encerrando para outro ciclo começar. As mudanças e escolhas são duras muitas vezes, mas sempre necessárias.

Pessoas facilmente criam expectativas e se apegam a situações. Deixar um caminho para seguir outro requer, muitas vezes, coragem, força de vontade e segurança em si mesmo, acima de tudo. Se a vida está lhe exigindo mudanças, é sinal de que seu Eu Superior, sua centelha divina, está empurrando-o para encontrar um novo caminho. Quando lutamos contra um sentimento de mudança, nos sentimos angustiados. Percebemos que algo não está se encaixando em nossa vida, ou que não mais fazemos parte de um lugar ou situação. Algo precisa mudar, mas não entendemos o quê. Nesse instante, respire fundo, acalme-se e medite. Essa inquietação pode ser o seu Eu Superior indicando que seu sentimento está correto, indicando que você precisa, sim, fazer algo por si mesmo e buscar a felicidade. A relutância em agir nos angustia e impede de nos proporcionarmos novas experiências, que certamente trarão muitas novas alegrias e enriquecerão ainda mais a nossa vida com novos conhecimentos e, possivelmente, a vida das pessoas ao redor. Escute a si mesmo. Reflita. Aja. Mude se preciso for. Pratique o desapego de coisas, lugares, de pessoas se preciso for.

Seria um equívoco acreditar que suas escolhas, seus aprendizados e suas vivências maravilhosas serão os mesmos que trarão a felicidade para seu amigo, colega ou companheiro. Os aprendizados são individuais. Às vezes, por algum tempo, nossos aprendizados podem até convergir e seguir um caminho semelhante ao de alguém, para que, juntos, tenhamos interação e troca de experiências, vivências e novos conhecimentos. Mas nem sempre será assim. Não podemos ser egoístas a ponto de querermos estar todo o tempo ao lado de pessoas que fazem com que nos sintamos bem. Ou mesmo exigir a presença dessas pessoas ao nosso lado, como se a ausência delas representasse uma perda em nossa vida. Muitas vezes pessoas se afastarão de nós para trilhar seu próprio caminho. Significa que devemos deixá-las ir e orar por elas, para que possam viver aquilo que precisam viver e aprender aquilo que precisam aprender, da melhor forma possível, sempre com amor e alegria.

Alegria. Trata-se de uma das nossas mais valorosas ferramentas para desenvolvermos a nossa missão individual. Não viemos a este mundo para sofrer, mas para ser felizes. E poder realizar nossos sonhos de modo que isso nos faça bem e ainda ajude o próximo, certamente será um indicador de que estamos efetivando neste mundo aquilo que realmente nos propusemos a cumprir. Estaremos realizando a nossa missão.

Questões para reflexão

1 - Por que podemos comparar as nossas energias e vibrações pessoais com um diapasão?

2 - De que forma o Eu Superior nos "fala" que nosso contexto de vida precisa de mudanças?

3 - Quando percebemos que uma situação em nossa vida está nos fazendo mais mal do que bem, o que nos impede de mudar? Que aprendizados podemos obter dessa experiência?

CAPÍTULO 9

Entenda aquilo que lhe faz bem

Ninguém melhor do que nós mesmos para conhecer nossos sentimentos. Por isso, preste sempre atenção aos seus sentimentos em relação a tudo aquilo que fizer. Os sentimentos são o grande balizador de nossas ações. Necessitamos entendê-los para compreender que eles pertencem unicamente a nós e a ninguém mais. Nós somos os grandes responsáveis por aquilo que emanamos, portanto, não devemos culpar o outro pela maneira como nos sentimos, pela nossa raiva, angústia, inveja, preguiça, mágoa etc. — mesmo que a razão por nos sentirmos dessa ou daquela maneira seja em decorrência da atitude de outra pessoa. O outro simplesmente nos mostra aquilo em nós que pode ser melhorado, modificado. O fato de nos incomodarmos com a atitude de alguém é apenas o indicativo disso, pois revela a nossa sombra interior.

Muitas vezes prestamos mais atenção e damos muita importância ao que as outras pessoas são, no que elas acham e acreditam, a ponto de permitirmos, muitas vezes, de maneira inconsciente, que esse entorno determine como reagiremos e nos sentiremos. Viver assim pode ser frustrante, pois colocamos sempre no outro a responsabilidade por nos sentirmos felizes ou infelizes, conforme o mundo e as pessoas correspondam ou não às nossas expectativas. Isso quer dizer que, ao colocarmos a responsabilidade da nossa felicidade em outro indivíduo, criamos uma dependência de atenção, aceitação, amor, carinho, respeito.

Criamos, com nossas expectativas em relação aos outros, uma imagem idealizada deles, conforme aquilo que esperamos que sejam — mesmo que essa idealização não represente absolutamente nada do que eles realmente são. E quando essa imagem não é correspondida, nos sentimos frustrados, traídos, enganados, decepcionados. Isso já aconteceu com você?

Somente você é dono dos seus sentimentos e somente você poderá determinar como se sentir em relação a tudo o que fizer e a tudo o que escutar. Sentir-se mal em relação à atitude de alguém para consigo é natural, pois podemos nos sentir feridos, e isso nos fará refletir. Mas permanecer nesse sentimento é o mesmo que abdicar da sua felicidade para vivenciar frustrações ou decepções em decorrência do ponto de vista alheio, que pode diferir em muito dos valores que você criou para sua vida.

Esta pode ser uma grande oportunidade para você. Procure entender como se sente quando for ferido por alguém. Perceber em si sentimentos contrários à alegria e à felicidade é um indicador de que algo necessita ser aprendido. Optar por ser feliz e não se deixar influenciar pelas escolhas do outro é sinônimo de independência e liberdade. Pois um corpo acorrentado pode, ainda assim, possuir uma mente livre, mas uma mente acorrentada em pensamentos e sentimentos que tolham seu bem-estar e alegria, por mais que esteja em um corpo livre, estará cedendo à própria opressão e infelicidade.

E na busca por impressionar o outro e sermos aceitos, cometemos excessos contra nós mesmos, abdicando da nossa própria vontade. Os excessos, muitas vezes, nos trazem felicidades momentâneas. Mas, como tudo no Universo entra em equilíbrio, logo seremos chamados pelo nosso Eu Superior a um autoexame de consciência, e virão à tona sentimentos antigos e comparações entre o nosso atual contexto e os tempos idos. A nostalgia poderá nos fazer refletir sobre nossas escolhas passadas e trazer frustração por tarefas que poderíamos ter executado se tivéssemos conduzido uma vida com experiências mais felizes e de sentimentos equilibrados.

Refletir sobre nossos sentimentos é fundamental para o autoconhecimento e para a busca contínua de nos tornarmos pessoas cada vez mais independentes emocionalmente das opiniões e impressões alheias.

Essa autorreflexão não deve ser objeto de peso ou culpa por identificar que em algum momento fez escolhas equivocadas, pois se trata apenas de uma oportunidade de desenvolver em si entendimentos importantes para sua vida. Facilmente poderemos nos sentir culpados por ações não tomadas e tarefas não concluídas. Se você se sentir culpado pelo tempo supostamente perdido, pare e reflita sobre o aprendizado que pôde tirar de suas experiências. Esse momento de reflexão talvez seja um dos mais valorosos de sua vida, pois, independentemente do tempo que levar para se dar conta dos excessos e dos resultados de suas escolhas, esse momento sempre irá chegar, no tempo certo para você. Nunca será tarde para fazermos escolhas melhores e mudarmos a rota. O que importa é essa percepção chegar.

O certo e o errado, portanto, são relativos. A felicidade e o bem-estar estarão ligados ao seu estado de consciência, independentemente do seu contexto de vida. A sua verdade não precisa estar alinhada à verdade do outro, mas, como possuímos experiências individuais, devemos respeitar o ponto de vista alheio, respeitar as escolhas alheias, assim como queremos que respeitem as nossas opiniões e as nossas escolhas.

Respeite, sim, mas ouça também e reflita. A opinião do outro pode lhe ensinar muitas coisas, mesmo que a princípio você não concorde com ela. Pois é fundamental nos permitirmos aprender com todas as situações. Elas agregarão valor à nossa vida, para que a harmonia e o equilíbrio estejam sempre presentes. Tudo se alinha conforme evoluímos e nos tornamos seres humanos mais conscientes, tolerantes, felizes e realizados. Todo esse resultado é construído a partir das boas escolhas que fazemos, impactando positivamente em nós e no próximo. Assim, contribuímos para o nosso aprendizado e para a evolução de todos ao redor.

Questões para reflexão

1 – Por que pode ser frustrante criarmos expectativas? Como nos sentimos quando nossas expectativas não são correspondidas? De que maneira podemos lidar melhor com esse sentimento?

2 – O que você entende por valores de vida? Você respeita os seus valores de vida e os valores das pessoas com quem interage?

3 – Até que ponto você respeita e permite que as opiniões e os valores de vida das outras pessoas aprimorem seus valores e suas opiniões pessoais?

CAPÍTULO 10

Como saber se estou no caminho certo?

Estar no caminho certo é sentir-se plenamente feliz e satisfeito por estar fazendo suas próprias escolhas, de acordo com o que você considera bom para si e para o próximo. É sentir-se livre e não triste ou frustrado pela forma como conduz sua vida.

Estar no caminho certo é exercer o seu livre-arbítrio e experienciar a felicidade dos caminhos para onde suas escolhas o conduzirem. É aproveitar cada instante de maneira alegre e realizada. É ser grato por todas as experiências que tiver e fazer sempre o melhor de si, se empenhando nas tarefas que proporcionam bem-estar a você e às pessoas ao redor, sem negar seus momentos de lazer, prazer individual, seus costumes e suas pequenas alegrias diárias.

Estar no caminho certo é deixar seu coração guiá-lo para esses sentimentos de gratidão, sem excessos, sempre em equilíbrio. Pois tudo em excesso pode causar um descompasso em sua vivência. O termômetro estará nos sentimentos. Preste muita atenção neles, pois é a forma mais simples de perceber quais caminhos o conduzirão a escolhas mais harmoniosas em sua jornada.

Eventualmente passaremos por circunstâncias desesperadoras e angustiantes, a ponto de nos sentirmos desorientados e com alguma dificuldade de entender as escolhas que teremos de fazer, ou os passos a dar. Mas, acredite, você não ficará sem auxílio.

Quando nos desviamos do nosso foco vivencial e passamos a dar mais importância a questões fúteis e não aproveitamos na totalidade os aprendizados que vêm ao nosso encontro, este Universo, que tudo equilibra, envia sinais de diversos tipos para nos reconduzir à rota principal. Caberá a nós unicamente perceber esses sinais e aceitar a mensagem que eles nos trazem. Encontraremos pessoas, livros, filmes, anúncios, frases soltas, enfim, mecanismos diversos querendo nos dizer: "Hei! Preste atenção nisto aqui que venho lhe dizer, pois pode auxiliá-lo na sua dificuldade".

Às vezes, as escolhas mais difíceis nos fazem pensar se vale a pena enfrentar os desafios que elas podem proporcionar, ou se vale mais a pena permanecer no caminho mais cômodo e não realizar qualquer mudança em nossa vida. Render-se ao comodismo faz com que evitemos desgastes, esforço, ou ainda pode significar que temos medo de arriscar coisas novas ou de decepcionar alguém — que pode ser inclusive nós mesmos.

Muitas pessoas sentem dificuldade de dizer não, para não serem, talvez, indelicadas, ou não decepcionarem. O problema é que, quando dizemos sim àquilo que não queremos, estamos dizendo um não a nós mesmos. Se você percebe que a vida não está seguindo o rumo desejado, mas tem dificuldades em dizer não ao que está lhe fazendo mal e sente-se culpado por isso, então você está impedindo-se de expressar sua opinião e sua individualidade.

Se você chegar a esse impasse, reflita, reflita e reflita mais um pouco. Pergunte-se: Por quanto tempo quero viver dessa maneira? Por quanto tempo acredito que posso suportar essa situação ou esse sentimento? Quero me sentir feliz e realizado, ou quero me sentir infeliz e frustrado? Quando percebo esses sentimentos em mim, sou capaz de mudar a situação que os despertou ou serei incapaz de fazê-lo? Devo conviver com a situação em que me encontro, ou posso exercer meu livre-arbítrio e me libertar dessa situação ou sentimento que me aprisiona?

A resposta provavelmente será: Quero me libertar! Se chegou a essa conclusão, você já deu um grande passo. Siga seu coração e valorize-se. Estamos em aprendizado; erramos, sim, mas também temos a capacidade de corrigir a rota e seguir por um caminho mais feliz e menos doloroso.

Toda mudança exige de nós algum esforço, planejamento e uma readaptação, pois se estivermos condicionados à determinada rotina, situação ou a um sentimento, desprender-se disso pode ocasionar um dilaceramento temporário dessa ligação nociva à qual nos habituamos. Sim, é comum nos habituarmos também àquilo que nos faz mal. E para toda mudança ocorrer, é necessário dar o primeiro passo. Ao dá-lo, nos sentiremos livres para sermos pessoas felizes, melhores e abertas aos novos e bons sentimentos, os quais definitivamente merecemos ter e cultivar em nosso coração.

Aceite as oportunidades que o Universo lhe trará para se tornar uma pessoa melhor. Siga os sinais e você estará mais próximo de sentir-se plenamente feliz e satisfeito. Seus sentimentos o conduzirão para esse caminho, e seu Eu Superior continuará sempre a guiá-lo.

Questões para reflexão

1 – Você consegue dizer não a pessoas e situações sem se sentir culpado?

2 – Você se sente plenamente satisfeito com as escolhas que tem feito? Caso não, quais mudanças você poderia planejar para sua vida, de modo a iniciar uma nova etapa, que lhe proporcionará sentir-se feliz e realizado?

3 – Qual seu objetivo de vida para daqui a 5 e 10 anos? Já pensou a respeito? Quais as mudanças que necessita realizar para atingir seu objetivo? Teria coragem de fazê-las?

CAPÍTULO 11

Seja uma pessoa agradável de se ter ao lado

Você já deve ter passado por várias experiências de estar ao lado de gente reclamona, negativa, que gosta de falar mal dos outros e que vive apontando os defeitos alheios. São pessoas que, na maior parte das vezes, se acham injustiçadas e vítimas da ocasião. Muitas delas estão revoltadas com a vida.

Pessoas negativas se sentem bem em descarregar toda a frustração por meio de palavras que, inevitavelmente, atingirão os ouvidos de quem estiver por perto. Aqueles que ouvirem — mas não comungarem desses mesmos pensamentos e sentimentos —, poderão se sentir incomodados, especialmente se já tiverem a consciência de que nada adianta reclamar da vida, tendo em vista que, se passamos alguma dificuldade, algo precisamos aprender com isso.

É fato que reclamar sem que façamos algo para mudar a situação, dentro das nossas possibilidades, não resolve o problema. A pessoa que despeja sua negatividade no outro, poderá fazer com que este, se não estiver bem alinhado com seus propósitos de ser alguém do bem e não se deixar influenciar pelos comentários alheios, se sinta mal ao ouvir passivamente as reclamações. Ninguém gosta de gente reclamando o tempo todo. E ninguém deve se sentir obrigado a permanecer ao lado de pessoas assim.

Querer ajudá-las é um ato nobre, ao proferir palavras positivas, de encorajamento, que lhes possibilitem observar e entender outros aspectos da vida. Ajudar é um grande ato de amor, de desprendimento e de caridade. Mas, ao perceber que suas tentativas de ajudar em nada colaboram para que o outro reflita sobre as próprias ações e torne-se mais consciente e melhor, então, pode ser a hora de você se distanciar.

Ninguém gosta de ser depósito de lixo. Pessoas negativas somente despejarão sua negatividade em nós se permitirmos que isso aconteça. Respeite o tempo delas. Normalmente pessoas assim tendem a ser isoladas e sentem-se sozinhas e desprezadas, pois acaba sendo comum os outros se afastarem delas, devido à energia negativa que emanam.

Se com nossa visão externa da situação tivermos a possibilidade de mostrar ao outro um caminho alternativo para sua vida, por que não o fazer? Temos a consciência e responsabilidade de tentar ajudar, conforme nossas possibilidades, mas não devemos obrigar o outro a mudar simplesmente porque nós já entendemos como o processo funciona, enquanto ele talvez não. Caberá a ele, por seu livre-arbítrio, escolher mudar e querer mudar. Ninguém deve ser obrigado ou pressionado a nada. Respeitar a individualidade do outro é entender que não devemos obrigá-lo a ser quem nós queremos que seja. Todos nós temos nossas angústias e necessidades de nos expressarmos. Por isso mesmo, independentemente das escolhas de qualquer indivíduo, é fundamental continuarmos a nossa própria caminhada, passo a passo, rumo a novos aprendizados que nos tornem cada dia melhores. Somos seres em evolução constante. Apesar de termos um caminho individual, não devemos deixar de praticar o amor e a caridade. Podemos ajudar, emitir uma opinião e um ponto de vista diferente e positivo para alguém que esteja precisando, ou para quem tende a ver as coisas de um modo negativo. Mas não precisamos nos obrigar a estar sempre perto de pessoas que não nos fazem bem. Nosso aprendizado está em melhorarmos sempre. Por isso mesmo devemos buscar estar ao lado de seres que nos façam bem e nos ensinem a ser melhores. Isso contribuirá em muito para nosso aprendizado e evolução.

Questões para reflexão

1 – Será que sou uma pessoa agradável de se ter por perto?

2 – Vivo reclamando demais da minha vida e do mundo e pouco faço para mudar a situação?

3 – Vejo mais o lado negativo da vida e das pessoas? Ou admiro as virtudes delas e, mesmo tendo valores e opiniões diferentes das minhas, procuro não as evidenciar com o intuito de denegrir, mas de respeitá-las por estarem, assim como eu, em constante aprendizado?

CAPÍTULO 12

A escalada da evolução

A Terra é onde nos encontramos vivendo experiências de reparação, de retificação e, em muitos casos, de purgação. Sabemos que viver pode não ser tão fácil ou simples. Viver exige busca pelo conhecimento e disciplina nos diversos estágios de aprendizados da existência, para que possamos melhor conduzir nossos caminhos no mundo material, ao lidar com situações inesperadas, sentimentos turbulentos, pessoas com temperamentos distintos cruzando nossos caminhos, além do cuidado que devemos ter com a nossa saúde e bem-estar, físico, emocional e mental. Viver requer de nós algum esforço para que consigamos construir a nossa própria vida de forma independente. Viver exige que construamos caráter e aprendamos que fazer o mal a outra pessoa poderá prejudicá-la muito, assim como ocorreria se um mal fosse feito a nós.

O esforço para o aprendizado é individual. O mérito está no trabalho de quem faz. Se outro faz por mim, então o mérito não é meu; o aprendizado foi dele. Mas se por meus esforços busco ver as oportunidades que a vida me dá para aprender a me tornar uma pessoa melhor, sigo, então, meu próprio caminho, efetuando minhas próprias escolhas, tornando-me uma pessoa de bem, capaz de entender e de amar o próximo, ajudando-o conforme minhas possibilidades. Logo, o mérito de todas essas ações não pode ser de outra pessoa a não ser meu.

Dificuldades? Obstáculos? Sim, haverá muitos, que serão maiores ou menores de acordo com a importância que daremos a eles. O nosso nível de aprendizado se mede justamente pela forma como decidimos enfrentar cada situação de nossa vida. Se lidarmos de forma tranquila e equilibrada com nossos sentimentos, observando, entendendo, e agindo de modo comprometido e responsável, então, teremos amadurecido o suficiente para entender que o aprendizado foi concluído com êxito, por mérito próprio. Caberá a você fazer por merecer. O mérito será seu e de mais ninguém.

A escalada da evolução é uma só, com objetivo claro: expandir a mente e retornar à fonte. Esse é o maior desejo do nosso ser. Se traçarmos uma linha reta entre onde estamos até esse objetivo essencial, então teremos o caminho mais curto para chegarmos até lá.

Imaginemos que esse caminho é uma estrada onde existem inúmeros aprendizados, para que desenvolvamos virtudes essenciais para nos alinharmos com a nossa fonte divina. Agora imagine que mais próximos estaremos da fonte se mais sutis nossas vibrações estiverem. Ou seja, tudo que está em vibração semelhante se atrai mais rapidamente. Portanto, quanto mais elevada nossa vibração estiver, mais alinhados à fonte estaremos e retornaremos a ela muito mais rapidamente. Desse modo, faremos o caminho mais curto e rápido, ou seja: a linha reta.

Agora, não podemos esquecer que nessa estrada até a fonte iremos vivenciar inúmeras experiências que buscam testar e desenvolver em nós qualidades que nos tornem mais sábios, mais pacientes, mais tolerantes, mais evoluídos. Poderemos ainda nos frustrar, nos irritar, nos tornar egoístas, intolerantes, apegados às coisas materiais etc. A cada prova, a cada obstáculo, poderemos eventualmente abaixar nossa vibração e sair de alinhamento com a fonte divina. E, tendo em vista que há muitas coisas a aprender durante o caminho reto traçado no início, levaremos um tempo maior ou menor para chegar ao nosso objetivo.

Ou seja, esse tempo para retornarmos à fonte será maior ou menor conforme a abertura de cada um em aprender e a forma com que reagiremos às diversas provas no caminho da evolução. Mas, independentemente do obstáculo que apareça, podemos superá-lo desenvolvendo a paciência, a tolerância, o entendimento, o perdão, o amor,

79

dentre tantas outras virtudes que aprendemos a desenvolver, paulatinamente, durante nossas vivências.

Mesmo sabendo que os caminhos retos nos conduzem diretamente à nossa fonte divina, nossa mente racional poderá querer tomar atalhos, ou ainda fazer uma pausa e desviar-se da rota principal, para aproveitar um pouco mais os prazeres e benefícios que o trajeto proporcionará. Fazemos curvas, giramos em círculos, nos perdemos muitas vezes.

Pode ser que demoremos a perceber que nada daquilo que achávamos ser bom e prazeroso, de fato, nos preenchia de alegria e amor plenos, mas, sim, de alegrias passageiras. Por vezes, justamente como resultado de nossas escolhas mais rebeldes, passaremos por aprendizados, às vezes, mais duros do que aqueles que teríamos se mantivéssemos a rota principal, o caminho reto.

Eis o grande ponto. Por mais que estacionemos, ou por mais que achemos que podemos adiar nossa chegada ao objetivo principal de nosso ser, retornaremos à fonte. Sim, retornaremos, pois não paramos de aprender um instante sequer. E a cada aprendizado percebemos que somente encontramos a verdadeira felicidade quando nossas experiências nos enchem de ânimo, paz e alegria, pois a verdadeira felicidade que satisfaz nosso ser é sentida quando fazemos o nosso melhor, quando seguimos o caminho do bem, quando ajudamos cada vez mais pessoas a retomarem também a sua rota.

A maneira como cada ser no Universo traçará seu próprio caminho é individual. A forma como você escolherá viver os caminhos dos seus constantes aprendizados será sempre sua. Essas escolhas são belas, pois definem você como único. E é justamente como você retornará à fonte que chamamos de livre-arbítrio.

Questões para reflexão

1 – Qual o grande anseio e objetivo do nosso ser?

2 – Durante o trajeto a esse objetivo, com quais desafios iremos nos deparar? Como lidar com eles de modo a não nos desviarmos da rota principal?

CAPÍTULO 13

As escolhas e o livre-arbítrio

Durante nossa jornada na Terra, passamos por experiências agradáveis ou não, mas que, inevitavelmente, nos proporcionarão aprendizados. Quando encaramos nossos aprendizados de uma maneira positiva, possibilitando extrair deles o sentimento de compaixão e amor, damos um ou mais passos em direção à nossa fonte divina.

A linha reta se resume em evoluir, avançar, desenvolver conhecimentos, aprender. Quanto a isso, não temos escolha, ou seja, retornaremos à fonte cedo ou tarde, pois o espírito nunca regride em conhecimento, por mais que possa atrasar-se moralmente. Mas, por mais tempo que leve para aprender a fazer boas escolhas, aprenderá que o melhor caminho é o amor. E poder escolher como percorrerá esse caminho de amor é o que define o livre-arbítrio como a total liberdade de viver. E a experiência de fazer escolhas é intrínseca à nossa vivência diária.

Cada atitude nossa possui uma consequência, boa ou não, para nós mesmos e para o próximo. Mas como saber as consequências do que escolhi fazer? Nosso entendimento limitado das consequências de nossos atos requer que aprendamos algo que nos traga algum sentimento. Os sentimentos nos fazem refletir a respeito daquilo que experimentamos. Se queremos evitar sensações desagradáveis, por que não proporcionar apenas experiências agradáveis a nós e a outras pessoas? Pois se planto más ações, somente colherei más experiências em retorno. As formas de sentir e interpretar os aprendizados variam de pessoa para pessoa. Nossas sensações e suas respectivas interpretações, reflexões e conclusões são individuais. Não sabemos exatamente como o outro pode estar se sentindo. É comum, no entanto, julgarmos entender o sentimento do outro e, assim, fazer uma ideia errada da situação. Por isso, é fundamental respeitar as vivências do próximo, de modo que ele tenha os próprios aprendizados e, com muito respeito, poderemos buscar compreendê-lo e ajudá-lo.

Se pudermos contribuir positivamente com alguém, ótimo. Mas, se em vez de ajudar, formos julgar, acusar, ou ainda dizer como o outro deveria ter feito determinada coisa, ou como deveria ter agido frente a determinada situação, então estaremos praticando um conceito equivocado do termo ajuda, pois nunca saberemos ao certo o melhor caminho que outra pessoa deverá seguir. O caminho dela é somente dela, e não cabe a nós interferir nessa decisão. Podemos, sim, auxiliar, estender a mão, consolar, dar algumas dicas que poderão servir de mecanismos de reflexão para que ela tome as próprias decisões. Mas não podemos decidir por ela. Todos somos livres para fazer tudo, absolutamente tudo o que quisermos. Mas devemos estar cientes das consequências de nossas escolhas e ações para nós mesmos e nossa jornada.

E não adianta nos frustrarmos pelas atitudes do próximo no que diz respeito ao caminho evolutivo dele. Irritarmo-nos com uma pessoa que, sob nosso ponto de vista, possa estar fazendo uma escolha errada, é esquecer que outras pessoas também podem não concordar com a nossa opinião ou com o nosso jeito de viver. Vivenciar o livre-arbítrio é escolher por si. Respeitar o livre-arbítrio é permitir que o outro escolha por si.

Questões para reflexão

3 – Qual a função do livre-arbítrio?

2 – Em que ocasiões interferimos no livre-arbítrio de outra pessoa?

3 – Como contribuir positivamente com alguém, respeitando seu livre-arbítrio?

CAPÍTULO 14

Nossas tendências
e nossos aprendizados

Muitas vezes sofremos ao passar por tempos difíceis — nas searas profissionais, financeiras, emocionais —, enfim, coagidos por nossa forma de pensar e agir. Sentimo-nos desanimados, desmotivados, impossibilitados de seguir em frente. Quando isso ocorrer, é hora de refletirmos sobre nossa postura diante da situação, para entender como podemos mudar todo esse cenário. A palavra-chave é mudar. Quando insistirmos em fazer as mesmas escolhas, chegaremos aos mesmos resultados. Portanto, se a maneira como estamos lidando com uma situação traz a nós os mesmos sentimentos, talvez seja o momento de fazer escolhas diferentes e seguir novos caminhos para chegarmos a resultados diferentes daqueles que vínhamos tendo.

Realizar uma mudança pode ser desafiador e, dependendo da sua intensidade, um verdadeiro rebuliço ocorre em nossas vidas. Mas a mudança nos permite pensar diferente, e isso é necessário para sairmos de um ciclo de pensamentos repetitivos ou de sentimentos opressivos. É inevitável que a vida nos impulsione a novos desafios quando nos acomodamos ou nos acostumamos a formas de viver que estagnam nosso aprendizado.

Quando um contexto, que exige alguma mudança da nossa parte, se instala, é como um raio que vem do céu bem no meio da situação. Se não encararmos o novo contexto com positividade, nos sentiremos paralisados e até mesmo deprimidos. Tudo isso é um sinal de que a vida está dizendo: "Hei, você, acorde! A forma como está lidando com sua vida e seus problemas não está o ajudando em nada a sair vitorioso. A maneira de pensar sobre determinado assunto e de se isolar do mundo não está lhe fazendo bem! A forma de se relacionar com as pessoas não está mais lhe trazendo coisas boas! Hei, acorde! É hora de mudar! É hora de fazer mais por você! É hora de sentir-se útil. É hora de mudar alguma coisa na sua vida, em sua postura, suas amizades, sua forma de trabalhar, sua maneira de pensar e agir, o lugar onde mora... É hora de mudar!"

Siga essa intuição quando ela surgir, pois é sua centelha divina falando consigo. É o seu Eu Superior empurrando sua vida para frente. Mas lembre-se: ele não escolherá por você. Ele apenas indicará que algo que você tem feito não está indo bem, e dará o primeiro cutucão para provocar em você uma mudança forçada. Caberá a você entender que é hora de fazer diferente e encontrar alternativas. Mudar exige coragem e esforço, e só você será capaz de fazer isso. Acredite, você é capaz. Pois, quando colocadas à prova, muitas pessoas encontram coragem de realizar muitas coisas e de dar uma reviravolta na vida. Elas são capazes de vencer os medos, arriscar e encontrar uma solução bem melhor do que a circunstância na qual estavam imersas. Basta agir com disciplina, fé, muito amor por si, nenhuma vergonha ou medo de arriscar e eliminar o ódio no coração.

Se sua vida não está do jeito que gostaria, se existe algo o incomodando interiormente, se não está feliz com sua situação atual, mude; realize algo novo. Inicie um verdadeiro processo de libertação para uma vida de felicidade e de amor por si mesmo. Comece mudando coisas em sua casa, movimentando objetos, se desfazendo do que não serve mais, reorganizando pequenas coisas na rotina e amplie isso para outros aspectos da vida. Verá o quanto é libertador.

Aja com consciência e determinação. Use seu sentimento de determinação para ser impulsionado e motivado, use a razão para lembrar-se de que toda ação tem uma reação e de que tudo tem um tempo para ocorrer. Planeje seus próximos passos para uma vida melhor e feliz. Siga seu coração, seus sonhos, seus projetos. Sentir-se realizado e útil irá colaborar para a melhora de qualquer situação de opressão.

Evoluir é superar medos, angústias, é ver todo o processo da vida como uma etapa a superar, é ver cada obstáculo como um mecanismo motivador, que irá impulsioná-lo a mudar e o ajudará cada vez mais a chegar aonde você realmente precisa estar.

Se uma situação de opressão está se repetindo na sua vida, ou um processo de mudança está ocorrendo, não espere chegar ao fundo do poço para buscar ajuda ou tomar decisões importantes que o farão superar seus medos. Provoque em si mesmo atitude e coragem para seguir em frente e mudar. Busque ajuda se preciso for e, acredite que você é capaz, pois você é.

Questões para reflexão

1 – Você já passou ou está passando por situações de opressão, tristeza, sem saber como lidar? Quais alternativas você viu, ou vê, de superação?

2 – O que o impede de mudar algo que o incomoda na sua vida?

3 – Dentre tudo aquilo que cabe a você escolher fazer e efetivamente fazer, quais medidas você pode tomar para provocar uma mudança em sua vida?

CAPÍTULO 15

Quando terminarão minhas experiências no mundo físico?

Passar por experiências no mundo físico é fundamental para colocarmos à prova os aprendizados obtidos ao longo das inúmeras vivências do espírito. Bilhões de pessoas passam diariamente por novas experiências, que as conduzem um passo adiante no caminho da evolução. Cada dia que passa é uma nova oportunidade de fazer diferente, ser diferente, mostrar às pessoas ao redor que vale a pena viver uma vida leve, alegre, sem culpa e sem mágoas. E, à medida que esses ensinamentos são concebidos, interiorizados e bem assimilados, torna-se fundamental repassar o conhecimento por meio das boas vivências e dos bons exemplos. Sermos exemplos é fundamental para o bom aprendizado do outro.

Quando obtivermos o total entendimento do que é amar e respeitar o próximo e estivermos em dia com quaisquer débitos do passado, a necessidade de uma nova experiência física se tornará facultativa ao espírito. Pois, à medida que aprendemos e sublimamos nosso ser, chegando cada vez mais perto da fonte, deixamos de ter vibrações densas e compatíveis com a faixa vibracional da Terra. É possível que novas experiências físicas sejam necessárias, mas talvez não aqui, neste mundo. O Universo é vasto e ainda inexplorado pelo homem. Mal sabe este o que o aguarda em descobertas de mundos tão diferentes do nosso, onde existe a vida de maneira distinta da que conhecemos aqui. Não fazemos ideia da extensão desse nosso Universo que abriga inúmeras civilizações, sendo algumas mais adiantadas que outras, seja moral, humanitária ou tecnologicamente, assim como também existem as mais atrasadas.

Nós pertencemos a algo muito maior do que aquilo que vemos ao olhar para o horizonte ou mesmo ao encarar o espelho todas as manhãs. Nosso entendimento de mundo ainda é muito pequeno para entendermos e aceitarmos que o ser humano não é a única espécie inteligente no Universo, e que todas essas espécies comungam do mesmo objetivo evolutivo, passando cada indivíduo pelo seu aprendizado particular. Há mundos cujas vibrações elevadas são incompatíveis com o nosso atual estado denso de vibração e com a nossa mentalidade primitiva, repleta de preconceitos e egoísmo. O ser humano ainda julga, maltrata, critica, extermina. Temos muito o que evoluir e muito amor para desenvolver, contribuindo para que a própria Terra ascenda cada vez mais em seu padrão vibracional.

Mas mesmo que evoluíssemos a ponto de não mais precisarmos de uma nova experiência neste mundo físico, conseguiríamos não mais voltar à Terra, sabendo que muitas pessoas precisam ainda de nossa ajuda para evoluir? Consideraríamos a possibilidade de retornar para auxiliar os irmãos não tão adiantados e ainda em aprendizado?

Imagine se todos os espíritos bons, que não necessitassem de mais experiências neste mundo, decidissem partir para outros mundos, muito melhores, para vivenciar novas experiências longe da corrupção, da violência e do ódio e terror... O que sobraria na Terra? Haveria esperança? Haveria pessoas de bem? Haveria grandes exemplos a seguir? Onde estariam a misericórdia e o amor fraterno por parte dos irmãos tão evoluídos que deixariam a Terra por não mais suportarem o ódio daqueles que ainda não aprenderam o amor?

Muitos que já entendem verdadeiramente o sentido do amor fraterno, ao refletirem sobre essas questões, possivelmente decidiriam voltar a nascer na Terra para espalhar amor e afeto às pessoas que ainda necessitam aprender a amar incondicionalmente e a ajudar o próximo. Não que esta seja uma escolha fácil, mas certamente é uma escolha de amor incondicional feita por seres que merecem nossa gratidão, pois nos mostram que ainda há esperança e boas-novas para a humanidade.

A vivência na Terra, por vezes, pode colocar uma venda nos olhos humanos, impedindo-os de ver o lado espiritual da vida e a estadia provisória neste mundo físico. Essa venda os sujeita a se renderem às paixões terrenas e aos momentos que definem a vida como sendo meramente o prazer de ter dinheiro; dá foco ao reconhecimento, à conquista de homens e mulheres bonitos e elegantes, e a ostentarem luxo e *status*. Erguem-se hoje mansões e templos a partir do barro, o mesmo barro de que é feita a Terra, este planeta que é nossa morada provisória, temporária. Mas tudo isso passa. Tudo isso nada significa e pode desabar de uma hora para outra.

Muitos querem ser reis na Terra e governar temporariamente seu pequeno pedaço de terreno, no Universo, durante o tempo em que aqui viverem. Mas e quando retornarem ao plano espiritual, o que levarão consigo? Nada físico, nem o corpo, nem mesmo o pedaço de terra que possuíram em vida. Somente levarão os aprendizados obtidos em suas experiências.

E, muitas vezes, seremos ajudados exatamente por seres que decidiram voltar a experienciar uma vida física na Terra, mesmo sem precisar, mas com o único intuito de ensinar essas pessoas que ainda necessitam aprender a amar de verdade.

Pessoas boas, muitas vezes, sofrem caladas, maltratadas, excluídas, taxadas de mártires e inocentes. Mas também é uma forma de aprender que devem ser fortes, e que bondade não deve ser sinônimo de passividade ou fraqueza. Devem entender que se posicionarem firmemente diante de uma determinada situação não fará delas ruins ou insensíveis. Pelo contrário, as tornará um exemplo de justiça e autoridade com amor. Pois o mundo precisa de bons exemplos vindos de pessoas boas e corajosas, capazes de serem justas diante de crimes, de atos de violência física e moral. O mundo necessita de pessoas boas e dispostas a serem verdadeiras, sem medo de ser acuadas por serem boas, mas seguras de estarem certas, por defenderem a verdade e lutarem para a construção de um mundo melhor para todos aqueles que aqui estão ou que virão.

As experiências físicas serão sempre oportunidades de evolução, até que entendamos o real sentido do amor e do perdão, e os praticarmos, sem mágoas e sem culpa.

Questões para reflexão

1 – O que aconteceria se todos os seres bons e já evoluídos decidissem não mais experienciar uma nova vida física em um local que necessita de pessoas que deem bons exemplos, como na Terra?

2 – Se você pudesse escolher partir um dia para novas experiências ou retornar para auxiliar os seus entes queridos, amigos e toda a humanidade, qual seria sua escolha?

CAPÍTULO 16

A prática do amor

Quando falo em amor, refiro-me sempre ao amor incondicional, ao amor fraternal. Praticar o amor é doar-se, em determinado momento, em prol de algo que lhe seja importante. A doação pode ser de um gesto, um abraço, uma palavra, um valor financeiro ou um bem material; pode ser a dedicação de tempo para ouvir ou cuidar de alguém. No fim das contas, a doação mais valiosa será a sua intenção em desejar o bem e a felicidade a alguém. Ao intencionarmos algo de bom e positivo, emanamos boas energias, e essas energias são recebidas pelas pessoas a quem as destinamos. Sempre que, de bom grado, nos propusermos a algo sem esperar nada em troca, nos colocamos em estado de doação verdadeira de bons sentimentos. Esses são os mais valorosos, e são muito bem recebidos por quem quer que seja.

E não há necessidade de falarmos a ninguém sobre as coisas boas que praticamos. Afinal, qual a intenção de mostrar às pessoas o quanto somos bons e generosos? Seria a de causar uma boa impressão, por orgulho e vaidade? Esses dois sentimentos se sobrepõem à verdadeira intenção amorosa. Basta que apenas nós saibamos, no interior de nosso coração, se fizemos ou deixamos de fazer o melhor que podíamos em um determinado instante.

Oferecer algo a alguém, no entanto, não é um dever ou uma obrigação, mas sim um gesto espontâneo e de bom grado. Pois não há boa intenção quando nos vemos obrigados a fazer algo. A boa intenção estará presente quando nos prontificamos a auxiliar com amor, com carinho, com sentimento de alegria, simplesmente por saber que nosso gesto será apreciado e útil àquele que recebê-lo. Esse é o amor desinteressado, aquele que é recompensado com a satisfação do bem-estar proporcionado ao próximo.

O amor é simples e é belo. Doar-se na medida certa é balizar seu estado de espírito entre o sentimento de satisfação e o de esgotamento. Sentir-se esgotado por doar-se demais pode ser um sinal de alerta. Se a sua doação se trata de um trabalho espontâneo de amor, sinta-se em paz. Mas se estiver querendo compensar alguma ausência de atenção, de amor, de carinho, de reconhecimento para consigo mesmo, talvez a maior e melhor doação que você possa fazer seja primeiramente cuidar de si.

Muitas pessoas carentes de atenção e amor, em seu lares, acabam por procurar reconhecimento e atenção fora de casa, compensando essa sensação com trabalhos para a comunidade local, com obras assistenciais etc. São trabalhos nobres, certamente, mas quando a dedicação externa é maior do que a dedicação ao próprio lar e à própria família, ou a projetos e prazeres pessoais, então é importante refletir sobre quais as razões o estão levando a realizar essa compensação de sentimentos.

Sinta-se bem primeiramente consigo e com aqueles que o rodeiam. Cure suas feridas emocionais se por acaso identificar que elas são a causa de uma possível falta de carinho e reconhecimento, que você gostaria de receber em seu lar, por exemplo.

Acima de tudo, avalie-se e sinta-se bem. Não negue sua necessidade de receber amor e alegria. Se quer doar amor, cultive o amor em si primeiro; tenha atenção por si para dar atenção ao próximo; tenha dinheiro para si, para então decidir doar ao próximo. Ninguém lhe pede mais do que pode oferecer. Você não precisa viver uma vida de privações para socorrer um necessitado. Por mais que seja um gesto nobre, Deus não lhe pede sacrifícios. Busque meios de se ajudar primeiro, caso identifique essa necessidade. Esteja bem, mental, emocional e fisicamente. A partir daí, pense de que forma pode colaborar em benefício do próximo.

Amor é uma palavra carregada de significados. Mas o maior deles é a satisfação de se sentir em paz, alegre e grato por estar vivo e capaz de aprender cada dia mais um pouco e saber que um dos nossos propósitos é justamente partilhar desses mesmos sentimentos com a humanidade, a fim de evoluirmos juntos.

Aqui cabe lembrar que todos nós pertencemos à mesma origem, por isso somos dela uma pequena parte, mas todas conectadas entre si. Por isso somos todos um. Por essa razão partilhamos de um único e grande fluxo de energia vital, que nos supre e é capaz de garantir a todos o bem-estar.

Quando nos tornamos receptivos à alegria, aos gestos de carinho, aos elogios e ao amor por parte das outras pessoas, nós vibramos a gratidão por essas boas energias que fluem até nós. E esse fluxo constante, que é recebido e pode ser partilhado, nos mantém felizes e em equilíbrio, prontos para viver dia após dia uma nova oportunidade de construirmos neste mundo uma vida melhor, conforme tudo aquilo que já recebemos e aprendemos. Ame-se!

Questões para reflexão

1 – Quando você sabe que está dedicando em excesso seu tempo, sua atenção e seus esforços a outras pessoas e está se esquecendo de você?

2 – De que formas você expressa amor por si?

3 – De que formas você expressa amor pelo próximo?

97

CAPÍTULO 17

Respeite-se

Já percebeu como nosso humor pode variar ao longo de um único dia? Há momentos em que estamos exalando alegria pelos poros, mas há outros em que necessitamos apenas ficar em nosso cantinho e descansar, cuidar dos nossos afazeres e reformular pensamentos. Afinal, nem sempre sentiremos a necessidade de interagir com outras pessoas. Isso é normal. Respeite-se, respeite seu momento. Só você saberá como se sente e só você entenderá a sua real necessidade. Dê um tempo para si e aproveite para meditar.

Observe, no entanto, se esse isolamento se trata apenas de um momento a sós, para colocar as ideias no lugar e relaxar o corpo, ou se está se tornando um padrão. Agitação demais cansa, mas isolamento em excesso talvez signifique necessidade de ajuda. Não tenha receio de receber, ou mesmo de pedir ajuda, pois poderá ser muito importante para se sentir melhor. Até mesmo um ombro amigo pode ajudá-lo a olhar por outro ângulo fatos da sua vida que você ainda não pensou em considerar, ou que está se recusando a encarar. Entenda se é esse o caso e não dispense a ajuda de amigos ou mesmo de um psicólogo ou terapeuta, caso seu isolamento esteja se tornando uma aversão ao contato com outras pessoas.

Em todos os casos, busque sempre observar os aspectos positivos de tudo o que acontece consigo. Embora pareça difícil em um primeiro momento, permita-se observar as coisas boas ao redor e encontrará o bem-estar.

Bem-estar é nos dedicarmos a alguns momentos de reflexão, é dar ao nosso cérebro o tempo necessário para ele processar e consolidar os aprendizados obtidos, é dar ao nosso corpo o tempo que ele precisa para se regenerar e se reabastecer de energia. Somos uma fabulosa máquina orgânica que não para de funcionar. A todo instante estamos processando ideias, produzindo energias, emanando sentimentos. A todo instante estamos nos movimentando. Justamente por isso, precisamos, sim, nos dar um tempo para nos reabastecer.

Equilíbrio é a chave. Respeitar nossos limites é garantir que levaremos uma vida saudável e feliz acima de tudo.

Somos mente, corpo e espírito — um tripé fundamental. Se nosso tripé fundamental estiver em desequilíbrio, devemos nos dar o tempo necessário para nos refazermos e nos reequilibrarmos. A vida pede que sejamos felizes. E seremos felizes plenamente quando sentirmos que estamos dando a esse nosso tripé fundamental a atenção e o tempo que ele realmente merece. Medite, ore, divirta-se, cuide-se. Você é o grande responsável pelo seu bem-estar — ninguém mais.

Proporcione-se sempre esse bem-estar. O ser humano necessita de lazer, de descanso, de exercícios para a mente e para o corpo, e de práticas espirituais que nos façam bem. O ser humano carece de se relacionar, pois é através da interação pessoal que trocamos energias, que aprendemos a lidar com nossos sentimentos e nossas virtudes, e que nos permitimos subir os próximos degraus na nossa escada da evolução.

Alegria, paz, bem-estar e amor-próprio são componentes fundamentais para nossa evolução. Cultive-os em si mesmo primeiramente e espalhe-os a quem se permitir receber.

Questões para reflexão

1 – Você tem se dedicado tempo para fazer aquilo que lhe dá prazer?

2 – Quanto tempo por dia, ou por semana, você reserva para descanso, meditação/reflexão, entretenimento, oração, atividade física, trabalho profissional ou trabalho voluntário?

3 – Você se sente feliz e em paz com suas escolhas de vida?

100

CAPÍTULO 18

*Faça do seu dia o melhor
que ele puder ser*

Comumente nosso dia é recheado de tarefas e interações pessoais. Há os dias mais agitados e os mais tensos, assim como há os dias mais monótonos e os mais introspectivos. Independente do modo como seu dia será, procure aproveitá-lo ao máximo. Procure estar presente mentalmente nesse dia. Pois até mesmo quando tentamos relaxar, é fácil deixar a nossa mente voar por aí, ligada a inúmeras questões da vida, sejam elas relacionadas à família, aos amigos ou aos negócios. A dica é: relaxe. Relaxe e não se estresse. Parece uma tarefa quase impossível para muitas pessoas, especialmente na era dos dispositivos móveis, que criam em nós uma ansiedade e a necessidade de estarmos 24 horas conectados. Normalmente queremos "estar" em todos os lugares e saber de todas as coisas, a todo momento. Estamos na era onde precisamos aprender a lidar com o imediatismo.

Por isso mesmo, relaxe, desacelere. Tire um tempo diariamente para você e só você. Separe, ao menos, dez minutos para meditar e esvaziar a cabeça dos pensamentos agitados e preocupados com as atividades do dia. Se você ainda não tem a prática da meditação, comece com uma meditação guiada, em que uma voz o orientará durante todo o processo. Na internet, inclusive, você encontrará uma variedade delas. Esse tipo de meditação é recomendada de início, pois o ajudará a focar os pensamentos na orientação e não nos seus afazeres externos, permitindo a você centrar-se mais facilmente e desligar-se de todo o resto. E se, durante a prática, os pensamentos insistirem em voar por aí como passarinhos, lembre-se de trazê-los de volta para o tempo-espaço atual. Permita-se tentar e não desista se sentir dificuldade no começo. É assim mesmo. Persista. Persista. Persista. Quando menos esperar, suas preocupações deixarão de ser o foco principal da sua atenção.

Experimente isto: dedique um momento do seu dia para você; coloque uma música relaxante, sente-se em um local confortável, tire os sapatos e sinta seus pés tocando o chão, respire profundamente e transporte sua mente para um lugar de paz e tranquilidade. Agora explore esse espaço, exercite os seus cinco sentidos para interagir com ele. Preste atenção aos sentimentos que esse lugar traz a você. Expresse sua criatividade ali pelo tempo que sentir necessário. Recorra a esse lugar sempre que precisar, no silêncio do seu coração. Faça isso pela manhã, para iniciar bem seu dia, ou ainda ao fim do dia, para desconectar-se das situações de tensão e preocupação com o trabalho. Inicie com cinco minutos e, ao perceber que consegue avançar mais o tempo, passe para dez minutos. Tente se acostumar com esse novo tempo e depois avance para quinze minutos. Quando se sentir confortável com a meditação, faça-a por vinte minutos. O ideal é dar à sua mente o tempo necessário para ela se desconectar e permitir ao seu corpo relaxar. Um corpo e uma mente relaxados produzem muito mais e proporcionam melhores resultados em suas tarefas, pois permitem assentar as ideias no seu devido lugar.

E para deixar seu dia mais leve, ao sair na rua, procure observar a diversidade, as pessoas, a natureza. Exercite um olhar novo e detalhista. Observe os preconceitos e defeitos que sua mente poderá insistir em notar e os ressignifique-os. Veja a diferença e a beleza das coisas e admire cada detalhe. Seja grato por essa diversidade, pois ela permite que a sociedade funcione de forma variada, e não estática e presa a dogmas e paradigmas. Veja beleza na liberdade de ser, de agir e de interagir das pessoas.

Observe o balançar das árvores, a chuva que cai e o sol que ilumina todas as coisas e revela suas verdadeiras cores. Agora se volte para si e perceba como você está integrado ao todo e como pode interagir com esse todo. Você contribui para que o mundo seja perfeito com as diferenças que você também detém. Você é diferente e único. E isso é belo.

"Mas o mundo está longe de ser ideal", você pode pensar.

E quem disse que o que você considera ideal é a perfeição? Perfeito são o Universo e a natureza em equilíbrio. Perfeito é sabermos que, de um jeito ou de outro, tudo se organiza para que a harmonia aconteça, e que qualquer desequilíbrio será compensado. Perfeito é olharmos para dentro e para fora de nós e perceber que somos livres pensantes para criar a realidade à nossa maneira.

Pois, diariamente, ao despertar, escolhemos criar o nosso dia com total consciência sobre como iremos agir e reagir a cada interação com este mundo e com as pessoas que nele habitam. A escolha de viver um dia de admiração e gratidão é e será sempre sua. Enquanto muitas pessoas escolhem viver um dia de aflição, de ingratidão e mau-humor, você, assim como todos, pode escolher como quer viver o seu dia, ouvindo mais, sorrindo mais e admirando mais a beleza das diferenças, respeitando mais essas mesmas diferenças.

É você quem define quais pensamentos terá sobre algo e por quanto tempo irá mantê-los vivos em sua mente. Quanto mais você focar o pensamento em determinado assunto, mais alimentará o sentimento que estiver desenvolvendo sobre ele. Se decidir ver o lado bom de tudo, ter pensamentos de compreensão, gratidão e amorosidade, melhor suas emoções serão e melhor e mais equilibrada estará sua mente para tomar decisões melhores para o restante do seu dia.

No fim, é você, e ninguém mais, o grande responsável por fazer do seu dia sempre o melhor que puder ser.

Questões para reflexão

1 – Você já praticou meditação? Há algo que o impede de torná-la parte da sua rotina?

2 – Como pode encaixar a meditação na sua rotina?

3 – Quais práticas de meditação você já ouviu falar ou já tentou fazer?

4 – Já percebeu como os pensamentos que escolhemos ter sobre determinado assunto determinam o tipo de sentimento que desenvolveremos sobre ele? Em que momentos você se lembra de ter criado pensamentos ruins e começado a sentir-se mal a partir deles?

5 – Que tipo de sentimentos você prefere ter no seu dia a dia, e que tipo de pensamentos você deve cultivar para desenvolvê-los?

CAPÍTULO 19

Somos todos um

Vimos que todos nós partilhamos da mesma essência: a essência divina. Todos nós viemos da mesma fonte e, sendo parte dela, correspondemos ao que chamamos de centelha. Pertencemos ao Todo, mas ao mesmo tempo somos seres individuais, como projeções inteligentes dessa grande Mente Criadora. Conforme evoluímos em nossa jornada e nos aproximamos cada vez mais da nossa Fonte criadora, recebemos mais facilmente dela as intuições que melhor nos conduzirão para a nossa missão individual. Com isso, entenderemos que, ao seguir o chamado do nosso coração, estaremos mais próximos daquilo que viemos fazer aqui e trabalhar em nós. Sempre que nos tornamos melhores, mais tolerantes, mais pacientes, mais caridosos e amorosos, consequentemente, nos tornamos mais iluminados por depurar cada vez mais tudo aquilo que ofusca nosso brilho interno e divino. E, à medida que essa nossa luz se intensifica, a levamos para qualquer lugar e a compartilhamos com todos aqueles com quem estivermos. É desse modo que espalhamos a nossa luz e nossas vibrações ao mundo.

Partilhar das nossas vibrações é emanar às pessoas um pouco do que temos de melhor em nós, sem nada precisarmos dizer. Ou seja, nosso campo de energia pessoal emana parte dessa mesma luz e energia automaticamente para outras pessoas. Dependendo da intensidade e da diferença vibracional do outro, podemos sentir ainda mais alegria e bem-estar por recebermos também a luz e energia dele; da mesma forma que podemos até sentir desconforto e incômodo só de estar perto, se a vibração emitida pelo outro for de medo, raiva, rancor etc., ou seja, não for agradável. Todos nós possuímos em nosso interior a luz e a sombra, temos qualidades e pontos de melhoria. Tudo aquilo que nos incomoda no outro é a nossa sombra interior, é parte daquilo que rejeitamos por acharmos que não possuímos dentro de nós. Negar a nossa sombra, varrendo-a para debaixo de um tapete, ou fazendo de conta que ela não existe, é negar uma parte de nós que, mais dia ou menos dia, irá querer se expressar. E, nesse instante, todo o sentimento acumulado pode querer sair de uma só vez. Geralmente é o instante em que explodimos em fúria ou em lágrimas. Expressar-se no dia a dia, sem medo ou vergonha de ser criticado, permite a nós colocarmos para fora tudo aquilo que nos incomoda e nos faz mal.

Reconhecer a nossa sombra interior e aceitá-la como parte de nós que precisa se expressar, é nos percebermos livres para ser quem realmente somos: seres com polaridades. Seres que riem e que choram. Seres que se alegram e se irritam. Seres que amam e que são capazes de ignorar. Seres que devem aprender a lidar com esses dois lados, em total equilíbrio, para não prejudicar nem magoar ninguém. Pois somos todos expressões da mesma fonte divina. Magoar ou prejudicar alguém é magoar e prejudicar a nós mesmos.

Por isso, a partir do momento em que ganhamos consciência de quem somos e entendemos que o nosso papel aqui não é de viajantes em férias, mas sim de seres aprendendo a viver no amor, não poderemos negar que, ao olhar para o outro, estaremos vendo uma projeção de nós mesmos, sob outra roupagem e outras características. Devemos trabalhar esse autoconhecimento para entender a nós e ao outro, aprender a tolerância e o respeito. Assim conseguiremos nos amar como indivíduos.

Sabendo disso tudo, como então continuar a julgar o próximo, criticá-lo, menosprezá-lo, diminui-lo? É fácil evidenciar os defeitos de qualquer pessoa, mas evidenciar as qualidades, muitas vezes, é um desafio. Nosso papel, em primeiro lugar, é reconhecer em nós o nosso lado luz e o nosso lado sombra. Você já fez esse exercício de autoconhecimento? Vamos a ele.

Pegue uma folha de papel e, com um lápis ou caneta, trace uma linha reta vertical, dividindo uma em duas colunas. Nomeie a primeira coluna de *Pontos de Melhoria* e a segunda de *Qualidades*. Anote na primeira coluna suas características que poderiam ser consideradas como "defeitos". Na segunda coluna, anote as qualidades que possui. Anote tudo o que conseguir lembrar.

Não se preocupe se não conseguir anotar muitas coisas nesse primeiro momento. O exercício deverá prosseguir ao longo de pelo menos uma semana. E, conforme for se lembrando de outras características, anote-as ao fim da lista até que nada mais venha à sua mente. Para facilitar, observe no dia a dia os seus pensamentos e comportamentos, seja em seu lar, em seu trabalho ou nos momentos de descontração com os amigos. Isso fará você praticar a auto-observação e o ajudará a completar esse exercício.

Depois de uma semana de anotações, leia o que escreveu nas duas colunas e reflita sobre cada característica anotada. A partir daí, poderá estabelecer planos para tornar-se cada dia melhor e em equilíbrio com o seu ser.

O importante nesse exercício é se conhecer, com foco em se melhorar como indivíduo. Trabalhe uma ou duas características suas a melhorar por vez. Escolha as que julgar prioritárias. E tenha a certeza de que, a cada melhora, você não será mais o mesmo que iniciou o exercício, pois será uma pessoa cada vez melhor.

Conhecendo a nós mesmos e nos melhorando, contribuímos para a melhora e o aprendizado do nosso próximo, pois passaremos a ser exemplos. Assim, contribuímos também para o enobrecimento de todas as pessoas com as quais interagimos.

Questões para reflexão

1 – Você conhece o seu lado luz e o seu lado sombra? Quais são suas qualidades e seus pontos para melhoria? Qual o seu plano para se melhorar como indivíduo?

2 – Quantas pessoas você elogia diariamente e quantas você critica ou se atém às características que para você são defeitos?

3 – O que depende de você para proporcionar um relacionamento mais agradável com as pessoas com as quais interage no dia a dia?

110

CAPÍTULO 20

O Universo é inteligente

Tudo é energia no Universo. Ele é um grande organismo inteligente que equilibra tudo e proporciona a cada ser a respectiva experiência para a qual está preparado.

Já ouviu falar da Lei da Atração? Pois bem, ela é muito mais real do que você imagina. Este capítulo se aterá somente ao entendimento geral dessa lei na prática e como ela se aplica a você. Se quiser se aprofundar nesse tema, há diversos artigos na internet e livros que explicam o conceito. Você se surpreenderá muito com o conteúdo de cada um deles. Particularmente, indico para leitura o título *Peça e Será Atendido*, de Esther Hicks e Jerry Hicks. Posso dizer que esse livro me ajudou a ampliar o entendimento sobre a realidade das manifestações dos nossos pensamentos e a expansão da consciência. E é um pouco disso que será tratado agora.

Como vimos, os pensamentos que emanamos são responsáveis pela maneira como nos sentimos.

Nossa mente emana ondas inteligentes de energia e, a cada pensamento que criamos, o Universo (Inteligência Universal) recebe, interpreta e mobiliza para a nossa realidade física o exato contexto de vida necessário para recebermos aquilo que pedimos. Nossos pensamentos conscientes e inconscientes vibram como se fossem grandes e fortes pedidos emanados ao Universo. Por isso, dizemos que somos os grandes responsáveis por criar a nossa própria realidade, pois tudo aquilo que vibramos atraímos para o nosso contexto de vida.

Toda vez que emanamos pensamentos de gratidão e procuramos viver uma vida pautada em aspectos positivos, será exatamente mais e mais aspectos positivos que encontraremos para apreciar. Nossas experiências serão salutares, pois aquilo que vibramos, ou seja, as ondas que emitimos com nossos pensamentos fazem com que nos sintonizemos com tudo aquilo que está de acordo com nossos gostos e nosso jeito de viver. O resultado disso é que mais e mais coisas boas aparecerão à nossa volta, pois estaremos abertos a olhá-las e a agradecer por elas.

Podemos, portanto, criar o nosso dia a dia recheado de boas notícias, pessoas agradáveis, conversas edificantes e grandes oportunidades que saltam aos nossos olhos para vivenciarmos experiências ainda melhores de trabalho, de relacionamentos, de prazeres e bem-estar.

112

O contrário também é verdadeiro, ou seja, se passamos a vida a reclamar e criticar as pessoas de nosso convívio, o trânsito, as deficiências do sistema político e econômico, enfim, tudo o que ocorre conosco, focando apenas em problemas e não na solução deles, conduzimos sempre os nossos pensamentos e sentimentos para um padrão muito negativo, podendo acarretar até mesmo em somatização. É como se utilizássemos nosso cérebro para emanar ondas de baixa vibração ao Universo, dizendo a ele: "Isso! Traga mais dessas coisas desagradáveis para a minha experiência física, pois é apenas nelas que sei prestar atenção. Então, quanto mais delas no meu dia, melhor".

O Universo entende sempre que você, centelha divina dotada de livre-arbítrio e responsável por criar sua realidade, também sabe muito bem o que está fazendo ao vibrar o tipo de experiências que quer ter para a sua vida física, e concluirá que são essas experiências que você precisará ter naquele momento. Você emana e o Universo responde.

Se está emanando pensamentos negativos e os reforça ao cultivar em você sentimentos ruins, mais dessas situações você receberá em retorno, até que esteja pronto a aprender a emanar pensamentos e sentimentos mais elevados para atrair apenas coisas boas e positivas para sua vida. Afinal, o Universo não responde às palavras, mas sim às energias de suas vibrações, e responderá prontamente aos seus pensamentos, proporcionando a você o que for compatível com sua sintonia.

Se eu lhe disser: "Não imagine uma serpente verde com peruca rosa", é provável que você a tenha imaginado, mesmo quando eu lhe disse para não fazer isso. Percebe que ignoramos a palavra não? O Universo também entende assim. Para o Universo, tudo é. Ele reconhece aquilo que vibramos e somos seres que vibram energia a todo instante. Desse modo, vivencie pensamentos e sentimentos que quer ter na sua vida, e não aquilo que não quer ter. Pois o Universo lhe dará sempre aquilo em que focar mais a sua atenção.

Agora você entende como funcionam nossos aprendizados. A todo instante damos um *feedback* ao Universo sobre como estamos nos saindo, vibrando o tipo de aprendizados que ainda necessitamos ter, de acordo com os sentimentos que emanamos, até aprender que viemos para amar e vibrar amor fraterno e incondicional.

Emanar somente boas vibrações pode ser um exercício bastante desafiador a princípio. Mas é altamente recompensador quando entendemos que, ao buscar sermos pessoas boas, nos respeitarmos, nos amarmos e emitirmos todos esses bons sentimentos ao próximo, estaremos automaticamente criando uma realidade melhor, de felicidade e bem-estar para nossa experiência na Terra.

Por vezes, questionamos demais o porquê das coisas e esperamos que as respostas venham depressa. Entretanto, muitas vezes estamos fechados demais para aceitar as respostas que chegam, julgando-as impossíveis, focados somente naquilo que nossos cinco sentidos podem perceber, e ignoramos nossas intuições e percepções. Crie, a partir de agora, a realidade que você realmente quer ter na sua vida. Conecte-se com seu Eu Superior e permita-se emitir apenas bons pensamentos, cultivar bons sentimentos e, com isso, proporcionar à sua experiência física a realidade que você sempre sonhou em ter: uma realidade feliz e de paz.

Criar uma realidade de amor é um exercício diário, especialmente quando vivemos em um mundo onde pensamentos nocivos são emanados a todo instante, por todos os lados, vindos de todos os cantos do mundo, através das mentes pensantes da população mundial. O Universo atende a todos eles, dos pequenos aos grandes desejos emanados de forma consciente ou inconsciente. Os pensamentos individuais são respondidos individualmente, e os coletivos são respondidos criando a realidade de toda uma nação, conforme o padrão geral de vibração de todas as pessoas.

Nossos sentimentos dão força aos nossos pensamentos. Quanto mais sentimentos de amor e felicidade colocarmos em nossos pedidos, mais fortes os tornamos e mais fortes e mais rápidas serão as manifestações em resposta. Da mesma forma que, quanto mais sentimentos fortes de ódio e guerra são emanados, dando mais força aos pensamentos dos emissores, mais essa realidade vai sendo colocada no contexto de vida individual e coletiva. É o livre-arbítrio sendo colocado em prática, com as pessoas escolhendo a cada instante como querem viver.

Cabe a cada um de nós cultivar, ensinar e incentivar os melhores sentimentos para serem vivenciados por todos e, assim, contribuir para uma melhor realidade em nossa sociedade.

Lembre-se: somos seres criadores da nossa própria realidade, portanto, também criamos os nossos próprios ciclos de aprendizados.

Questões para reflexão

1 – Qual a importância dos sentimentos agradáveis ou desagradáveis no processo de criação da nossa realidade?

2 – Como o Universo responde àquilo que pensamos ou sentimos?

CAPÍTULO 21

Sincronicidades

Nosso cotidiano, às vezes, é tão agitado que mal paramos para prestar atenção no que se passa ao redor. Como a todo instante estamos interagindo com o mundo e com as pessoas, parte daquilo que fazemos tornou-se automático, pois já entrou na nossa programação mental.

Como mencionado antes, estamos emitindo de maneira contínua vibrações através dos pensamentos e recebendo respostas a eles por parte do Universo, por meio de experiências no nosso cotidiano. Mesmo assim, ainda questionamos se Deus está nos ouvindo e quando as respostas irão chegar para nós. A questão é que as respostas também vêm sendo dadas continuamente; nós é que não as estamos percebendo quando elas chegam.

Sinais aparecem a todo instante para responder às nossas questões e nos conduzir sutilmente para frente em nossa jornada através de mensagens perceptíveis pelos nossos cinco sentidos.

Pense na quantidade de pessoas que já passaram por sua vida para contribuir com algo em algum momento de dificuldade, talvez para ajudá-lo a entender ou superar esse momento. Somos continuamente ajudados. Nossa fonte divina e também os espíritos que nos assistem enquanto trilhamos nossa existência física, em muito contribuem para que nossa jornada seja trilhada da melhor forma possível. Pessoas inexplicavelmente aparecem em nosso caminho trazendo respostas que precisamos. Algumas pessoas surgem e permanecem próximas por muito tempo, enquanto outras podem não permanecer, mas ficam por perto pelo tempo necessário. Cada uma delas também tinham algo a aprender consigo e, acredite, você contribuiu em muito na jornada delas.

Nada é por acaso. Por isso, não fique triste por tão ter mais aqueles amigos antes tão próximos. Eles fizeram parte da sua vida em momentos cruciais e trouxeram alegrias, aprendizados e conhecimentos novos para contribuir com seu momento de vida. Alegre-se por ter podido conhecê-los e emane a eles gratidão pelo convívio. Hoje, eles compartilham outras experiências importantes na vida deles, e você na sua. Quem sabe seus caminhos não irão se cruzar novamente? De todo modo, sempre que você permitir, novas pessoas irão se aproximar para trazer algo de novo. Pergunte-se sempre o que essas circunstâncias querem lhe ensinar.

Situações inusitadas em nossa vida vêm em resposta ao que vibramos. Às vezes, quando você está passando por momentos tristes e gostaria de se animar, pessoas o convidam para fazer algo diferente e tirá-lo daquele emaranhado de pensamentos negativos ou da preguiça de sair de casa. Você se rende ao convite de seus amigos ou prefere ignorá-los?

Ou ainda, quando você está na dúvida se está seguindo o caminho certo e, de repente, sintoniza o rádio na estação de que mais gosta e está tocando uma música que fala sobre não desistir dos seus sonhos.

Pessoas podem parar atrás de você no ponto de ônibus ou na padaria e começarem a conversar sobre algum assunto similar a uma importante questão da sua vida. A princípio, a coincidência pode ser estranha, mas então elas passam uma mensagem motivadora ou de alerta.

Isso sem falar em matérias de jornais e revistas que pipocam a todo instante trazendo notícias diversas que fazem muito sentido para você e querem lhe dizer ou ensinar alguma coisa que será muito útil naquele instante ou dali a alguns dias.

Fatos, pessoas, anúncios, músicas, filmes, circunstâncias etc., etc., etc. Todos esses sinais nos indicam novos caminhos e aparecem em nossa vida mostrando que aquilo que pedimos e vibramos, através das nossas intenções, em forma de pensamentos, estão chegando e nos mostrando um caminho alternativo.

Muitos chamam esses sinais de coincidências. Prefiro chamar de sincronicidades. Coincidências seriam acasos semelhantes que não representam relação um com o outro. Mas não se esqueça de que nada é por acaso. Tudo tem um motivo para acontecer e está correto. Quando nos damos essa abertura para acreditar que ao nosso redor tudo se ajusta para nos conduzir a experiências melhores e mais satisfatórias que nossa vida precisa, passamos a viver melhor e deixamos tudo fluir no tempo que tem que ser, para ver até onde tudo isso vai dar. Então, nos surpreendemos com as maravilhosas respostas que essa grande Inteligência Universal nos proporciona.

Por vezes somos ansiosos demais e metódicos demais. Queremos tudo agora e do nosso jeito. Mas e se houver um jeito melhor para tudo acontecer na nossa vida, no tempo certo? Será que perderíamos a chance de aproveitar essa oportunidade tão melhor mas que pode levar um tempo a mais, somente para realizarmos nossos desejos imediatamente e, assim, satisfazer nossa ansiedade? A vida nos traz os aprendizados de que necessitamos e nos leva ao encontro de muitos outros. Para tudo existe um tempo. Aceitar esse tempo e vibrar sempre o melhor com muito amor e alegria é permitir que o melhor venha até nós tão rápido quanto possamos imaginar.

Por menores que sejamos diante de um Universo em expansão — como verdadeiros grãozinhos de areia no meio de galáxias repletas de planetas —, ao mesmo tempo somos importantes e muito valorosos, pois somos seres que têm o poder de criar a própria realidade utilizando simplesmente nossos pensamentos. E essa realidade interage conosco, orientando-nos a vivenciar com gratidão as coisas boas que recebemos.

Saiba que nossa centelha divina, através do nosso pensamento inconsciente, vibra tão forte quanto nossos próprios pensamentos conscientes, de modo que o Universo também lhe responde, possibilitando a nós receber em nosso caminho as pessoas necessárias, as circunstâncias favoráveis e as mensagens mais adequadas. Nosso Eu Superior nunca nos deixará parar de aprender e estacionar no meio do caminho, pois vibrará mudanças contínuas em nossa experiência na Terra, mesmo que para isso seja necessário dar-nos um chacoalhão.

A partir de hoje, preste atenção nas mensagens que recebe ao longo do dia, pense nas pessoas que chegaram e estão chegando em seu caminho. Preste atenção até mesmo nas músicas que escuta por aí. Busque relação entre a sua vida e todas as coisas. Isolados, esses fatos podem não representar necessariamente uma mensagem de esclarecimento e direcionamento, mas três, quatro, cinco mensagens semelhantes vindas de vários locais e de fontes diferentes, algum significado com certeza trará para você. Para tudo existe uma razão. Mas você apenas conseguirá identificar as sincronicidades se estiver atento o suficiente a elas para percebê-las como tal e ligar os pontos. Esse é o momento em que arregalamos os olhos e dizemos: "Uau! Isso só pode estar querendo me dizer algo importante, e é melhor eu ouvir e refletir a respeito".

Não fomos largados na Terra para viver uma vida ao acaso, não. Entenda que aqui obtemos direcionamentos constantes. Por mais que, conscientemente, muitos direcionamentos não sejam percebidos, nosso subconsciente registra todos eles e vai ligando-os para que, em determinado momento, uma inspiração forte o suficiente nos traga uma grande ideia. A princípio, não saberemos de onde ela surgiu, mas ela nos motivará a realizar algum projeto ou alguma ação que proporcionará a nós uma grande experiência feliz, de bem-estar e de realização de uma tarefa que nosso espírito assim quis fazer ao escolher ter uma nova experiência neste mundo. Ou ainda essa ideia poderá nos direcionar à nossa missão de vida, a que escolhemos abraçar durante nossa estadia aqui, para enriquecer ainda mais nossos entendimentos e auxiliar outras pessoas.

Antes de vir à Terra, somos programados a fazer muitas coisas como parte da nossa missão de vida. Estas, aos poucos vão sendo reveladas no

122

nosso dia a dia, através das sincronicidades, que nos conduzem ao nosso verdadeiro caminho.

Se conscientemente você já as identifica, a vida fica muito mais divertida, fácil de se viver e mais leve. Você começa a gostar dessa dinâmica e passa a se alegrar, pois vê a Inteligência Universal interagindo consigo.

Peça as respostas e aguarde que elas venham. Mas lembre-se: tudo vem em seu respectivo tempo. É como sincronizar dois relógios. Às vezes, é necessário aguardar os ponteiros do primeiro relógio percorrerem um caminho para, no momento adequado, o segundo relógio ser acionado e ambos caminharem juntos.

O Universo e tudo o que ele contém funcionam como se fossem vários pequeninos relógios, vibrando suas energias e seus pensamentos nesse grande e complexo sistema de sincronicidades, para mostrar que tudo está caminhando corretamente e que, na medida certa, os ponteiros entrarão em sintonia uns com os outros, conforme as semelhanças vibratórias em que se encontram, e conforme a sua centelha divina orienta para que ocorra, de modo a viabilizar a sua vida espiritual na Terra.

Por isso, tente diminuir a ansiedade. A ansiedade de fazer algo acontecer de imediato é natural. Mas tudo tem seu momento, e é importante você desenvolver equilíbrio emocional para permitir que tudo venha sem atropelos. Assim como um pão sovado tem um processo em que necessita de tempo para crescer e, ao ir ao forno, há um tempo ideal para assar. Afinal, não o queremos nem cru, nem assado demais. Assim é para nossa vida. Exercendo a nossa paciência e aproveitando cada momento como único, conseguimos usufruir da nossa existência com maior autonomia e gratidão, realizando as tarefas de que precisamos, conforme nosso propósito individual.

Acredite nas sincronicidades. Dê maior atenção a elas e permita que sua vida seja dinâmica e ativa, seguindo esses maravilhosos sinais que nos conduzem aos caminhos do bem-estar e da realização dos planos que nosso ser espiritual tem para a própria evolução.

Questões para reflexão

1 – Como perceber as sincronicidades em seu dia a dia?

2 – Você já percebeu sincronicidades na sua vida? Alguma vez já tentou entender seu significado?

3 – Quais pessoas você se recorda de terem passado por sua vida e que o ajudaram a fazer dela uma vida mais feliz ou dar a ela um novo sentido?

4 – Em quais ocasiões você se recorda de já ter contribuído para o bem-estar e alegria na vida de alguém?

CAPÍTULO 22

O sexto sentido

Falamos já sobre os cinco sentidos humanos, que são as ferramentas de que dispomos para interagir com o mundo físico. Por meio das nossas percepções do mundo captadas por essas ferramentas sensoriais, conseguimos refletir sobre os estímulos que recebemos e, então, responder a eles. No entanto, todos nós possuímos, em maior ou menor grau, uma percepção extrassensorial, um sentido que vai além dos cinco que já conhecemos.

Esse sexto sentido ou percepção extrassensorial (PES) está diretamente ligado ao desenvolvimento da nossa espiritualidade. Trata-se de uma faculdade que nos permite perceber as energias sutis do Universo, ou seja, da nossa verdadeira morada espiritual — e que interagem conosco a todo o momento, sejam advindas da mente de uma pessoa encarnada ou não.

A mente é o grande mecanismo da comunicação universal. Quanto mais nos espiritualizarmos e permitirmos nos concentrar para perceber as energias sutis que chegam a nós, mais conseguiremos desenvolver a nossa PES e entender as mensagens que podem chegar diretamente a nós, através desse mecanismo de intuição que todos nós temos.

Nossa visão, tato, olfato, paladar e audição são bastante utilizados no nosso dia a dia, e temos a capacidade de aprimorá-los cada vez mais. Da mesma forma, podemos aprender a utilizar e a aprimorar a nossa PES. Necessitamos, para tanto, de um desenvolvimento mais apurado dessa faculdade mental e alguma prática, tendo em vista que ela conecta a mente com o Todo. E caberá a nós aprender a interpretar corretamente as intuições obtidas por intermédio dela.

Essa subjetividade da interpretação estará geralmente associada com nossas vivências e conhecimentos adquiridos no cotidiano. Podemos ver, ouvir, sentir cheiro, sentir o toque, ou até mesmo o gosto dessas energias, de uma forma muito particular e diferente da maneira como utilizamos os cinco sentidos hoje, no dia a dia.

As práticas dessas experiências sensitivas devem estar sempre associadas ao estudo, à meditação e ao desenvolvimento espiritual. É natural o surgimento de dúvidas, especialmente no início, quando tudo é novo e cheio de porquês. Por isso, é recomendável que o desenvolvimento prático da sua PES tenha amparo de pessoas com conhecimentos e experiências prévias na área, para o esclarecimento de dúvidas e melhor direcionamento. É recomendado que essas atividades de desenvolvimento dos seus dons espirituais sejam desempenhadas em local apropriado, como escolas ou centros espiritualistas, ou ainda outros locais que deem abertura e suporte adequados a esse desenvolvimento.

Pessoas sensitivas passam por um estágio de maturação da sua sensibilidade. Certa vez ouvi que as fases de maturação podem ser comparadas com as fases do desenvolvimento humano. Assim, os sensitivos que estão na fase da descoberta das suas faculdades seriam como as crianças, pois têm curiosidade para entender tudo e experimentar tudo, bem como ainda precisam entender como equilibrar toda a sua capacidade de interagir com o mundo. Esta é a fase da descoberta, em que tudo é novo, mágico e, às vezes, assustador.

Avançando mais no desenvolvimento, o sensitivo pode ser comparado à fase adolescente, quando o jovem acredita saber o suficiente e quer tornar-se independente e arriscar mais, seguindo menos os conselhos dos mais experientes e mais a sua intuição. É a fase das revoltas, dos erros e acertos. Pode haver maior número de interpretações equivocadas, descobrimento de paixões e algum desconsolo, e também sofrimento durante as descobertas.

Já na maturidade do desenvolvimento espiritual, com a mente mais expandida e consciente de que seus conhecimentos ainda são ínfimos diante do cabedal de novas descobertas que estão por vir, o sensitivo se dá conta da grande jornada em que se encontra. Percebe, então, que ainda não está isento de equívocos. E, por mais que tenha desenvolvido em algum nível a sua PES, deve ser humilde em reconhecer que a jornada do ser humano é individual e que nem todos terão as mesmas percepções sobre determinado tema. Constatará que as sintonias estabelecidas com a mente são variadas e que as formas de manifestação individual das questões também serão inúmeras, devendo ter sempre cautela quanto às interpretações, sem acreditar que a sua verdade é a única verdade.

A partir daí, os sensitivos caminham melhor na jornada do verdadeiro aprendizado, quando se permitem reaprender tudo, a cada dia, a cada nova experiência, pois sempre haverá um novo ponto de vista, um novo significado ainda não explorado sobre um determinado tema, e que requer muita atenção, muito respeito, muita humildade e o não julgamento. Aprendem a ouvir mais e a falar menos. E, quando falam, devem procurar dirigir-se pontualmente com respeito e sabedoria de quem já experimentou um pouco de muitas coisas e sabe que tudo está sempre em constante mudança. Muitas vezes não afirmam nem impõem suas opiniões, mas advertem e conduzem o tema para que a pessoa que os ouve forme as próprias conclusões e aprenda por si mesma nessa jornada individual e de livre-arbítrio.

As comunicações espirituais e interações com as energias metafísicas requerem muita cautela, pois a partir de certa abertura da PES, toda espécie de comunicação poderá ser percebida, desde que haja foco e sintonia para haver essa canalização. Considerando que o processo evolutivo dos seres físicos e metafísicos é distinto e que há uma infinidade de seres vivendo as próprias experiências — uns mais conscientes e evoluídos espiritualmente que outros, necessitados de mais esclarecimentos e experiências para evolução —, as comunicações podem ter caráter edificante ou mistificador e enganador. Essa distinção deve ser realizada com muito bom senso e crivo da razão.

Apenas não permita cristalizar seu conhecimento. Esteja sempre aberto ao novo, desde que esse novo represente aprendizados bons e salutares ao ser divino. Utilize a sua PES para adquirir suas próprias experiências, sempre para o bem, sem se envaidecer ou menosprezar seus companheiros de jornada. Pois aquele que se envaidece e exacerba por orgulho sua PES, é apenas um adolescente na jornada, cujo ego quer chamar a atenção em busca de autopromoção, aplausos e reconhecimento.

As possibilidades de desenvolver e aplicar no dia a dia a PES são encantadoras e inúmeras, pois um mundo novo repleto de novas perspectivas e horizontes se abre à nossa frente. Um mundo novo se revela, em essência, no nosso interior. E o tamanho da nossa capacidade mental de interação com tudo e com todos se estende ao tamanho da nossa Fonte, portanto, infinita.

Questões para reflexão

1 – Por que a percepção extrassensorial (PES) pode ser chamada de sexto sentido?

2 – Por que podemos comparar as fases do desenvolvimento da PES como as do desenvolvimento humano?

3 – Quais cautelas devem se tomadas durante o desenvolvimento da PES?

CAPÍTULO 23

O poder da oração

Aprendemos, desde muito cedo, que a oração é uma forma de nos dirigirmos a Deus, aos santos, aos anjos e a toda a forma de auxílio proporcionada pelo Universo, para nos amparar e nos auxiliar em diversos momentos da vida, e para agradecer por tudo aquilo que recebemos e temos vivido.

Há inúmeras orações disponíveis por aí, sendo que muitas delas são recomendadas por várias pessoas para momentos de aflição, angústia, dor, mágoa, para afastar demônios ou espíritos perversos, para proteção, prosperidade, saúde, para harmonia da família etc.

Muitas novas orações, para tantos outros temas, são escritas todos os dias, muitas delas inspiradas ou intuídas. Em meio a tantas orações à disposição, qual delas seria a mais indicada para a situação que você está passando? A resposta é uma só: a melhor é aquela em que você emprega seu sentimento sincero.

Não há oração certa ou errada. As orações são palavras que guiam nossos pensamentos para uma intenção específica. A intenção é que direcionará as energias certas para aquilo de que precisamos. E, quanto mais forte o sentimento que você colocar na emissão do seu pedido, mais forte ele se torna. Tudo o que você vibra, com intenção e sentimentos fortes e sinceros, é respondido. Basta você fazer um pedido e colocar nele forte intenção e, imediatamente, os mecanismos divinos são acionados para dar a resposta.

Por isso, as orações auxiliam as pessoas a dirigirem seus pensamentos e sentimentos durante o máximo de tempo para o pedido que estão fazendo, ou para o agradecimento que estão oferecendo. A vibração das suas intenções percorre o espaço-tempo e uma resposta lhe é enviada. A partir da sua oração, o auxílio chega em tempos difíceis, energias se mobilizam para revitalizá-lo ou para ajudar o próximo, e os verdadeiros milagres acontecem. Milagres são os nomes dados para as energias que se mobilizam no metafísico e que interagem com o físico, para responder ao seu pedido. Não há mistério, há manifestação da energia universal. A forma de manifestação e interação da energia ainda é pouco explorada, e a humanidade ainda se surpreenderá muito ao aceitar a física quântica que revela o mecanismo por trás das curas, a partir do entendimento da espiritualidade do ser humano e do seu poder mental.

Quanto mais consciente você estiver de que o seu estado de vibração juntamente com a força dos seus pensamentos e sentimentos determinam o quão rápida será a resposta, mais consciente e confiante você estará ao pensar e vibrar o que deseja, e isso contribuirá para o fortalecimento da sua fé.

Não há melhor ou pior local para orar. Por mais de uma vez, tive a oportunidade de ouvir pessoas dizendo que em seus lares a oração não era uma prática e que não se sentiam à vontade para orar em família. Alguns liam o Evangelho de Jesus Cristo às escondidas, para não conflitar com crenças familiares ou a falta delas. Se você se identificar com esse contexto de vida, não se preocupe. A oração pode ser feita em qualquer lugar, ao ar livre, em seu lar, no seu quarto... Não importa, desde que seja feita com fé. Se preferir, ore em sua mente, no silêncio. Você é o grande templo divino e morada da centelha divina. Deus habita em você afinal. Mentalize suas intenções no recanto de sua mente. Ela é somente sua, o local do qual apenas você tem a chave.

Ore sempre. Peça sempre boas inspirações na sua vida, boas experiências, boas amizades. Peça luz, paz e irradie amor aos parentes, amigos, doentes, desabrigados, aos governantes e líderes mundiais. Permita que a intenção da sua oração leve luz e amor a todos. Por isso, ore com confiança de que o seu pedido está realmente sendo respondido, pois ele estará.

Se preferir seguir as orações aprendidas na infância, nas igrejas, nos templos e nos centros espiritualistas, faça isso. Ao longo do tempo, tais orações criaram essencialmente uma força muito grande, como se obtivessem já uma reserva energética emanada por todos aqueles que as rogaram com fé. Essa força, ou grupo de energias, é denominada egrégora. Em síntese, egrégora é um conjunto de energias emanadas pelas intenções das pessoas e acumuladas com o tempo. Temos também a nossa egrégora individual, que é a energia do nosso ser, assim como cada conjunto de indivíduos ou organizações pode unir suas egrégoras individuais, formando uma egrégora maior, de um grupo, ou organização. Quanto mais fortes e constantes as emanações energéticas de formação dessa egrégora, mais energias estarão concentradas nela.

Faça também orações espontâneas para afirmar seu potencial criador e direcionar seu pedido para aquilo que necessita. E lembre-se sempre, sempre, sempre de agradecer. Agradeça pelo seu dia, pela sua experiência de vida, pelas pessoas com quem você partilha conhecimentos, com quem aprende e ensina.

O agradecimento coloca você em estado de permissão para que tudo de bom se aproxime, pois lhe permite elevar seus sentimentos para um padrão de vibração mais alto. Além de ser um sinal de reconhecimento de que você sabe aproveitar as suas experiências com entendimento e amor. A oração é uma poderosa arma contra o mal na face da Terra. Ore ao acordar, agradecendo pela oportunidade do descanso. Peça para que o seu dia seja repleto de luz e auxílio espiritual, para aprender a cultivar o bem-estar e melhores entendimentos das experiências que precisar passar. Agradeça pela companhia do seu anjo da guarda, guia, ou mentor espiritual, que o auxilia sempre a compreender, da melhor forma, as experiências pelas quais você necessita passar.

Não negue o seu potencial criador. Cada oração emitida com amor percorre com força o tempo-espaço e atinge em cheio seu objetivo. Agradeça por essa ferramenta poderosa, à sua disposição, através da fé.

Questões para reflexão

1 – Qual é a melhor e mais poderosa oração? Por quê?

2 – O que é uma egrégora e como ela é formada?

3 – Por que a gratidão é tão importante?

CAPÍTULO 24

Ser bem-sucedido

Quando falamos de sucesso, é natural associá-lo ao lado profissional e financeiro. No entanto, o grande e verdadeiro sucesso trata-se da satisfação pessoal em realizar seu propósito de vida, que pode variar de pessoa para pessoa. Então, o propósito de vida pode estar, sim, associado ao sucesso profissional e à carreira; como pode estar relacionado à construção de um ambiente familiar harmônico; à criação dos filhos; a dedicar-se a um trabalho voluntário; a desenvolver um trabalho individual, mas que lhe traga aprendizados inúmeros; ou a desenvolver seu lado humanitário, ou seu lado emocional e afetivo, por exemplo. Cada indivíduo veio com um propósito. Ser bem-sucedido é identificar esse propósito por meio do qual faz você se sentir bem e feliz no dia a dia.

A expressão ser bem-sucedido representará algo diferente na vida de cada pessoa, pois cada um possui valores distintos e se empenhará em construir entendimentos e aprendizados focados naquilo que veio desenvolver aqui na Terra como proposta de vida. Por isso, é natural as pessoas demorarem a encontrar uma atividade ou estilo de vida que lhes proporcione prazer e bem-estar. Há uma infinidade de opções a desbravar e experimentar antes mesmo de encontrar aquela ideal. Mesmo que a opção de vida que você tenha escolhido não lhe proporcione o retorno financeiro que seus pais, tios, amigos, colegas, irmãos e vizinhos valorizam, a grande pergunta a se fazer é: sua escolha de vida o faz feliz? Faz você sentir--se realizado? Proporciona bem-estar? Traz paz de espírito e alegria? É algo em que você realmente acredita como bom e benéfico para seu aprendizado e crescimento pessoal?

Muitas vezes desempenhamos atividades que testam nossa paciência e capacidade de ser resilientes e humildes. Precisamos aprender a aceitar críticas e ouvir desaforos sem nos abalarmos. Devemos procurar aprender com essas situações. Devemos refletir se queremos e precisamos permanecer nessa condição, ou se convém arriscar e escolher algo novo, que nos traga mais emoção, mais desafios, ou talvez mais quietude e mais paz. Aos poucos vamos experimentando e entendendo o que realmente nos traz alegria. Lembre-se de que, com paciência e planejamento, podemos viabilizar a realização de qualquer plano.

Vivemos em um mundo onde a conquista dos nossos bens materiais ainda é realizada por meio da utilização do dinheiro, que por sua vez pode ser recebido após a prestação de um serviço ou venda de um produto. Ou seja, na maioria dos casos, o suor do nosso labor é o responsável por nos proporcionar uma vivência confortável neste mundo, pois é utilizado para obtermos aquilo que queremos.

É assim que o mundo atualmente funciona, e podemos viver bem com isso, especialmente se trabalharmos com o que gostamos e realizarmos escolhas que nos conduzam a uma jornada mais alegre.

Às vezes, pode ser necessário primeiro adquirir um trabalho que nos proporcione meios de nos estruturarmos para então chegarmos ao nosso objetivo de vida, por mais que não seja ainda o trabalho dos nossos sonhos. Mas será ele que nos auxiliará a criar a estrutura material necessária. É uma questão de estratégia, para nos adaptarmos melhor à sociedade da qual fazemos parte e planejarmos tudo muito bem. Exige tempo, paciência, planejamento e, sobretudo, alegria quando adquirimos a consciência de que estamos fazendo nossas escolhas com foco em um objetivo principal e maior do que o até então vivenciado. Tenha um plano. Essa será sua motivação.

Sermos impulsivos e não realizarmos o devido planejamento de vida pode, muitas vezes, nos levar a caminhos desconhecidos, que poderão exigir de nós muito mais esforço para garantir nossa sobrevivência em um mundo essencialmente capitalista. Viver deve nos proporcionar também prazeres e alegrias.

Se dependermos de um trabalho para colocar comida na mesa e garantir um lar confortável e seguro para nosso corpo descansar à noite, de que modo podemos tornar esse trabalho mais prazeroso e alegre?

A dica é: devemos ser bons exemplos sempre, onde quer que estejamos, e fazer a nossa luz brilhar nesses lugares. Isso é possível através de um sorriso, de um abraço, de um bom-dia, de um simples café ou uma conversa leve e agradável. Podemos cultivar boas companhias em qualquer lugar e estabelecer vínculos que nos proporcionem bem-estar em vários momentos do dia, de modo a tornar esse dia muito melhor.

Ter sucesso na sua vida é ter a certeza de que você está seguindo seus próprios passos, dormindo em paz, sem preocupações excessivas. A vida foi feita para aprendermos, sim, e as preocupações fazem parte, só não devem ser as protagonistas da nossa história. Quando nos desviamos da nossa paz e sentimos que necessitamos retomá-la, é porque chegou a hora da mudança, de algum esforço, e de identificar oportunidades que nos conduzam a essa vida harmônica e equilibrada que tanto queremos.

Não precisamos de luxo para ser bem-sucedidos em nossa jornada na Terra. Precisamos apenas nos dedicar, de coração, àquilo que nos propusermos a fazer. Se isso nos classifica perante a sociedade como ricos ou pobres, não importa. Importa a riqueza que carregamos dentro de nós. E essa riqueza é definida pela quantidade de entendimentos de vida que agregamos. Entendimentos que nos dão a certeza de que, no fim, independentemente do lugar onde estivermos e das coisas que decidirmos fazer, estaremos sempre aprendendo alguma coisa sem cessar. E se aprendermos a escolher cada vez melhor, então estaremos no melhor caminho que podemos estar, e estaremos sendo bem-sucedidos em quaisquer escolhas que nos propusermos a fazer.

E nossos propósitos podem mudar ao longo do tempo. De repente, podemos nos sentir inconformados com o nosso contexto de vida, ou porque aquilo ao qual vínhamos nos dedicando não mais nos satisfaz, ou então porque mudanças estão a caminho ou já se consolidaram em nossa vida, nos obrigando a fazer alterações drásticas na rotina. A vida é dinâmica e, como seres pensantes e inteligentes, temos que colocar nossa versatilidade a serviço de nós mesmos e nos mostrar capazes de ser resilientes e seguros de que a nossa força interna é maior e capaz de assumir o controle para nos colocar exatamente no caminho que queremos estar.

Nossa jornada é percorrida em ciclos, em etapas. Quando passamos por uma delas e aprendemos aquilo que necessitávamos, dentro de um período de tempo, somos chamados pelo nosso Eu Superior a seguir para a próxima. E esse chamado pode, muitas vezes, mexer na nossa zona de conforto.

Por isso, não se frustre se por acaso pensar que poderia ter feito uma escolha diferente em algum momento da vida. Você fez as melhores escolhas que precisou fazer naquele momento, com os aprendizados e conhecimento que possuía até ali. Se, ao refletir sobre o passado, perceber que hoje suas escolhas seriam outras caso revivesse um contexto semelhante, alegre-se, pois isso significa que muitos novos aprendizados você obteve, e pôde avançar em sua jornada.

Desta Terra, levaremos conosco apenas nossos conhecimentos e as lembranças dos caminhos que escolhemos, nada mais. Passamos tempo demais focados no passado, nas escolhas que poderíamos ter feito e não fizemos. Mas remoer o passado é atrasar o nosso avanço. A reflexão do passado é necessária, sim, para consolidarmos o entendimento e aprender. Mas, tendo concluído essa etapa, é primordial o quanto antes nos lembrarmos de que, de agora em diante, a cada dia podemos escolher caminhos novos e cada vez melhores. Desenvolver essa consciência é o sinal de que estamos sendo bem-sucedidos em nossos propósitos, em nosso caminho, em nossa jornada.

141

Assim, quando retornarmos à nossa casa espiritual, estaremos muito mais sábios do que quando aqui chegamos.

Questões para reflexão

1 – Qual a relação entre ser bem-sucedido e o propósito da sua existência?

2 – Você já parou para pensar qual é o seu objetivo de vida e o que o faz feliz?

3 – Você está ciente de que planejar seu futuro para alcançar um objetivo pode ser um grande preparo e amadurecimento, pois lhe proporcionará aprendizados muito importantes como: ser paciente, resiliente, perseverante, alegre e motivado? Como você pode aplicar isso em sua vida?

4 – Que tipo de planejamentos você tem condições de realizar no seu contexto de vida? Quais são seus objetivos a curto, médio e longo prazo?

CAPÍTULO 25

O mundo em sociedade precisa funcionar

Questionamos, muitas vezes, o mundo em que habitamos, pela forma como a interação e convivência da humanidade evoluiu ao longo das eras, até chegar ao que conhecemos hoje como sociedade. Em termos de energia, a Terra passa por constantes transformações e permanece em constante evolução. Mas chegou a hora em que tudo precisa ser acelerado. Já não há mais como a humanidade protelar a tomada de consciência de que somos todos seres muito maiores do que acreditamos ser. Como espíritos que animam um corpo físico, se acreditarmos que, por ser eternos, teremos ainda muito tempo para aprender a amar uns aos outros e promover o bem-estar geral da população da Terra, então, estaremos perdendo as oportunidades de fazer isso acontecer agora.

Criticamos bastante os políticos, terroristas e ladrões. Reparamos bastante na pobreza e na insensibilidade por parte daqueles que possuem recursos financeiros e que podem ajudar os mais necessitados, mas que utilizam seus recursos de forma egoísta. Sim, isso existe, mas viemos para a Terra sabendo disso. E viemos com o propósito de fazer parte de uma grande mudança. Viemos para fazer a diferença.

Uma mudança tão grande e que mexe com bilhões de pessoas deve começar a partir de você. E você deve ser capaz de promover o bem-estar pessoal e contribuir para o bem-estar do próximo, que por sua vez também terá a sua parcela de contribuição. Não viemos salvar o mundo, carregando-o nas costas, não. Viemos para viver neste mundo tal como é, e para aprender como viver nele de uma forma melhor, de maneira a contribuir, dentro do nosso contexto de vida, com a sua melhora.

Devemos, sim, ser críticos e exercer nossa cidadania; devemos manifestar nossa insatisfação com aquilo que pode afetar negativamente a população. Mas este é apenas um ato. Devemos ter atos diários com as pessoas de nosso convívio e com as que nos deparamos nesse dia a dia, onde nada é por acaso. E é no dia a dia que podemos fazer a diferença.

A humanidade emana vibrações conflitantes... Guerra e paz, ódio e amor, egoísmo e generosidade, simplicidade e ostentação, vaidade e humildade, dentre tantos outros sentimentos. Se cada sentimento vibrado recebe uma resposta do Universo, vemos o mundo tal qual ele é pela soma das emissões gerais de pensamentos e sentimentos da humanidade. Imagine se não existissem a fé, o amor e a generosidade das pessoas, ou a oração pedindo sempre pela paz, pela justiça e pelo amparo daqueles que sofrem? Viveríamos um caos muito maior do que o existente hoje em muitos lugares. Enquanto há pessoas despreocupadas com a vida, pois não passam dificuldades materiais, há aquelas que perderam seu lar porque foram expulsas de casa, ou tiveram sua cidade invadida ou destruída em razão da guerra. Impossível sermos insensíveis ao sentimento do outro. Impossível não orarmos e elevarmos nossa vibração em prol daqueles que passam por experiências tão conflitantes em sua jornada na Terra. Cada um possui um aprendizado distinto, não há como comparar. Mas é impossível não nos sensibilizarmos e aprendermos algo com o sofrimento de povos que não têm sequer um lar para se abrigar, ou um colchão para descansar o corpo.

Sensibilidade é o que podemos desenvolver para nos tornarmos seres humanos capazes de amar mais e de querer o bem até mesmo daqueles que praticam o mal. Como vimos, a oração é a nossa maior e melhor arma, e devemos praticá-la com amor. Se emanarmos ódio, alimentaremos a egrégora de ódio já existente. Por isso, emanemos amor em nossas orações para todos aqueles que dele precisam, a fim de tornarmos o padrão de vibração da Terra cada vez mais elevado.

Cada criatura que desperta para a conexão com o seu Eu Superior, e entende o seu propósito na Terra, ou seja, sua missão de vida, compreende que o mundo que habitamos não passa de uma escola, uma morada transitória onde desenvolvemos a nossa capacidade de amar.

E exercitar o amor é estabelecer um padrão de vibração mais elevado do nosso ser. A partir das nossas emissões de amor, onde quer que estejamos e para onde formos, levamos conosco essa onda de amor e partilhamos dessa mesma onda com as pessoas ao redor. As energias boas são como sementinhas que interpenetram o campo vibracional das pessoas; quando plantadas, irão germinar novos entendimentos, novas percepções de mundo. Levar essas sementinhas de boas energias para onde quer que você vá, é contribuir para um mundo melhor.

Basta você ser quem você é, onde quer que esteja, para que suas emanações de amor toquem as pessoas e vibrem algo novo no ser de cada uma delas. Este é o seu papel: ser amor, ser compreensão, ser respeito, dar-se ao respeito, ensinar com o exemplo. Pode ter certeza de que um pequeno gesto é o suficiente para iniciar um processo de mudança nos valores das pessoas. Cada um, no seu devido tempo, irá cultivar essas sementes e proporcionará a elas terreno fértil para crescerem e se desenvolverem, conforme forem regadas com bons sentimentos. Contribua com o que você tem de melhor, e a felicidade e a satisfação por estar fazendo a sua parte preencherão seu espírito, e então entenderá que esse sentimento é o grande indicador de que está fazendo sua parte para tornar o mundo um lugar melhor.

Acredite: somos, sim, capazes de estabelecer um novo padrão de sentimento e vibração mundial. Somos, sim, capazes de viver e ensinar o amor.

Questões para reflexão

1 – Até que ponto você é capaz de amar, respeitando o outro nas suas diferenças, conforme as experiências que ele veio vivenciar?

2 – De que modo você pode ser e levar amor para todos os lugares em que estiver?

147

CAPÍTULO 26

O amor é a chave

Sim, o amor é a chave para todas as coisas. Por intermédio do amor, podemos compreender. Por intermédio do amor, podemos respeitar. Por intermédio do amor, podemos curar. O amor é a grande resposta para a humanidade evitar as guerras, para proporcionar igualdade, para acabar com a fome no mundo, para acabar com a ganância, com o egoísmo, com as lutas e tudo aquilo que é imoral.

A vibração do amor é capaz de realizar verdadeiros milagres. Deus, a Inteligência Universal, é puro amor e, pelo amor, criou todas as coisas. Imagine-se agora recebendo esse mesmo amor em seu coração e irradiando-o para tudo e todos, sendo grato por tudo e por todos com quem teve e tem a oportunidade de conviver.

Sim, você tem direito de se entristecer e tem o direito de estar em um dia não tão bom e sentir raiva. Mas, quando isso ocorrer, entenda que todos os sentimentos fazem parte de você. Não os rejeite. Sinta-os apenas. Entenda-os e entenda de onde eles vêm e por que eles vêm. Acredite que a sensação será passageira e que, ao final, perceberá que não vale a pena sentir-se mal por algo sobre o qual não tem controle. Aprender a emanar amor é um grande exercício.

A vontade de querermos estar no controle das situações nos faz criar expectativas, nos faz projetar cenários perfeitos e ideais que, se não se concretizarem, nos decepcionam. A decepção é um sentimento que nos atinge com uma única finalidade: a de nos mostrar que criar expectativas é querer que alguém ou uma situação seja exatamente como nós queremos que seja. Mas tudo muda e, principalmente, quando interagimos com pessoas, a dinâmica e os imprevistos são inevitáveis. Entenda e respeite que nada precisa estar e ser perfeito. Ainda assim podemos fazer o nosso melhor, com todo o amor por aquilo que nos prontificamos a fazer.

Somos preenchidos por amor a todo instante e, se soubermos utilizar essa energia tão poderosa, então estaremos sintonizados permanentemente com a Fonte Criadora e plenamente alinhados com nossos desejos, com nossa saúde, com as emoções mais positivas e com a essência do nosso ser. Estaremos mais frequentemente satisfeitos por tudo o que ocorre ao redor, independentemente, dos imprevistos.

O amor contagia. Pois o amor, em suas vibrações sutis, é sentido por todos. O amor provoca inquietação, amplia os horizontes do entendimento. O amor constrói pontes, laços de união, de amizade, de cumplicidade. É capaz de curar a origem das dores.

Amar é entender, respeitar, aceitar e perdoar. Amar é desejar o bem ao próximo, mesmo que em algum momento essa pessoa tenha nos magoado ou desejado o mal. O mal é a ausência da compreensão do amor, a começar pelo amor por si.

O amor, em meio ao ódio, é como uma vela no meio do oceano. Por mais que a escuridão pareça ser geral, imagine-se como essa pequena vela, irradiando luz para todos os lados. Por menor que ela seja, e por mais escuro o ambiente em que esteja, ela brilhará. E a sua luz poderá ser vista a quilômetros de distância.

Você é uma vela no mundo, assim como muitas e muitas outras velas que já despertaram para o amor. Não importa que você se sinta pequeno e solitário algumas vezes. Saiba que existem muitos outros, assim como você, irradiando uma luz. Emane amor. Seja amor. Permita que essa energia atinja quilômetros de distância, igual à luz de uma vela. Porque você é a extensão da Fonte Criadora e a extensão do mesmo amor que a Fonte emana. O amor é a luz que orienta os caminhos de quem ainda não despertou para o seu Eu interior, e está perdido em meio à multidão de vozes que sofrem e querem receber amor.

Queremos ser amados; muitas vezes queremos receber o sentimento forte do amor de outra pessoa e ser cuidados. Também queremos amar e cuidar. E será que estamos nos amando e nos cuidando em primeiro lugar? Você já disse a si mesmo que se ama? Faça esse exercício. Olhe no espelho e fale consigo e com seu corpo, esse corpo belo que aceitou ser veículo de aprendizado de uma centelha divina.

Olhe-se no espelho e fale:

"Eu me amo... Eu me amo... Eu me amo... O meu corpo possibilita que eu vivencie as experiências necessárias para aquilo que preciso aprender neste mundo. Por isso, entendo que devo cuidar muito bem dele, pois ele me avisa sempre quando alguma coisa está errada, ele me avisa quando cometo excessos, ele me avisa quando me preocupo demais, ele me avisa quando sou imprudente demais e acabo machucando-o. Meu corpo é perfeito para tudo aquilo que preciso vivenciar aqui. Eu o aceito e reconheço que, muitas vezes, o machuquei, o ofendi, o diminuí, o rejeitei. Mas agora eu sei que ele é o resultado das minhas escolhas passadas e presentes. E, a partir de agora, posso escolher cada vez melhor amá-lo, e oferecer a ele tudo de que precisa para ser forte e saudável e, assim, me ajudar a prosseguir na minha jornada terrena. Eu me amo... Eu me amo... Eu me amo verdadeiramente".

Repita essa afirmação de amor várias vezes ao dia, por pelo menos sete dias. Você se sentirá integrado, respeitado, amado. Ame-se, primeiramente, para então ter amor para dar. Seja autossuficiente em amor. Comece amando seu corpo, que é a sua morada mais sagrada, mais íntima e mais perfeita para aquilo que você veio fazer neste mundo. Aceite a si. Aceite a sua jornada. Viva com alegria, pois a vida é uma grande escola. E viemos aqui aprender a amar.

Questões para reflexão

1 - Quantas vezes você se já olhou no espelho e disse que se ama? Se nunca fez esse exercício, que tal começar agora?

2 - Você é capaz de desejar o amor às pessoas que o magoaram? Pense com quem poderia iniciar esse exercício e emane amor fraterno a essa pessoa, no silêncio do seu coração. Não pense demais, simplesmente faça. Silencie a mente e emane amor a ela.

3 - Qual é o seu jeito de expressar às pessoas e ao mundo o amor que você tem dentro de si? Como percebe que esse amor é recebido pelos outros?

CAPÍTULO 27

A porta se abre de dentro para fora

Você já deve ter percebido que não basta ter à disposição das pessoas todos os conhecimentos do mundo se não houver interesse efetivo em aproveitá-los, para aprender cada vez mais a se tornarem pessoas de bem, engajadas em proporcionar um ambiente agradável de convivência entre si, contribuindo com aquilo que têm de melhor.

Não é possível mudar o outro. Nenhuma pessoa é capaz de aprender pela outra. Mas somos capazes de provocar a mudança em alguém, levando-o a refletir sobre as consequências de suas ações, possibilitando-lhe mudar a si mesmo. Por isso, é fundamental passarmos por experiências que nos conduzam ao verdadeiro entendimento da palavra empatia. É comum nos sensibilizarmos com as provações pelas quais determinadas pessoas passam — algumas podem ser bem difíceis. Muitas vezes estenderemos a mão para ajudar, mas dependerá somente da outra pessoa aceitar e aprender com o auxílio.

Em determinadas circunstâncias, temos dificuldades de encontrar uma solução para um problema que estejamos vivenciando. Às vezes, esse labor mental provoca estresse e cansaço, deixando-nos tristes e desmotivados, sem forças para ir atrás dos nossos sonhos e objetivos. Se estiver passando por um momento assim, procure ajuda, aceite ajuda, faça um movimento para se manter aberto, ou seja, permita-se refletir sobre as soluções que se apresentarem e não descarte de cara nenhuma possibilidade.

Por mais que soluções sejam apresentadas como a necessidade de realizarmos grandes mudanças em nossa vida, se não estivermos abertos e aceitarmos que, talvez, seja necessário mudar radicalmente, então, é possível que ainda não tenhamos entendido que o grande objetivo da nossa vida não é insistir em seguir um caminho, que só nos conduz ao sofrimento. Muitas vezes somos teimosos demais em querer fazer as coisas do nosso jeito. Mas não paramos para pensar que pode existir um jeito muito melhor. Mudar exige determinação e esforço, especialmente do nosso padrão mental.

É comum termos resistência em mudar nossos planos para arriscar algo novo, pois encaramos tal atitude como um fracasso, como se fôssemos perder a nossa identidade e abrir mão de algo pelo qual nos esforçamos muito. Com isso, nos apegamos aos velhos planos, velhos hábitos e costumes. Afinal, estudamos tanto para construir uma carreira e uma reputação; ou nos empenhamos tanto para criar nossa família tal qual é; ou criamos conceitos mentais de felicidade e alegria que nosso pequeno mundo, ou círculo social, desmoronaria caso cedêssemos às mudanças e aos chacoalhões que a vida nos dá.

Tudo são experiências. Não existe a experiência certa ou errada, mas sim resultados obtidos a partir delas. Não somos seres certos ou errados. Apenas somos quem somos.

Quando entendermos que somos seres em evolução, capazes de aprender com quaisquer experiências que tivermos, e assim nos abrirmos para tentar experiências novas e melhores em nossa existência, passaremos a questionar até que ponto valem a pena as brigas, as irritações, os estresses, o sofrimento, a luta para manter nossa imagem, nosso *status*, nosso orgulho e nossa teimosia. Então expandiremos nossa consciência para novos aprendizados, pois nos tornaremos abertos a receber as respostas que o Universo irá nos proporcionar. Pois nosso Eu Superior conduz nossa jornada para aquilo que precisamos, e não necessariamente para aquilo que queremos.

Abra-se às novas experiências. Aceite ajuda se preciso for. Não cultive o preconceito. Aceite que pode ser hora de mudar. Aceite que cada ser humano é único e vive uma experiência diferente de vida. Isso não o faz melhor ou pior, por essa razão não há por que realizarmos comparações da nossa vida com a de outra pessoa.

Antes de julgar o outro, olhe para dentro de si e se atente que o julgamento em nada contribui para mudar uma situação. Se quiser mudanças, comece a mudar a si mesmo e o modo como encara o mundo. Olhe o mundo com amor, então deixará de ver erros e acertos, e passará a ver apenas experiências que podem ou não ter dado resultados satisfatórios.

Lembre-se: estamos aqui para viver e aprender com o resultado de nossas escolhas. Estamos aqui para aprender a sermos pessoas melhores e para aprender que somente conseguiremos transcender nossos sentimentos de culpa, autopunição e sofrimento ao aceitarmos que cabe apenas a nós nos mudarmos. Somos seres únicos, cuja porta do aprendizado se abre de dentro para fora. Abra sua porta e saia para ver o mundo e o Universo tal qual são: algo muito maior do que a matéria física que se manifesta ao nosso redor. Olhe o mundo com olhos de quem quer continuar a aprender cada vez mais e que está aberto a esse aprendizado.

Somos seres eternos, centelhas divinas no Universo. Se nos dedicarmos a aprender o que a nossa essência tem a nos ensinar, perceberemos que teremos sempre novos horizontes a explorar.

Questões para reflexão

1 - Quantas vezes na sua vida você já deu um basta em situações que o incomodavam, ou o impediam de ser quem você é de verdade?

2 - Você estaria disposto a provocar em sua vida as mudanças necessárias para sair de uma situação opressora em que se encontra? Se não, o que o impede? Seria o momento de pedir ajuda?

3 - Hoje, você se considera capaz de ajudar pessoas a entenderem o real sentido da vida e a amar incondicionalmente?

4 – Já pensou qual a próxima grande mudança que pretende realizar na sua vida?

5 – Elabore um plano para iniciar dentro dos próximos 12 meses para contribuir com o seu próprio bem-estar e o bem-estar do próximo, em prol de um mundo com mais amor. Sente-se confortável com essa ideia?

CONSIDERAÇÕES FINAIS

Espero que esta leitura tenha proporcionado a você reflexões sobre si mesmo e sobre seu posicionamento quanto ao mundo. Para o mundo mudar, é necessário que mudemos a nós primeiro. Assim, deixo meus desejos sinceros de uma profunda mudança em sua vida.

Fernando Vidya

GRANDES SUCESSOS DE

ZIBIA GASPARETTO

Com 18 milhões de títulos vendidos, a autora
tem contribuído para o fortalecimento da literatura
espiritualista no mercado editorial e para a popularização da
espiritualidade. Conheça os sucessos da escritora.

Romances
pelo espírito Lucius

A verdade de cada um

A vida sabe o que faz

Ela confiou na vida

Entre o amor e a guerra

Esmeralda

Espinhos do tempo

Laços eternos

Nada é por acaso

Ninguém é de ninguém

O advogado de Deus

O amanhã a Deus pertence

O amor venceu

O encontro inesperado

O fio do destino

O poder da escolha

O matuto

O morro das ilusões

Onde está Teresa?

Pelas portas do coração

Quando a vida escolhe

Quando chega a hora

Quando é preciso voltar

Se abrindo pra vida

Sem medo de viver

Só o amor consegue

Somos todos inocentes

Tudo tem seu preço

Tudo valeu a pena

Um amor de verdade

Vencendo o passado

Rua Agostinho Gomes, 2.312 – SP
55 11 3577-3200

contato@vidaeconsciencia.com.br
www.vidaeconsciencia.com.br